"十二五"国家重点图书出版规划项目

2012年度国家出版基金项目

西方教育史
经典名著
译丛

单中惠 徐小洲/主编

国家出版基金项目
NATIONAL PUBLICATION FOUNDATION

Education, Power, and Personal Biography, Dialogues with Critical Educators

教育、权力与个人经历：当代西方批判教育家访谈录

〔美〕卡洛斯·阿尔伯托·托里斯/著

原青林 王云/译

山东教育出版社

图书在版编目(CIP)数据

教育、权力与个人经历：当代西方批判教育家访谈录/(美)托里斯著；原青林，王云译. —济南：山东教育出版社，2011(2017重印)
(西方教育史经典名著译丛/单中惠，徐小洲主编)
ISBN 978—7—5328—6269—6

Ⅰ.教… Ⅱ.①托…②原…③王… Ⅲ.教育理论—西方国家—文集 Ⅳ.G40—53

中国版本图书馆 CIP 数据核字(2011)第 050061 号

西方教育史经典名著译丛

单中惠　徐小洲　主编

教育、权力与个人经历：
当代西方批判教育家访谈录

[美]卡洛斯·阿尔伯托·托里斯　著

原青林　王　云　译

主　　管：山东出版传媒股份有限公司
出 版 者：山东教育出版社
　　　　　(济南市纬一路 321 号　邮编：250001)
电　　话：(0531)82092664　传真：(0531)82092625
网　　址：www.sjs.com.cn
发 行 者：山东教育出版社
印　　刷：山东新华印刷厂潍坊厂
版　　次：2017 年 3 月第 1 版第 2 次印刷
规　　格：710mm×1000mm　16 开本
印　　张：18.25 印张
字　　数：265 千字
书　　号：ISBN 978—7—5328—6269—6
定　　价：35.00 元

(如印装质量有问题，请与印刷单位联系调换)

电话：0536—2116806

"西方教育史经典名著译丛"总序

  教育史蕴藏着教育智慧,教育史名著闪耀着人类教育智慧的光辉,因此,从教育史中可以寻找教育智慧的宝藏。教育是人类社会的一个永恒课题,在教育发展的过程中,不同历史时期不同国家的思想家和教育家,或在自己教育实践的基础上,或在总结前人教育经验的前提下,提出各具特点的教育主张、教育理论和教育方法。毋庸置疑,在数千年的历史长河中,古今教育家通过他们的实践探索和理论思考给后人留下很多教育智慧。从事教育的人,研究教育的人,管理教育的人,以及学习教育的人,如果不了解教育的历史,那不仅与自己的崇高称号不相匹配,而且是令人难以想象的。不了解教育历史的人往往对教育限于感性,在教育实践中会走弯路。不了解教育的历史,不知道教育上的巨人是谁以及他的肩膀在哪里,就无法在历史传承的基础上谈教育创新。

  法国教育社会学家涂尔干(Emile Durkheim)在《教育思想的演进》(The Evolution of Educational Thought)一书中曾这样说过:"历史的研究不仅将会使我们有能力与我们自己的原则交流,而且也会使我们时不时从我们的前辈那里,发现我们必须纳入考虑的一些至关重要的东西,因为他们是我们的先辈,而我们是他们的传人。"概括起来,教育史研究的意义主要在于:一是拓展教育视野。教育既是一种历史现象,又是一种永恒现象。通过教育史,可以了解古今教育家是如何对教育问题进行实践探索和理论思考的,从而拓展教育视野。二是增长教育智慧。教育问题的解决需要教育智慧。通过教育史,可以拥有前辈的经验和智慧,从而既能对过去和现在的事情作出合理的解释，也能对将来的事情作出合理的推测。三是寻求教育思想支撑。从历史传承的意义上来讲，教育史上教育家的一些思想并没有过时。通过教育史，可以从历史上的教育家那里借鉴一些有益的东西，得到一些有益的启迪。四是获得教育方法。在教育发展历史上，很多教育家都是有长期教育实践经验的教师。通过教育史，可以了解其有特色的教育理论，获得其有启示的教育方法。

20 世纪以来，在西方教育史学界，美国、英国和法国等国教育史学家撰著了很多在学术上造诣很深和影响很广的教育史著作。这些著作既对西方教育史学的发展起了很大的推动作用，也在西方教育史学界确立了重要的学术地位。这次，我们策划翻译出版"西方教育史经典名著译丛"，其目的在于向我国教育界尤其是教育史学界推介一些西方教育史经典名著。通过这些西方教育史经典名著，教育学者尤其是教育史学者不仅能在教育理论素养上有所提高，而且能在教育史学观念上有所感悟，还能有在教育史研究方法上有所启迪。

在确定"西方教育史经典名著译丛"的入选书目时，我们主要考虑了三条原则：一是经典性。入选的书目在西方教育史学界应是流传较广和影响较大的著作。由于它们具有形成智慧的教育价值，因而凸现出经典性。二是代表性。入选的书目在西方教育史领域的不同学术研究方向和研究视角应有一定的代表性。其中，既有通史，又有问题史；既有制度史，又有思想史；既有古代史，又有近现代史。三是独特性。入选的书目在西方教育史领域应能体现不同的史学理论和研究方法，同时应能体现西方不同国家教育史学家的学术成果和学术思想。其中，既有体现传统史学研究的著作，又有体现当代史学研究的著作。在确定"西方教育史经典名著译丛"入选书目的过程中，我们还征求了国内外一些学者的意见，在此表示衷心的感谢。

据此，"西方教育史经典名著译丛"精选了十本西方教育史经典名著。其中有：

〔美〕布里克曼（William W. Brickman）：《教育史学：传统、理论和方法》（Educational Historiography: Tradition, Theory, and Technique）。

〔英〕弗里曼（Kenneth J. Freeman）：《希腊的学校》（Schools of Hellas）。

〔英〕科班（A. B. Cobban）：《中世纪大学：发展与组织》（The Medieval Universities：Their Development and Organization）。

〔英〕伍德沃德（William Harrison Woodward）：《文艺复兴时期教育研究》（Studies in Education During the Age of the Renaissance，1400－1600）。

〔法〕孔佩雷（Gabriel Compayré）：《教育学史》（The History of Pedagogy）。

〔美〕伯茨（R. F. Butts）：《西方教育文化史》（A Cultural History of Western Education）。

〔美〕布鲁巴克（John S. Brubacher）：《教育问题史》（A History of the Problems of Education）。

〔英〕拉斯克（Robert R. Rusk）、斯科特兰（James Scotland）：《伟大教育家的学说》（Doctrines of the Great Educators）。

〔美〕克雷明（Lawrence Arthur Cremin）：《学校的变革》（The Transformation of the School）。

〔美〕托里斯（Carlos Alberto Torres）：《教育、权力与个人经历：当代西方批判教育家访谈录》（Education，Power，and Personal Biography，Dialogues with Critical Educators）。

改革开放以来，由于山东教育出版社领导的精心打造，教育史著作出版已成为山东教育出版社的特色品牌。这次"西方教育史经典名著译丛"的翻译出版，得到了山东教育出版社领导的高度重视和大力支持，在此谨致最诚挚的敬意。还必须感谢的是，在翻译出版的过程中，教育理论编辑室主任蒋伟编审做了大量的指导和协调工作，付出了辛勤的努力。

我们希望"西方教育史经典名著译丛"的翻译出版，不仅能推动我国西方教育史的学术研究和学术积累，而且能为我国教育界提供一些具有重要学术价值的西方教育史经典读物。

单中惠　徐小洲
浙江大学教育学院
2009 年 2 月

目 录

解　读

单中惠　原青林

　　《教育、权力与个人经历：当代西方批判教育家访谈录》（Education，Power，and Personal Biography：Dialogues with Critical Educators）是由当代西方批判教育家、拉丁美洲知名教育学者、美国加利福尼亚大学洛杉矶分校教授卡洛斯·阿尔伯托·托里斯（Carlos Alberto Torres）编著的一本著作，1998 年出版。

　　托里斯 1950 年 10 月 1 日出生于阿根廷布宜诺斯艾利斯。他毕业于阿根廷的萨尔瓦多大学社会科学学院。在墨西哥的拉丁美洲社会科学学院获得政治学硕士学位后，又在美国斯坦福大学教育学院先后获得国际发展教育硕士和博士学位。之后，他又获得加拿大阿尔伯塔大学的博士后奖学金。托里斯曾先后在墨西哥公共教育秘书处、美国斯坦福大学教育学院、墨西哥拉丁美洲社会科学学院、加拿大阿尔伯塔大学、安大略教育研究院工作。从 1990 年起，他任教于美国加利福尼亚大学洛杉矶分校，并创办了"保罗·弗莱雷研究所"（Paule Freire Institute）。在长期的教学和研究生涯中，托里斯与当代西方一些批判教育家建立了密切的学术联系，还一起编撰过著作和文章。特别应该指出的是，托里斯本人在建立批判教育理论传统方面是一位受人尊敬的参与者，对教育、权力与个人经历的关系有着透彻的理解。除《教育、权力与个人经历：当代西方批判教育家访谈录》外，托里斯的著作还有：《拉丁美洲非正规教育政治学》（The Politics of Nonformal Education in Latin America，1990）、《拉丁美洲的教育与社会变革》（Education and Social Change in Latin America，1994）、《民主、教育与多元文化主义：

全球世界中公民身份的困境》(Democracy, Education, and Multiculturalism: Dilemmas of Citizenship in a Global World, 1998)等。

20世纪60—70年代以来,西方国家出现了批判教育理论,一些批判教育家以独特的方式把教育理论与政治、文化和教育实践结合起来。他们认为,教育不是反映现实的一面镜子,而是塑造现实的一把锤子。批判教育家的研究表明:批判教育研究已经不再处于当代教育学科的边缘,而进入了当代教育学科的中心。正是在这样的背景下,在"批判社会思想丛书"主编阿普尔的鼓励下,作为批判教育家的托里斯在与一些批判教育家对话的基础上编著了《教育、权力与个人经历:当代西方批判教育家访谈录》这本著作。

托里斯在本书的"献辞"中指出,他将此书献给广大的默默无闻的教师和其他教育工作者,以及献给以创新的方式将教育理论和实践相结合的教育工作者。托里斯也十分崇敬当代巴西知名教育家保罗·弗莱雷,正当他在校对本书原稿副本的过程中,弗莱雷突发心脏病去世,因此他决定用此书来纪念弗莱雷。

《教育、权力与个人经历:当代西方批判教育家访谈录》一书除"导言"外,共11章(访谈录)。具体包括:美国威斯康星大学教授阿普尔(Michael W. Apple)访谈录、美国马萨诸塞大学教授鲍尔斯(Samuel Bowles)访谈录、美国斯坦福大学教授卡努瓦(Martin Carnoy)访谈录、巴西已故著名教育家弗莱雷(Paulo Freire)访谈录、美国马萨诸塞大学教授金蒂斯(Herbert Gintis)访谈录、美国宾夕法尼亚大学教授吉鲁(Henry A. Giroux)访谈录、美国哥伦比亚大学师范学院荣誉退休教授格林(Maxine Greene)访谈录、美国威斯康星大学教授拉德森—比林斯(Gloria Ladson-Billings)访谈录、美国斯坦福大学教授莱文(Henry Levin)访谈录、美国加利福尼亚大学洛杉矶分校教授奥克斯(Jeannie Oakes)访谈录、英国伦敦大学教育学院教授惠迪(Geoff Whitty)访谈录等。因为时间关系,托里斯在被访谈者中没有把哈佛大学哲学教授科内尔·韦斯特(Cornel West)和加利福尼亚大学洛杉矶分校教授彼得·麦克拉伦(Peter McLaren)包括进去。

　　在与这十一位批判教育家的对话中,托里斯请每位批判教育家谈论了他们的个人生涯与学术工作之间的关系。通过对这些批判教育家的访谈,人们可以了解到这些学者的个人经历以及几十年来为发展批判教育研究而斗争的方式和理由。

　　在"导言"中,本书编著者托里斯论述了他自己与这些激进的批判教育家的相识以及与他们的对话,指出这些批判教育家是第一代批判教育思想家代表,分别代表着使用不同研究方法的学者所进行的批判教育研究。在访谈中,托里斯与被访谈者不仅探讨了批判教育理论和研究是如何产生的以及产生的原因,而且还探讨了我们这个时代所面对的教育领域的挑战。从他们的整个对话来看,其焦点是关于教育、权力与个人经历的关系。最后,托里斯明确提出,对话是学习经验和斗争的一种有利的方式。此外,他还论述了终身聘任的问题和建立新的传统的问题。

　　在"第一章 迈克尔·W·阿普尔访谈录"中,阿普尔谈到,他一直寻求理论和个人实际的结合,并关注后现代主义的发展。在反映了后现代主义影响的《官方知识》和《文化政治和教育》这两本书中,他努力使自己的观点为不同层次的读者所理解。关于后现代主义,他反对不假思索的全盘接受。在阿普尔的努力下,威斯康星大学教育学院已成为批判教育研究的中心。阿普尔认为,他投身于在教育界建立积极分子之间的联盟,在政策和实践方面使美国的民主社会主义事业保持生机。作为教师的他试图去帮助人们以健康的方式成长。其任务是,在教育和社会层面上对保守势力进行严厉的质疑,同时帮助普通民众去开展斗争,去改造教育,让这种教育具有民主、关爱和社会正义,而不仅仅是空洞的口号。

　　在"第二章 塞缪尔·鲍尔斯访谈录"中,鲍尔斯谈到了自己的学术背景、对他的学术发展的主要影响以及对学术争议的主要贡献。他曾就二战后美国的经济繁荣和衰退撰写了一系列论文,这些研究有助于发展经济和建立更加具体的制度框架。他与赫伯特·金蒂斯在研究中进行合作,合著的《资本主义美国的教育》一书已成为经典著作,帮助人们更好地理解教育。在他们的努力下,马萨诸塞大学已成为美国激进的政治经济研究的中心。面对美国教育所面临的挑战和新保守主义，鲍尔斯认为，教育改革如果不解决经济中由结构所决定的权力问题和财富不均的问题，那它的影响将会受到限制。财富的平等是我们应该重视的思想，但这并不是指财富本身的平等，而是指每个人作为自由的个体应该有能力去发展自身的能力。

在"第三章 马丁·卡努瓦访谈录"中，卡努瓦谈到了他怎样进入教育政治经济学研究领域以及在斯坦福大学的研究工作。正是通过研究工作，他出版了《作为文化帝国主义的教育》、《民主国家的教育与工作》和《第三世界的教育和社会变迁》等著作。其中，《作为文化帝国主义的教育》一书在学术界引起了强烈的反响，但在方法上也受到了质疑。在卡努瓦的努力下，斯坦福大学建立了批判教育分析中心。他一直与新自由主义模式以及教育私有化运动进行斗争。多数欧美教育家把西方教育视为社会流动性的源泉和文明的力量，然而卡努瓦指出，教育表面上使社会流动性的概念合法化，让教育成为强有力的神话，但实际上人们是在原地踏步。

在"第四章 保罗·弗莱雷访谈录"中，弗莱雷详细谈到了他撰写《被压迫者的教育学》一书的目的、过程以及结构设计。《被压迫者的教育学》这本书被看做是 20 世纪后半期教育哲学的标尺。他认为，这本书应该是研究学校内外压迫的各种关系。就新的政治教育学理念而言，教育和政治之间的关系很密切，学校不能独立于斗争之外。教育是任何社会超级结构的一部分。尽管教育实践在社会变革的历史过程中极其重要，但其本身并非变革的关键。辩证地说，虽然教育不是变革的关键，但变革本身是有教育属性的。

在"第五章 赫伯特·金蒂斯访谈录"中，金蒂斯谈到了自己的学术生涯以及与塞缪尔·鲍尔斯合作的教育经济学研究。他认为，他们合著的《资本主义美国的教育》一书具有很大的影响力，其重要性随着时间的推移而逐渐显现出来，但其中的观点目前还只是停留在评论阶段，没有上升到通过教育政策来保证学校的运行。对于国家之于公立教育的作用，金蒂斯提出了社会基本管理结构即社区概念，让国家来制定游戏规则，使家庭成为更好地承担社会责任的场所。他支持学校的选择，提出人们应该可以为孩子选择学校,这是个竞争过程。对于高等教育中的权力问题,他认为学术氛围很宽松,激进派的观点虽然在经济学领域影响不大,但在其他社会科学中引起了广泛注意并被接受。

在"第六章 亨利·A·吉鲁访谈录"中,吉鲁谈到了自己的学术生涯和在学术上所受到的影响,以及在文化研究争论中的主要贡献。关于研究方法,他指出,自己在研究中引用别人的理论时总是加进了自己的解读,在学习中有所创新;自己进行大量阅读,探索各种不同思想之间的关系,并在阅读中形成新的思想,通过阅读去挑战最初的观点,或者引导新的研究方向。关于批判教育理论,吉鲁指出,任何人从事这方面的研究都要从保罗·弗莱雷开始。对于权力和高等教育问题,他指出,大学可以影响众多的人,并对社会产生巨大的影响,要认真地把大学当成斗争的战场。他关注大学教师作为公共知识分子的作用,不仅要在校内建立联盟,而且要在大学外建立一些社会关系。面对后现代主义批判理论,吉鲁指出,现代主义的重点是社会正义、自由、解放和平等,他并不想放弃现代主义的政治遗产。

在"第七章 玛克辛·格林访谈录"中,格林谈到了自己是如何成为一位大学教授的和如何转向女权主义倾向的,以及在哲学上所受到众多大师的影响。关于杜威的影响,她谈到自己一直从不同的视角审视杜威,杜威的著作在不同时期对她产生了不同的影响,尤其是关于自由、艺术和学习的著作。关于与保罗·弗莱雷的关系,她谈到在他们之间有许多共同之处,她自己也从保罗·弗莱雷那里学到了很多东西。作为一位大学教师,格林认为,应当创设一种学习情境,使学生可以在这种学习情境中潜移默化地养成一种好奇心。她还谈到,应该关注学习、社会行动和社会正义之间的关系,承认不同学生之间的差异,并注意到高等教育领域中妇女所面临的各种变化。此外,她还强调提升文化品位和实现多元文化融合的重要性。

在"第八章 格洛利亚·拉德森—比林斯访谈录"中,拉德森—比林斯谈到了自己的生平和大学教育,以及对教育政治学的研究。她研究美国黑人儿童的教育,并成为这一领域的领军人物之一。她在自己的亲身经历中找到了一种对身份认同政治学的特殊认识,提出关心种族不断形成和再形成的方式以及批判性种族理论,因为它们涉及种族与财产的关系,并且得出了这样的结论:学业成绩、文化竞争力和社会政治批判这三个问题为文化教育学的三足鼎立提供服务。最后,拉德森—比林斯指出,我们的确有一些权力,正是这种权力的使用才使我们所从事的工作成为重要的工作。

在"第九章 亨利·莱文访谈录"中,莱文谈到了自己的生涯道路和在斯坦福大学的任教活动,以及他所从事的速成学校运动。他指出,在民主资本主义的国度里,存在着一种必须认真对待的民主推动力,它与资本主义动力是两种完全不同的动力。这两种动力一直处于冲突状态。既然学校处于民主资本主义国家,那种斗争必然会降临到学校,这就是理解学校中的各种斗争的途径。但是,在专制资本主义的国度里,这种观点又需要重新审视。莱文相信,通过社会运动以及学校所在地的社区、直至地区性的和全国性的组织的力量,就能够使美国教育发生变革。

在"第十章 珍妮·奥克斯访谈录"中,奥克斯谈到了自己的家庭经历、研究和职业生涯,以及如何选择自己的研究项目和所取得的学术成就。她认为,以按学生成绩或能力分班现象为切入点对种族隔离进行研究是她永远有意义的唯一选择,因为这是一个具有影响力的主题。奥克斯还谈到,她将自己在实践中遇到的问题渗透在其研究之中,重点研究学校在社会分层和社会再生产中的作用,以建立种族混合学校、取消按学生成绩或能力分班的做法为研究目的。她认为,在学术研究过程中,杜威思想对她具有极大的影响力。在讨论书写方式与研究成功的关系上,她指出,让别人理解你的思想应该是研究人员的一部分责任。

在"第十一章 杰夫·惠迪访谈录"中,惠迪谈到了自己从事教育和教育研究的过程。他从研究学校课程社会学转向研究教育政策社会学,用社会学研究去质问关于教育政策如何使学校和儿童受益的一些主张。他谈到,在文化研究上,伯明翰文化研究小组的工作曾对他产生了深刻影响。在他长期的研究工作中,贯穿始终的是发展有理论见识的经验研究。惠迪认为,其他学者对他的批评,不仅提炼了他的理论观点和他从事的经验分析,而且也提高了他对政治学的认识。他还指出,一些试图更加传统的研究型大学正面临着失去与其社区之间各种联系的真正危险,学校与社区的联系在具有最强大的国家和国际势力的大学里是最脆弱的。作为一个左翼知识分子,惠迪指出,需要开发批判性反思的工具和资源,而不能以大学为界限,仅仅研究大学内部的批判教育学。

　　第二次世界大战后,西方教育史学界出现了一些新的思潮,其中一个思潮就是口述史(Oral History)。对于口述史来说,其重要的方式是访谈。因此,《教育、权力与个人经历:当代西方批判教育家访谈录》作为一本访谈录,表现出以下的特点:第一,采用口述史研究范式。通过与这些批判教育家的对话,本书纪实性地展现了批判教育研究的发展以及批判教育理论的建立,这使得有关西方批判教育理论发展的书面史料更加完整。正如本书编著者托里斯指出的:"能给人以力量的对话是动人的、富有想象力的和有趣的。迷人的对话使口述的故事生动活泼,既给人启蒙和力量,又是在个人故事中重新建构集体历史的源泉。"①第二,内容丰富而多样。在本书的被访谈者中,既有教育政治经济学家、教育政治社会学家、女权主义学者和有色人种学者,也有教育与课程社会学家、课程研究工作者、城市与艺术教育专家。这使人们可以看到使用不同研究方法进行批判教育研究的批判教育家理论。第三,凸现批判教育家的个人品格。本书的对话更多的是这些批判教育家真情实感的流露、学术思想的碰撞和对反思生活经历的渴望。从这些对话中,可以清楚地感受到他们对社会的深切关注以及强烈的社会责任感。用本书编著者托里斯的话来说,"这本书的方式很个人化,也可以说是个人经历的一部分"②。

　　《教育、权力与个人经历:当代西方批判教育家访谈录》一书被列入

---

① Carlos Alberto Torres, Education, Power, and Personal Biography: Dialogues with Critical Educators, New York and London: Routledge, 1998, p. 10.

② Education, Power, and Personal Biography: Dialogues with Critical Educators, p. 3.

"批判社会思想丛书"。该书出版后,引起了人们的广泛注意。作为"批判社会思想丛书"主编的迈克尔·阿普尔在"丛书主编序"中就明确指出:阅读这本书"会立刻让人联想到自己的生活经历,它把个人与政治紧密联系在一起"。"保守主义试图造成的是犬儒主义和集体失忆的氛围。而本书的故事和对话可以帮助我们重树历史意识,使我们在未来的岁月里继续可能为教育而奋斗。"①当代巴西知名教育家保罗·弗莱雷生前也曾"阅读了这本对话形式的书,非常欣赏并给予了高度称赞"②。

---

① Education, Power, and Personal Biography: Dialogues with Critical Educators, xvi-xvii.

② Education, Power, and Personal Biography: Dialogues with Critical Educators, ix.

献　辞

我将此书献给广大的默默无闻的教师和其他教育工作者,他们用
实际行动使这个世界更美好、更温暖、更公平和正义。

我也把此书献给以创新的方式将教育理论和实践相结合的教育工作者,他们用毕生的精力甚至不惜生命来证明,为了美好的未来而斗争就是学会做一个更好的人。

我还将此书献给:

塞撒·查维斯(César Chávez),他在我撰写此书第一稿时就离开了我们。像美国的运动领导人一样,他将激进的道德理念融入政治之中,为贫民和受剥削者服务。他的生活和工作使我联想到受压迫者教育的道德伦理问题和政治问题,这些问题虽产生于南美国家,但问题的根源和性质与查维斯在美国加利福尼亚的斗争是完全相同的,同样也是为了受压迫的人民。所以,我将此书献给这位谦逊的巨人。

对马丁·路德·金(Martin Luther King)来说,他知道他的话语的力量不会被子弹摧毁,而随时准备登上山顶去眺望希望之光。所以,我将此书献给这位民权运动之父。但美国人似乎忘记了历史反复重演,民权运动首先作为一个悲剧,然后作为一个笑剧——作为取消正面行动的证据的保守的记事。

多姆·黑尔德·卡马拉(Dom Helder Camara)是奥琳达·里塞福地区的主教、解放神学的奠基人之一。作为一个爱好和平、充满仁爱之心的人,他知道唯一通向和平的道路是释放良心之火焰,他所推广的新词成为批判教育理论的里程碑,他对贫民和受压迫者的爱使我们领悟

到生活就是选择。

最后，我将此书献给罗莎·帕克斯(Rosa Parks)，她不仅知道尊严和义愤会在建构自我的过程中增强体面感和真实性，而且知道一个教育的姿态例如一个简单的"不"字就会引发一场大规模的社会运动。或者，换句话说，正如美国的墨西哥裔美国人(Chicano)和拉丁美洲人(Latino)的斗争所表明的，罗莎·帕克斯用她的反抗大声呼喊："si se puede"(你应该战斗)。

纪　念

在我校对此书原稿副本的过程中，巴西哲学家和教育家保罗·弗莱雷(Paulo Freire)由于心脏病发作，不幸于1997年5月2日在巴西逝世，享年76岁。

保罗是我们的朋友，是鼓舞了一代批判教育家的杰出的精神领袖。他拓宽了我们看世界的视野，磨炼了我们的意志，启迪了我们对人类苦难源流的理解，让我们认识到发展伦理和乌托邦教育学来改革社会的必要性。他留在人们记忆中的是他的举手投足和音容笑貌，那张爬满白色络腮胡须的寓言家式的脸，以及他的那些苏格拉底的藏书。

我用此书来纪念保罗。保罗阅读了这本对话形式的书，非常欣赏并给予了高度称赞。遗憾的是，他不久就去世了。本书中对他的采访成为了他最后的遗言。我收入了一首自己在保罗去世后所写的诗，因为诗歌也许是一种铭记故人的方式，同时又是一种治愈伤痛的方式。

保罗——我们的朋友，我们的大师

如今您离我们而去，
那颗充满激情的心停止了跳动，
我们倍感孤独。
再没有人替那些受剥削和受压迫者呐喊，
您是拉丁美洲的骄傲和代表，
如今离我们而去。
您一生在矛盾中求索，

用寓言来教诲大众，

您的微笑，您那在微风中飘动的白发和胡须，是那么神采奕奕，

您那动人的面容，就仿佛黎明前的精灵。

您使我们生活在教育充满活力的时代。

您让我们学会了讨论而非论争，

您的言论直言坦诚，

使我们懂得了对这个世界的朝圣只有在斗争中才有意义。

儿时您在芒果树下栖息，在家乡的露台上诵读，我们逐渐了解大师的希望与苦痛。

如今您走了，但把教育的精神毫无保留地给予了受压迫者，一如您的人文主义情愫。

您的是非原则、道德操守证明了，

一位斗士面对资本主义、面对不公、面对民主的缺失、面对压迫以及麻木和冷漠时的绝不屈服。

您走了，期望我们的是重新塑造而非纪念或重复。

您留给我们的情感和乌托邦式理想，

您留下宝贵的精神遗产，激励我们前行，

没有您的陪伴，我们感到孤独和悲伤。

我们的朋友！我们的大师！

卡洛斯·阿尔伯托·托里斯

加利福尼亚大学洛杉矶分校拉丁美洲中心

1997 年 5 月 7 日

致　谢

没有一些朋友和同事的大力协助，就没有这本书的问世。广受注　xiii
目的"批判社会思想（Critical Social Thought）丛书"的编辑迈克尔·
W·阿普尔（Michael W. Apple）给了我极大的鼓励，一如既往地提供真
知灼见。所有被访谈者都在百忙之中抽出时间与我见面，对我的要求
给予积极而迅速的回应，并及时修改访谈录草稿。对此，我表示深深的
谢意。

加利福尼亚大学洛杉矶分校负责学术发展的副校长雷蒙德·帕雷
德斯（Raymund Paredes）也是我的好朋友，为此项目提供了资金，并提
出他对美国学术界的独到见解。对他以及教育和信息研究院、拉丁美
洲中心和加利福尼亚大学洛杉矶分校校长办公室的帮助表示感谢。

在对书稿进行修改的不同阶段，也有我的一些学生的大力帮助。
感谢朱莉·汤普森（Julie Thompson）、皮拉尔·奥卡蒂芝（Pilar
O'Cadiz）、奥克塔威奥·佩斯卡多尔（Octavio Pescador）和蒂姆·利特
纳（Tim Litner），帮我录制采访，并做了许多辅助性工作，特别是他们的
观点和意见使我在许多方面进行了修改和完善。这里特别要提及卡
伦·麦克拉弗蒂（Karen McClafferty），她在最后阶段专注地通读整个
文稿和进行编辑，整个项目的管理也是由她来完成的。没有她出色的
组织和编辑，就不会有这本书的问世。

我的同事丹尼尔·舒格伦斯基（Daniel Schugurensky）和索尔·科
恩（Sol Cohen）阅读了部分书稿，并提出了中肯的意见，我非常感谢他
们。

最后，我要感谢教育和信息研究院的萨拉·金凯德(Sarah Kinkaid)，对访谈、简历和个人传记的各个版本进行了耐心的打印；拉丁美洲中心(Latin American Center)的尼娜·莫斯(Nina Moss)和露西亚·塞佩达(Lucia Zepeda)在行政和编辑上给予了宝贵的支持，并与本书的各位作者进行沟通，对我紧张的日程安排给予了密切关注。在此，对所有帮助过我的朋友表示深深的感谢。没有他们的努力，就没有今天的成果。

xiv

丛书主编序

  几年前,我曾在韩国做过一次讲座。当时,军队包围了大学,阻止
学生和教师上街抗议政府。学术大厅挤满了人——地上,过道,甚至台
上都是人。我的演讲题目是关于教育在争取民主的过程中的重要性。
我描述了"批判教育研究"(critical educational studies)的发展历程,以
及它如何提供工具使我们更好地理解教育与不平等的文化、政治和经
济权力之间的复杂关系。我指出了像军队包围学校这样的事实,以及
许多学生和教师不敢公开谈论的现象。我说这些情况足以说明统治阶
级对真正自由的教育是惧怕的。这个学术大厅的紧张气氛就说明了一
切。

  我因此遭到了逮捕,组织这次演讲的韩国同事也未能幸免。显然,
这样的讲话、这样的讨论在那里是不允许的。

  如果我需要证明批判性思想的力量,需要证明统治阶级认为传播
这些思想是危险的,那么这就是了。因为在那一刻,批判性教育的重要
性及其危险性就活生生地展现在我的面前。

  这本书的许多读者毫无疑问会提到在种族、性别、性、阶级、"能力"
以及社会生活其他领域相似的个人经历,或者在教室、学术大厅、学校
和其他机构、社区等地方所发生的斗争,虽不如前者明显,但政治意义
同样重大。阅读《教育、权力与个人经历》这本书会立刻让人联想到自
己的生活经历,它把个人与政治紧密联系在一起。与卡洛斯·阿尔伯
托·托里斯对话的一些人毕其一生从事极其重要的教育评论,这个过
程充满了艰辛甚至危险。

　　这些对话之所以令人注目，是因为这些教育家高尚的个人品格。他们的著作基于社会正义，并对社会给以深切的关注。个人经历、理论、政治和实践结合在一起，揭示了批判教育理论工作传统的多重基础。卡洛斯·阿尔伯托·托里斯本人在建立批判教育理论传统方面是一位受人尊敬的参与者，对个人经历、理论、政治和实践关系之间的内涵有着透彻的理解。许多人多年投身建立并捍卫的价值观遭到了保守主义者的攻击，这清楚地表明，我们必须继续弘扬本书所建立的批判教育理论传统。正如我经常说的，主导这个领域的学术风格会以掩盖其不便言说的方式来传递作者的立场。真正的政治和真正的人，即隐藏在学术尊严的简约风格背后的人是难以分清的。[①] 采用对话形式的一个主要优点是：它使注定不能被接受的那些因素明朗化，并把它置于中心地位。在这一点上，对这些教育家的过去、现在和未来著作的阅读将永远不会是相同的。

　　也许你有兴趣了解我在韩国遭到逮捕后的情况，那我告诉你，逮捕我和我的韩国同事的那些人现在反倒被关在监狱里，正说明建立在批判思想基础上的行动能够带来新的可能性。保守主义试图造成的是犬儒主义和集体失忆的氛围，而本书的故事和对话可以帮助我们重树历史意识，使我们在未来的岁月里继续可能为教育而奋斗。

迈克尔·W·阿普尔（Michael W. Apple）

威斯康星大学，麦迪逊

---

　　① 迈克尔·W·阿普尔：《官方知识》(Official Knowledge)，纽约：劳特利奇出版公司 1993 年版。

导　言

CARLOS ALBERTO TORRES

> 在探究理论的过程中,你能发现理论家的人生踪迹。
>
> ——特洛伊·达斯特(Troy Duster)
>
> 加利福尼亚大学伯克利分校社会学教授

批判教育研究与民族的生活

在译述博托尔特·布雷希特(Bertolt Brecht)的原著时,我们可以说,批判学者认为教育不是反映现实的一面镜子,而是塑造现实的一把锤子。从这一观点看,在过去 20 年里,越来越多的关于教育的批判研究是对政治、权力与教育之间的关系进行剖析。批判教育研究已经不再处于现有教育学科的边缘。就当今关于课程、考试、管理、教师培训、教育投资以及几乎任何一个有意义的教育问题之争议而言,它们已从边缘进入中心。

批判教育学者已经以独特的方式把教育理论与政治、文化和教育实践结合起来。这种批判研究传统常常与美国学术界的新左派相互交融。这一传统面临着苏联人造地球卫星的革命和科奇诺斯湾的完全失败,在麦卡锡主义(McCarthyism)时代之后出现,又在越南战争与民权运动之后得到发展。①

　　本书以对话方式记述了左翼和进步主义学者创立新的批判传统的奋斗历程,以及他们的欢乐与悲伤。与此同时,这些对话也明示了这些教育家工作的社会、文化和知识环境,以及随着他们从一种批判性语言转向一种希望与实践的教育学所面临的个人和政治困境。

与批判教育家的对话

　　早在 20 世纪 70 年代,作为一名年轻的大学教授,我在阿根廷和墨西哥就给社会科学专业的研究生上过政治哲学课。我试图从法兰克福传统的批判理论角度去理解教育和权力之间的复杂关系,贪婪地阅读西班牙译本的社会理论和政治哲学的经典著作,尤其是康德(Immanuel Kant)②、黑格尔(Georg Wilhelm Friedrich Hegel)③、马克思(Karl Marx)④、韦伯(Max Weber)⑤、伯格森(Henry Bergson)⑥、狄尔泰(Wilhelm Dilthey)⑦、哈贝马斯(Jürgen Habermas)⑧、葛兰西(Antonio Gramsci)⑨、卢森堡(Rosa Luxemburg)⑩、卢卡斯(Georg Lukás)⑪、马

---

　　① 当讨论学术上左派传统的不足时,麦卡锡主义在美国大学生活中的影响常常被忽略了。一种杰出的和依据充分的分析,可见埃伦·W·施雷克(Ellen W. Schrecker)著《没有象牙塔:麦卡锡主义与大学》(No Ivory Tower: McCarthyism and the Universities),纽约:牛津大学出版社 1986 年版。

　　② 康德(1724—1804),德国哲学家和教育家。——译者注

　　③ 黑格尔(1770—1831),德国哲学家。——译者注

　　④ 马克思(1818—1883),马克思主义的创始人。——译者注

　　⑤ 韦伯(1864—1920),德国社会学家、历史学家、经济学家。——译者注

　　⑥ 伯格森(1859—1941),法国哲学家。——译者注

　　⑦ 狄尔泰(1833—1911),德国哲学家,精神科学派的创始人。——译者注

　　⑧ 哈贝马斯(1929—　　),当代德国哲学家。——译者注

　　⑨ 葛兰西(1891—1937),意大利共产党创始人之一。——译者注

　　⑩ 卢森堡(1871—1919),德国共产党创始人之一。——译者注

　　⑪ 卢卡斯(1885—1971),匈牙利哲学家。——译者注

库斯(Herbert Marcuse)①、马基雅维里(Nicholo Machiavelli)②和卢梭
(Jean-Jacques Rousseau)③。另外,我也阅读保罗·弗莱雷的著作,我
对社会理论和教育的理解深受他的影响。

　　1980 年 7 月的一个雾蒙蒙的早晨,我到达美国的旧金山机场,这是
我首次离开拉丁美洲。尽管一个英文词也不懂,但我获得了斯坦福大
学一笔丰厚的奖学金来攻读博士学位。我没有意识到,在一个完全不
同的文化背景下攻读博士学位,既要养家又要学习英文是如此的艰辛。
在度过了 8 周的暑期英语课程后,我在 1980 年 10 月开始了课程学习。

　　第一次进入斯坦福大学图书馆时,我经历了一次非同寻常的考验:
有一套英文版的新的批判理论研究,我无法读懂! 这是非常痛苦的事
情,但我还是艰难地开始读了,渐渐地,我读懂了教育政治经济学(60 年
代和 70 年代拉丁美洲还没有发展的一个领域)、教育政治哲学(一个在
受托马斯主义者的思辨而不是受多元论观点支配的地区实际上得到进
展的领域,对弗莱雷和民众教育实践工作者的工作提出体面的抗议)以
及教育社会学、课程研究、比较教育和国际教育领域(在拉丁美洲也没
有发展的领域)的一些重要著作。20 世纪 80 年代早期,这一系列教育
学领域的研究还没有翻译成西班牙和葡萄牙文,我进入了一个全新的
学术思想领域。

　　这些著作也使我对美国和英国一些主要的激进教育家有了自己的
发现和认识。正是这次经历,让我为这次对话选择了这些批判教育家
作为对象。这本书的方式很个人化,也可以说是个人经历的一部分。
我邀请了一些学者,其中大部分人现在是我的朋友,和我一起就他们的
学术工作和个人经历来进行这次对话。正是他们,把在越南战争后所
开始的新的批判教育研究传统介绍给了众多的学者、教师和实践工作
者。

---

　　① 马库斯(1898—1979),美国哲学家。——译者注
　　② 马基雅维里(1469—1527),意大利政治思想家和历史学家,被称为"政治学之
父"。——译者注
　　③ 卢梭(1712—1778),法国启蒙思想家和教育家。——译者注

我邀请的对话者包括迈克尔·W·阿普尔、塞缪尔·鲍尔斯、马丁·卡努瓦、保罗·弗莱雷、赫伯特·金蒂斯、亨利·A·吉鲁、玛克辛·格林、格洛利亚·拉德森—比林斯、亨利·莱文、珍妮·奥克斯、杰夫·惠迪等。我并不是说这些人可以构成一代批判教育思想家的代表,但他们可以代表第一代人。(科内尔·韦斯特[Cornel West]没有包括在内,他的著作代表着对美国哲学、思想以及种族、阶级、性别、社会正义等方面思考的新的历史时期,但由于时间限制本书未能包括进去。)

毫不奇怪,大部分访谈对象是白人男性学者。尽管大学的民主气氛比商界浓厚,但也是"玻璃天花板"①,离真正的民主距离尚远。正如玛克辛·格林所说的,妇女在美国学术界要想有所作为非常困难,当然如果是 20 年前就更加困难。种族和少数族裔的问题同样如此,正如性别歧视、种族歧视在学术界和知识分子群体中也是显而易见的,尤其是在那些能代表学术界观点的学者群体中。

在参与对话的批判教育家中,只有杰夫·惠迪和保罗·弗莱雷没有在美国的大学中任职,但他们两位积极参与了北美批判教育家的各种活动。杰夫·惠迪是英国新自由主义教育政策最具智慧的批判家之一,对 70 年代早期出现的新教育社会学做出过很大贡献,这也为他在美国学术界赢得了特殊地位。他对英语世界的批判教育观点的产生做出了重要贡献。由于保罗·弗莱雷在批判教育学领域的重要地位,我把我和他之间对话的一部分收入本书。他是《被压迫者的教育学》(Pedagogy of the Oppressed)的作者,是一位具有象征意义的人物,对学术环境、批判理论和方法有着不可超越的影响,超过世界上任何的批判教育观点。

这个访谈群体包括教育政治经济学家、课程研究工作者、教育与课程社会学家、教育政治社会学家、城市与艺术教育专家、女权主义学者、有色人种学者。他们都有强烈的社会责任感,都是代表进步事业的积极的政治活动家,有些人经常参与关于美国教育改革的严肃辩论,并为

---

① "玻璃天花板"(glass ceiling),女性和少数民族的提升被人为设置障碍,但这种障碍是看不见的。——译者注

教育和社会机会的平等进行抗争。但是,在理论观点或政治策略方面他们或许有不同意见。有些人侧重理论,有些人着重探索关于有色人种、工人阶层以及妇女的教育和职业前途的实际选择。他们分别代表着使用不同研究方法的学者所进行的研究,包括批判理论、马克思主义、新马克思主义、游戏理论、后现代主义、女权主义及有关种族、阶层和妇女的理论。

对话的主题

本书纪实性地描述了这种新传统在美国的发展,以及代表人物如何帮助这种新传统的建立。我们应该了解他们 20 多年来是如何辛勤努力拓展批判教育研究的范畴,以及他们是如何看待自己的研究目标、方法、理论和政治实践的。总之,我们应该了解他们的思想和政治经历。

但最令人感兴趣的,不仅是批判教育研究传统如何产生,而且还有产生的原因。这些批判教育家如何在学术生活和主流社会科学的束缚之下仍能开启新的政治和理论视角?这样一种批判教育研究的传统如何区别于主流教育,以及如何超越提出不同问题和给出新答案的窠臼?他们是如何选择研究课题、教学专业以及政治策略?他们如何发展学术生涯,以及如何将自己的学术和政治发展与过去 20 年的社会和政治斗争相连?

最后,这些对话探索了我们这个时代所面对的教育领域的挑战。这些批判理论家如何看待当今教育环境下的各种努力?不同的社会运动、利益集团以及学术和政治机构在千禧年到来时刻是如何为教育改革定调的?教育改革的成功与失败的平衡点又在何处?对多元文化、教育的内部关系、为性别平等而进行的努力、对性别倾向多种选择的尊重以及与阶级、种族、少数民族和宗教的关系等,这些批判理论的观点又是什么?对美国教育环境中的右翼行为,他们是怎么看的?在全球化背景下公共教育的未来又是怎样的?

6

政治、权力与教育

本书中对话的焦点是关于教育、权力与个人经历的关系。马克·金斯伯格（Mark Ginsburg）认为："政治关系到生产、再生产、消费以及积累物质财富和资源的方式。"①考虑到政治不能局限于政府、国家、政党、议会、宪法或选举行为，但与人类经验全方位接触并相互作用，政治是一个不易掌握的概念。因此，正如女权主义理论早就明确的那样，个人也是与政治有关系的。②

权力和权力的关系也很难给予明确定义、运作和分析。正如托马斯·瓦特恩伯格（Thomas Wartenberg）所论述的："权力作为一种复杂的社会现象，存在于交叠和矛盾的复杂关系网之中。"③对权力进行理性思考，有助于识别不同的权力来源，④也同样有助于识别权力与教育的关系。教育作为一种制度，以及作为物质生活和符号生活的一个方面，

---

① 马克·金斯伯格、桑吉塔·卡梅特（Sangeeta Kamat）、拉赫斯韦尔·拉格赫（Rahesware Raghu）、约翰·韦弗（John Weaver）著：《教育家与政治：阐释、含意及影响》（Educator and Politics：Interpretations，Involvement，and Implications），匹兹堡大学（未付印稿），1993 年。

② 关于权力、教育与个人经历讨论的一个好的例子来自女权主义学者斯皮瓦克（G. C. Spivac）的对话集：《后群体批判：访谈、策略、对话》（The Post-Colonial Critic：Interviews，Strategies，Dialogues），纽约和伦敦：劳特利奇出版公司 1990 年版。

③ 托马斯·瓦特恩伯格编：《对权力的再思考》（Rethinking Power），阿尔巴尼：纽约州立大学出版社 1992 年版，第 xix 页。

④ 伦格曼和尼布卢格—布兰特利对权力的来源有一个很好的分析："社会学家指出有五种有代表性的权力来源：物质力量，压制的基础；对必需的物质来源的管理，控制的基础；更好的辩论力量，影响的基础；故意歪曲的能力，操纵的基础；有利于置在一个意识体系之中，权力的基础。"帕特里夏·M·伦格曼（Patrica M. Legermann）和吉尔·尼布卢格—布兰特利（Jill Niebrugg-Brantley）："女权主义者的社会学理论：接近未来的视野"（Feminist Sociological Theory：The Near-Future Prospects），引自乔治·里特泽（George Ritzer）：《社会理论的新领域》（Frontiers of Social Theory），纽约：哥伦比亚大学出版社 1990 年版，第 36 页。

也能够看到这样的联系。①

阿普尔和洛伊丝·韦斯(Lois Weis)是这样陈述构成教育现实的各个方面之间相互关系和矛盾的：

> 如果我们不去检验教育机构在不平等的社会形态中所起的不同作用，我们就无法完全明白它们在政治、经济和文化这个更大的社会形态中所处的位置。另外，我们需要拓展学校的作用，不应该想当然地认为教育机构能够永远成功地实现积极、守法和创造这三个功能。它们代表的是学校结构上的压力，而非必然的结果。在某种程度上，由于这三个功能常常互相矛盾，因此，教育有时不能完成来自这些压力对教育的要求。它们有时可能是相互起作用的。②

理性地看待权力和教育的关系，能够使我们了解这些批判教育家是如何身陷权力关系之中，以及如何对待权力的各种关系和相互作用。他们"在权力的各种关系中工作和生活，这种上下级关系既不平等又相互行得通"③。他们个人生活和工作中所经历的权力和教育的关系在这些对话中部分地得到了反映。

对话成为学习经验和斗争的一种有利方式

与这些批判教育家的对话，涉及他们的个人经历、奋斗过程，以及在教育和资本主义之间矛盾的背景之下试图去了解自身困惑的种种努

---

① 迈克尔·W·阿普尔(Michael W. Apple)和洛伊丝·韦斯(Lois Weis)："检验教育的关系：在学校知识社会学中的文化和人民的分层"(Seeing Education Relationally：" The Stratification of Culture and People in the Sociology of School Knowledge"，《教育杂志》(Journal of Education)1986 年第 1 期，第 168 页。

② 同上，第 11 页。

③ 马克·B·金斯伯格(Mark B. Ginsburg)："墨西哥教育政治社会化中的矛盾、阻力和混合"(Contradictions，Resistance and Incorporation in Political Socialization of Education in Mexico)，提交比较和国际教育学会年会的论文(牙买加，金斯顿，1993 年3 月 16—19 日)。

力。这些对话使我们在 20 世纪末比以往任何时期更加怀疑自由主义的两个教育神话:第一,教育是一种中立行为;第二,教育与政治无关。

保罗·弗莱雷一向坚持教育的政治性①以及教学和学习作为一种人类冒险活动的政治重要性。他非常正确地认为:

> 教学和学习因而是认识的一个更重要的过程,意味着认知。受教育者通过对事物的认识,发现自己能够透过现象看到本质。教学行为的政治重要性就存在于最后的分析中。在所有因素中,这是进步教育家区别于他人的一个重要因素。②

对话被定义为一种特殊的教育交际关系,"一种直接指向教学和学习的会话交流"③。一些后实证主义学者使用基于对话的著作作为有价值的策略进行交际和学习。④然而,本书不是一本试图去代表保罗·弗莱

---

① 这个新词是保罗·弗莱雷在一些场合所使用的,我认为,它比仅仅说教育有政治性更为明确。

② 保罗·弗莱雷:《有希望的教育学》(Pedagogia da esperanca),圣保罗:帕斯·特拉出版公司 1992 年版,第 48 页。

③ 尼古拉斯·C·伯布尔斯(Nicholas C. Burbules):《教学中的对话:理论与实践》(Dialogue in Teaching:Theory and Practice),纽约:哥伦比亚大学师范学院出版社 1993 年版。在这本很有魅力的著作中,伯布尔斯界定了对话的不同含意,或作为询问,或作为谈话,或作为辩论,或作为游戏,或作为教学,或作为一种相互影响的交往方式。在他看来,对话也能被理解为一种具有教育学意义的交往关系。

④ 对这样的交往学习经验的最清晰、也许最卓越的阐释体现在保罗·弗莱雷许多年前在拉丁美洲所开创的对话之中。最近,在弗莱雷与其他人之间进行的相似的对话已作为系列丛书在美国出版。有关弗莱雷的教育对话的最初出版物,见卡洛斯·A·托里斯编:《保罗·弗莱雷访谈录》(Interviews with Paulo Freire),圣保罗:罗耀拉出版公司 1978 年版。有关弗莱雷的教育对话的更近的一个例子,既作为一个交往工具又作为一种对知识构成的自我反思练习,见他的《关于教育:对话》(About Education:Dialogues)两卷本。同样的对话著作在美国也能见到,例如,艾拉·肖尔(Ira Shor)和保罗·弗莱雷:《为了自由的教育学:关于教育变革的对话》(A Pedagogy for Liberation:Dialogues on Transforming Education),南哈德利(MA):伯金与加维出版公司 1987 年版;以及迈尔斯·霍顿(Myles Horeon)与保罗·弗莱雷:《我们采取了散步的方法:关于教育与社会变化的谈话》(We Make the Road by Walking:Conversations on Education and Social Change),费城:坦普尔大学出版社 1990 年版。

雷意识上的教育对话,而是学术期刊文章和理论自传式论文的混合体。

对话不同于讲故事,先娱乐,再慢慢渗透教育。从评论的角度看,通过对话和叙述,亲身经历也可以写作成讲事实和真诚关心,也讲奋斗、梦想和希望的故事。[①] 值得注意的是,研究性大学中终身聘任保障这个常见的主题并不是本书对话中的主题,这些对话所表现的是这些批判教育家在美国资本主义制度的最核心之处和美国知名大学名声日增之时建立激进的批判教育研究传统是多么的艰难。

然而,需要指出的是,对话可以给予我们权力,也可以剥夺我们的权力。例如,1990 年我接受加利福尼亚大学洛杉矶分校的工作后不久,一位曾参与对我聘任的资深教授这样把我介绍给另外一个校区的同事:"这位是卡洛斯·阿尔伯托·托里斯,我们批判理论界的标志性人物。"先不考虑其中的侮辱成分,来自同一所学校的资深人物的这个说法提醒了我——教育中的相互关系深深地嵌入与权力和微妙的政治交易的关系之中。

尽管也许是个玩笑(但弗洛伊德[②]对于人性近乎幽默的揭示依然困扰着我),这个称呼让我开始把自己看成是在学术界作为政治和理论多样化的一个符号去完成一项指定的任务。也许这仅仅是个笑话,但在学术界的相互关系中它可以揭示一整套的价值观、期待和抱负。作为同事之间对话的一部分,这种介绍让我对自己的作用和学术产生了怀疑,让我觉得自己是个外来者。他对我的评价在我事业的初期也明白无误地告诉我,作为一个外来者,在既定的领域和结构里我应该保持距离——应该继续做那个符号式人物!几个月后,当我对学校有了更多了解之后,我明白这位同事的说法既是对他在本校学术领域的徒劳防护——显然对我的存在感到了威胁——又希望我成为最后一名加利福

9

---

① 内尔·诺丁斯(Nell Noddings):"对话中的故事:关爱与人际关系理论"(Stories in Dialogue: Caring and Interpersonal Reasoning),载 C. 惠特雷尔(C. Whiterell)和内尔·诺丁斯编《故事存在于诉说:教育中的叙事和对话》(Stories Lives Tell: Narrative and Dialogue in Education),纽约:哥伦比亚大学师范学院出版社 1991 年版,第 157—170 页。

② 弗洛伊德(Sigmund Freud, 1856—1939),奥地利医生、心理学家,精神分析学派创始人。——译者注

尼亚大学洛杉矶分校教育与信息研究院的加入者！

能给人以力量的对话是动人的、富有想象力的和有趣的。迷人的对话使口述的故事生动活泼，既给人启蒙和力量，又是在个人故事中重新建构集体历史的源泉。例如，关于和平工作的对话，尤其是来自妇女和平活动家的口述故事，提供了在美国社会中奋斗的独特视角。①

读者不应该期待在这些对话中找到事先预定的谈话的清规戒律。我喜欢随着谈话的起伏加以引导启发。对话更多的是真情实感的交流、学术思想的碰撞以及对反思生活经历的渴望，而不是跟随一种明确的主题模式。

对话允许各种声音和叙述方式的出现，而没有语法或写作模式的限制，也不用在科学有效性方面考虑对话的书面结果。提出的问题无须有序但要对话流畅，好的对话允许如诗一样的艺术、小说一般的构造，以及对理论与实践相互关系的评价，以充满活力的方式出现，超越个人的习性和观点。②

对话应该既是建设性的，也允许一定的破坏性，因为这样可以把我们作为个人的矛盾之处显现出来，可以质疑学术圈中久已建立的阐释形式和分析风格。作为实验的、分裂的或创新的写作模式的对话，显示出"文学"和其他的文化写作形式已经变得"如此毫无希望的模糊不清"③。

这些对话使理论上复杂、政治上投入的学者，如本书所选择的那些

---

① 朱迪思·波特·亚当斯(Judith Porter Adams)：《和平工作：妇女和平活动家口述史》(Peacework：Oral Histories of Women Peace Activists)，波士顿：特温恩出版公司 1991 年版。任何被解释为自我反思和被考虑为政治能动性的主要观点的对话，都能帮助我们构成一种有关人和事件的更为复杂的情景，并为阐释和行动打通了许多道路。

② 丽塔·吉伯特(Rita Guibert)：《七种声音：七位拉丁美洲作家与丽塔·吉伯特的谈话》(Seven Voices：Seven Latin American Writers Talk to Rita Guibert)，纽约：阿尔弗雷德·A·克诺卡出版公司 1973 年版。

③ 戴维德·威廉·福斯特(David William Foster)：《当代拉丁美洲叙事中的交替声音》(Alternative Voices in the Contemporary Latin American Narrative)，哥伦比亚：密苏里大学出版社 1985 年版，第 148 页。

教育家,能够有机会从不同的角度重新审视一下自己的理论和研究,这次是利用他们的个人经历。当然,这些关于教育、权力和个人经历的对话将以生动形象的文笔向读者展示知名学者的生活和亲身经历,这些学者的进步思想不仅在美国而且在全世界有着广泛的影响。同时,这些对话也将再一次验证一则女权主义者古谚:人必然是政治的,也必然是教育的。

终身聘任问题

获得终身聘任保障对教师来说是极其重要的。第一代批判教育理论家是在美国旧左派流行和新左派开始的历史转折时期成长起来的,因此,他们许多人已经表现出对机构化的权力和在高等教育领域中广泛接受(有时是勉强接受)的清规戒律的蔑视。所以,塞缪尔·鲍尔斯在法庭上奋力为马萨诸塞州的教师们赢得废除签署忠诚宣誓的经历就不会令人感到诧异了。仅仅因为盛行就去服从这些游戏规则,并不是第一代批判教育家所愿意做的。

在接受终身聘任保障所带来的自由和安全的同时,从他们的叙述中可看出个人状况不是由终身聘任保障的激烈竞争所决定的——尽管亨利·吉鲁和马丁·卡努瓦的经历有其政治动机,当然也因此损害了他们的学术生涯。当然,对于这些著作等身的学者来说,"要么出版,要么消失"并非仅仅意味着纸张、墨水、打字机不停运转或者计算机多少个不眠之夜的工作。当紧张的工作仍然是他们生活的一部分时,写作、发表著作还没有成为来自宇宙的命令,而只是一种生存需求和挥之不去的政治诉求——但这种读书、研究、写作、默默接受科学工作要求的生存模式使他们感受到生活的充实。总之,对他们来说,发表著作是责任而不是义务,是快乐而不是任务。写作的生存需求并不一定造就杰出的研究者或人文学者,但的确有助于塑造学术品格和政治品格,这是在写作中不断锻造的。正如乔斯·卢斯·博格斯(Jose Luis Borgers)所认为的:文学是自传性质的,而写诗只能被定义为自我告白。这些话完全可以用在第一代批判教育家身上。

不仅对于那些个人才华横溢的存在主义者,而且对在冷战阴影里长大的知识分子以及 60 年代的一代人来说，为了生存必须追求事业，努力去理解并讲授权力如何与主观建构相互作用、资本主义如何与民主相互作用、教育机会平等如何成为民权运动和自由言论运动以及为美国社会底层民众和少数民族创造平等机会的核心。因此，写作成为了一项政治义务、一种在建构自己知识体系过程中的快乐的补充。

对终身聘任保障的蔑视，也许展现出在后现代主义知识分子中的后现代特性：他们似乎把欲望的快乐加入为社会正义而斗争的研究和写作的使命中来，这种斗争贯穿于他们的生活和职业生涯。

从他们对终身聘任保障淡漠的态度中，我们能学到什么呢？最重要的是，从第一代批判教育家的智力经历中获得的重要一课就是真正对学术的追求不能由人们对你的期望所左右。这种追求要基于你的热情、欲望和专注。当然，这需要一个重要的条件，当大多数批判教育家开始学术生涯时，有许多学术机会，终身聘任的机会并非如今天这般困难。所以，训练有素的经济学家诸如马丁·卡努瓦和亨利·莱文从来没有担心过他们的学术职位，因为他们可以轻易在别处找到薪水不错的职位。这种对待终身聘任保障的"开放社会"是他们所喜欢的，但并不一定适合每个人。亨利·吉鲁就遭到了波士顿大学的拒绝。玛克辛·格林尽管是《哥伦比亚大学师范学院学报》（Teacher College Records)的主编，但她要么在学术生涯上遭受延误，要么被全男性的哲学和社会科学系所拒绝——认为接受女性学者是不可能的，更不要说左派人士，所以，她只好在哥伦比亚大学师范学院英语系发展自己的事业。保罗·弗莱雷在里赛弗大学工作期间申请发展部的主任职位但遭到了拒绝，其在识字培训方面的成功经验也被忽略。显然，在对职业的投入上，这些学者个人一直在不懈地努力，他们的创造力异常丰富，而且这种创造力贯穿他们一生。在写这本书时，他们所有人已经年过半百，玛克辛·格林和保罗·弗莱雷年纪最大。他们一共出版了 132 本书，发表了 1278 篇论文。除了理论研究工作，他们还参与教育实践，诸如亨利·莱文获奖的速成学校运动（Accelerated School Movement)，还有珍妮·奥克斯在加利福尼亚大学洛杉矶分校担任教师培训中心主任时以独特的方式把研究和实践结合起来。

尽管他们对于终身聘用保障有着从容的态度,但另外一个观察也值得重视。这些批判教育家如此多产并非机遇,托马斯·库恩(Thomas Kuhn)①在其著作《科学革命的结构》(The Structure of Scientific Revolutions)(芝加哥大学出版社,1996)中清楚地指出,想要与过去既有的传统分裂而建立新传统,需要超常的工作量和才华,事实也证明如此。事实上,超越标准模式的这些人——指的是才华横溢的左派教育家——已经在学术成就上超越了同行。也就是说,他们不仅应该像学术界的任何学者那样好,而且实际上在所从事的领域应该有双倍的成就,以便得到尽可能的平等对待。

建立新的传统

从他们的叙事中,显然这些教育家已经在他们自己的学术工作中发现,即使再努力,但结果还是存在着不确定性。尽管他们大多数对自己为美国乃至全世界所做出的学术贡献感到欣慰,公平地说,在开始时也许心中并没有宏伟蓝图去着手创造一揽子综合研究计划,他们的动力来自于信念、原则、热情和政治投入。保罗·弗莱雷从未期待其《被压迫者的教育学》一书会成为 20 世纪后半期教育哲学的标尺,②其重要性堪比杜威(John Dewey)20 世纪前半期所著的《民主主义与教育》(Democracy and Education)③。正如瑞士教育家皮埃尔·弗特(Pierre Furter)所认为的,弗莱雷从未期待成为"那个时代的神话"。第一代批判教育家事实上已经改变了全球的教育格局,他们的著作说明不管是个人还是集体,满怀热情地投入工作、追求梦想并不是为了去建立新的传统。他们也并非没有意识到工作的政治含义和理论含义。事实上,他们对工作重要性的信念使许多人度过了学术生涯中有时非常难以克服的障碍,例如,塞缪尔·鲍尔斯在哈佛大学两次遭遇下岗,亨利·吉

① 库恩(1922—1996),当代美国科学技术哲学家。——译者注

② 《被压迫者的教育学》可以看成是一本教育经典著作。它被翻译成 18 种文字,西班牙文 35 次重印,葡萄牙文 19 次重印,英文 12 次重印,已出售 50 多万本。

③ 约翰·杜威:《民主主义与教育》,纽约:麦克米伦出版公司 1961 年版,第一次出版于 1916 年。

鲁为终身聘任保障多次奋力抗争，英国的杰夫·惠迪在撒切尔执政期间对其行政职务的矛盾要求感到失望。十分有趣的是，尽管并不互相赞同，没有一个预先构思的计划，也没有从最广泛的学科和多学科的观点出发，他们就建立了教育领域的新传统——不仅对教师培训和学习管理以及政府机构的工作很有影响，而且对一些研究项目也影响巨大。这些研究旨在探究现代教育的问题所在和优势所在，以及如何用技术、道德和政治上都可行的教育政策来解决这些问题。

当然，这篇导言的目的不是要对这些批判教育家研究项目的主题进行概括，也不是要描述我所称之为的批判教育研究。但在这篇导言结束之时，我要指出的是，在学术生涯中他们无法独立于教育和权力的关系之外。

他们在研究和写作中已从不同的角度对作为一种支配表达的教育进行了探究，这不仅是一种教育分析，而且是试图对少数民族、妇女、工人阶层和底层人群获得教育权利的条件进行总结。因此，对教育、权力以及获得权力的关系的考虑产生了如此大量的著作，[①]去解决教育中的社会和文化再生产问题。[②]

对教育再生产中的阶级、种族、性别和国家的交叉点的关注带来了研究上的收获，在某些情况下演变为文化研究，在另一些情况下成为教育政治社会学领域的研究或教育政治经济学领域研究，研究教育对人

16

---

① 例如，参见塞缪尔·鲍尔斯和赫伯特·金蒂斯：《资本主义美国的学校教育》(Schooling in Capitalist America)，纽约：基础图书出版公司 1976 年版；马丁·卡努瓦和亨利·美文：《学校教育与民主国家的工作》(Schooling and Work in the Democratic State)，斯坦福：斯坦福大学出版社 1985 年版；保罗·弗莱雷：《被压迫者的教育学》(Pedagogy of Oppressed)，纽黑文：耶鲁大学出版社 1985 年版；或者，格洛利亚·拉德森—比林斯的新著：《看门人》(Gatekeepers)，旧金山：乔西·巴斯出版公司 1995 年版，这本书已成为一本学术畅销书，在出版后的一年里出售了 4 万多本。

② 在教育社会学、教育政治经济学和文化研究领域，对这个问题的系统分析是雷蒙德·莫罗(Raymond Morrow)和卡洛斯·阿尔伯托·托里斯(Carlos Alberto Torres)的《社会理论与教育：一种社会和文化更新理论的批判》(Social Theory and Education: A Critique of Theories of Social and Cultural Reproduction)，阿尔巴尼：纽约州立大学出版社 1995 年版。

们在现代资本主义社会中作为个人或群体的生活的影响。

这些批判教育家著作中最后一个主题是资本主义、民主和教育之间的相互关系,教育对公民的贡献,以及对主观性和意图的建构。主观性和意图(我还要加上在教育环境中盛行的入会式)不能与权力运行和对身份的不断追求分隔开来。因此,第一代批判教育家大量的学术追求是从多学科、甚至政治传统中汲取营养,①探讨大众知识和官方知识的关系,开展对(作为教科书和作为社会叙事的)文本和教育社会背景的批判分析,研究民主、社会运动以及多种身份建构之间的关系。由于美国的特殊情况,对教育中种族形成的研究就有了有利的条件,可以把多元文化问题作为案例。他们的大部分工作不仅是对他们的学生、同事、读者、父母和政策制定者进行"启蒙",而且更多的是为继续对美好生活的追求而进行批判政策研究。可以证明的是,赫伯特·马库斯在临死前告诉他的学生约根·哈贝马斯,他终于明白是什么让他如此热爱他所追求的事业。他的话是对第一代批判教育家的追求的恰如其分的总结,认为他们以同样的热情追求自己热爱的事业:

"看!我知道我们最基本的价值判断植根于哪里——在于热情,在于我们对他人苦难的感受。"②

---

① 对这个研究项目的一个卓越的总结,见迈克尔·阿普尔:《权力、目的和身份:美国的批判教育社会学》(Power, Meaning and Identity: Critical Sociology of Education in the United States),《英国教育社会学杂志》(British Journal of Sociology of Education)1996 年第 17 期,第 125—144 页。

② 哈贝马斯对赫伯特·马库斯的回忆,见约根·哈贝马斯:《心灵的蜕变与顽固的主观性的再生》(Psychic Thermidor and the Rebirth of Rebellious Sybjectivity),戴理查德·J·伯恩斯坦(Richard J. Bernstein)编:《哈贝马斯与现代性》(Habermas and Modernity),坎布里奇:麻省理工学院出版 1985 年版,第 77 页。

第一章
迈克尔·W·阿普尔访谈录

MICHAEL W. APPLE

　　问：1988 年我和雷蒙德·莫洛（Raymond Morrow）曾对您进行过采访，希望对您的研究工作有个全面的了解。在这之后，您的生活和研究工作发生了什么事情？

　　答：就个人而言，过去右翼时代的五年多对我影响很大，促使我对自由传统的真实含意及有关社会民主的一些复杂问题进行了更深入的思考。生活在右翼时代，使我去反思在社会民主的氛围中收获了什么，结论是既有妥协，也有成功的斗争。

　　我的大儿子是非洲裔美国人，有精神疾病。在保守势力鼎盛期间，所有过去给精神病患者带来安全感的社会机构，诸如医疗保健和社会工作者全被撤销。这促使我对这类问题进行重新思考，虽然出发点是源于个人层面，但对后来我的理论研究产生了重大影响。

　　我的大儿子被送入专门机构。由于大脑中化学物质的不平衡，他变得狂躁暴力，为此又转入医院。在里根和布什时代，由于精神健康方面的设施遭到削减，我们不得不自己支付 9 万美元的高额医疗费。这让我看清楚了右翼势力上台意味着什么，例如，精神疾患者有 30 多天未被纳入保险政策范围中。所以,右翼在我家庭的具体表现就是:大大地增加了我儿子的死亡概率。

我之所以在这里举我个人的例子,那是因为我对谁应该受到谴责有了更加明确的观点。如果不是因为我的薪水还算过得去,我儿子早就死了,这使我对这个国家有了不同的看法。因此,尽管我最初在《教育与权力》(Education and Power)中的认识在变化——我开始发现这个国家成为矛盾斗争的战场——这些个人经历更加生动形象。我更加清楚地认识到,这个国家既进步又落后的因素;既是失败又是胜利的战场;社会民主既取得了一定的胜利,又有霸权同盟和妥协的存在。在这个事例中,隐藏在背后的种族话语对于国家的影响深远,它意味着黑人贫民或任何种族的贫民——这里指一个非洲裔美国儿童,即我的儿子——面临着这样的情形:曾经有过的社会援助,经过几十年奋争的安全网,就这样不见了。

你们那里的例子是我们关于国家设施成为资本工具以及我反对这样做的争论,而我们的例子是我们看到当国家削减这些设施、当保守势力要使一切私有化时,你们看到实际上所发生的一切,甚至包括中产阶级受到的影响。结果是我们花了 9 万美元,唯一愿意接收我儿子的医院是精神病院中的"凯迪拉克(Cadillac)"①,一天 1000 美元的费用不在保险范围之内。如果我和妻子没有能力支付这笔费用,我的儿子早死了。想一想成千上万的没有能力支付医疗费的父母们吧。我举这个例子并非出于私心,但它说明个人经历对于批判工作研究也是很重要的。如果我们所做的仅仅是写作而从不将自己放入真正的生活中,那么我必须说我不信任他们的研究。

我一直寻求理论和个人实际的结合,这就是我们所说的理论联系实际,就是不断地反映现实,由多个层面的政治斗争带来的我对现实的反映:文化的、政治的、经济的以及身体的和性别的。因此,我不想把一切都归结于阶级斗争。所有这一切,使我的理解更加活跃、更加清晰。国家这些年的成果在凋谢。对许多人来说,这些成果已不复存在,过去

①"凯迪拉克",美国通用汽车公司制造的一种高档汽车。——译者注

的五年使我无比清醒地认识到这一点。

问：这些年来，您接受了哪些理论方面的挑战？

答：在过去的五年里，我密切关注后现代主义。在它对我产生影响的同时，我质疑后现代主义者未加思考而全盘接受的一些核心看法。正如你们知道的，我是这个努力奋斗的群体中的一员，当然不是唯一的一员，大家在新马克思主义传统中反对还原法和阶级分析的趋势。但是，在美国，新马克思主义信仰和传统（斗争而不是通过言论）并非叙事般的和平历史，而总是斗争的结果。在马克思主义者的传统中，从来没有过叙事。这是个错误，是对历史的误导，是集体失忆。

仅仅因为称自己是新马克思主义者，并不意味着你同意其所有观点，这是个历史概念，而不是表面的称呼。它是一个经过检验的舞台，是经过奋斗而争取来的。我认为，对阶级、种族和性别的谈论实际是平行的。它们构成彼此，但也有不同的历史。它们相对自成一体，但谈论阶级时又不能不谈论性别和种族，因为这两者在其形成过程中起了巨大作用，这就迫使人们去思考到底权力应该有多大的尺度和范围。如果看问题不从上往下看的话，那么微观和宏观的区别就用处不大了，这样就开启了一扇通往确认多种话语多种场所之门。这让福柯（Michele Foucault）①似乎很有吸引力，我希望我是认真对待此事的。

尽管我希望对新的理论和政治保持开放态度，但在过去的几年中，我开始对后现代主义的某些倾向感到紧张。《官方知识》（Offcial Knowledge）和《文化政治和教育》（Cultural Politics and Education）是我最近出版的两本书，读者会从中体会到后现代主义对我的影响。当我谈到快乐政治时，当我谈到无数的实际或把"第一频道"（Channel One）作为一个例子时，当我指出国家在很多层面有权力的多种关系、霸权联盟如何建立，不仅是阶级，更重要的是种族和性别，还有宗教政治等，所有这些既相互作用也相互排斥时，说明后现代主义理论对我研究的影响。

这里的关键词是批判。我担心的是"后现代"的批判研究已经失去

---

① 福柯（1926—1984），当代法国思想家。——译者注

新马克思主义研究中的某些收获,并制造出"新"研究工作的虚假历史。并非人人都同意你以结构来研究阶级,我就是其中之一。不能因为阶级现在被称为"宏大叙事",就意味着阶级已经消失了,这是对历史的一种误读。我认为,这在后现代主义的某些方面是一种很危险的趋势。还原论的阶级分析常常意味着人民可以随意忽略它,这从理论和政治上是灾难性的。忽视阶级对我们赖于立足的普通百姓是一种损害,为了我们这样的人能够在高等教育机构有份可以写作这些事情的工作,我们得明白有人为此付出过劳动。这些机构代表了过去,不仅是知识分子过去的付出,也有老百姓或有或无报酬的劳动,所以我们与他们的生活息息相关,这是基本结构,我们应该记住。

多年来,我一直反对对政治经济学进行还原分析,比如鲍尔斯和金蒂斯的早期著作,尽管我对其中百分之六十的内容不赞同,但仍然值得受到广泛尊敬。在目前的研究中,有一种很明显的趋势,那就是忽略政治经济学的问题,似乎这些问题不再重要。正如你们所知道的,这种倾向是很危险的。

以国家概念的去结构化为例。毫无疑问,我们不再从容地谈论国家的原因之一不仅仅是因为国家和民族的话语权问题,而是因为资本在全球化。这不是文本的表述这么简单,尽管我们可以把它写成文字。这里有人们挨饿的严酷现实,有后殖民时期帝国主义的严酷现实,有当人们的土地被国际资本掠夺之后怎么办的严酷现实,还有美国消费的现状。你不需看有些人傲慢地称之为"第三世界"就能发现这一点,认为消费的政治已经把生产的政治全部吃掉就是有一种虚构的幻想,这就是后现代经济。当然,制造仍然在继续,生产仍然在继续。我们需要了解是谁在生产,生产的社会关系是怎样的,谁在消费什么,等等。我想我们处于一种巨大的危险之中,即忘掉仍然为世界人口的大多数提供有意义的政治活动的那种眼光和洞察。对这一点的认识使我看到各种不同的理论和政治在不同时期都有其积极和消极的一面并对此进行斗争。在《官方知识》和最近出版的《文化政治和教育》这两本书中,可以看到那种斗争和紧张关系的解析,在写作过程中,我尽可能写得清楚同时又不牺牲理论和政治的色彩。公开地说,我发现,后现代形式仍然

26

对新马克思主义传统的各个方面提供了批判性帮助,但有些地方没有什么帮助,有些地方我需要保留看法。我认为太容易离开新马克思主义传统了。

问:让我回到您近来写的那本《官方知识》。在别人眼里您不属于经验型研究学者,但是你感到有必要对数据和资料进行检验。我发现,在这本书中,您每次从叙事形式转入政治分析,总是略带歉意。是写作手法还是游移于政治要求和行动之间所带来的紧张呢?

答:两者都有。我尽力使自己的书具有可读性。我多次努力修改以确保重要的观点能够为不同层次的读者所理解,这很重要,当然也很辛苦,不过这是为了读者着想。我拒绝关于文章是否清晰的那些负面意见。在日常生活中那些没有条件在大学工作的人有条件做这样的事情,不需要以我们这种神秘、新逻辑的方式交谈,我们要采取中间的方式。但是,有一些学者在说到我的意思是"普通人不够聪明所以不能理解"或者"我们阻止普通人去了解严肃理论"时,他们也许有些傲慢,这根本不是我的意思。现实是复杂的,我们不能破坏那种复杂性。我从未想过写得简单点,因为我想这实际上是一个非技能的过程。我在《教师与课本》(Teachers and Texts)一书中突出强调了这一点,我认为,读者不是唯一需要在理解过程中辛苦挣扎的人。搞清楚是政治承诺的一部分、我们有时间帮助人们对此进行思考,否则我确实认为我们是傲慢的。在写作和如何对待读者的问题上,的确有政治性的存在。

问:1844 年马克思发表他的《哲学经济学手稿》(Philosopical-Economic Manuscripts)时,学术界对他的批评是表述不清楚。他争辩说:"这就是研究的过程。"然而,您需要思考的是对研究进行说明的过程。这是非常不同的尝试。

答:这正是我想做的。为了保证研究的严肃性,我征求来自各种人的意见。在研究中,先后写了四稿,把它拿给别人看,我书中长长的致谢名单就是这个原因。我说:"请告诉我你的意见。"我从不同的群体中学到了很多,例如,学者、实际工作者等,将他们的意见融入我的观点并形成文字。我认为,要从教育的角度让人们进行参与,提供机会让人们和我们并肩战斗,但机会必须提供给所有人。

我试图通过各种修辞技巧拉近我与读者的距离,在读者读我的书的时候,就仿佛和我面对面地交谈。有时候,我说:"如果你对一些理论不感兴趣,你可以跳过前三个部分去读。"我在《官方知识》一书关于历史的章节中曾这样做过,因为我非常了解我的读者,他们具有不同的层次。

我首先是一个老师,我们所有人不管在学术界做什么,或是在幼儿园,或是在法学院,或是在文化研究部门,或是在社会学领域,不管我们出版过多少著作,最重要的是我们是老师,这是我们的职业。同时,我们又是作者,有条件远离现实、逃避现实,这是很诱人的,但又是很可怕的。这种担心,让我必须有意识地去面对现实:面对现实的学校、现实的儿童、现实的老师。我们应该从现实中找到有意义的东西,上升为理论。我一直在这种理论与现实中紧张地摇摆,紧张让我亢奋、让我激情满满。一旦没有了这种紧张,我就会有一种作为批判教育家所特有的若有所失的危险感觉。

问:我把自己的写作看做是快乐与痛苦的奇特结合。快乐是把你对现实复杂性的理解展现出来,而痛苦首先是你是否获得对这种复杂性的理解,此外,这种还来自于你的写作的痛苦是否有意义,对社会是否能带来有益的影响。如果有人问我:"阿普尔的《官方知识》这本书哪一部分对你印象深刻",我会举出很多,但下面这段话最具代表性:

> 用一套价值体系指导"选择性传统"这个观点是一种巨大的危险,尤其是在不同权力背景之下。例如,在一个有名的公共建筑物上书写着这样一行字:"有一条通往自由的路。它的里程碑是服从、勤奋、诚实、秩序、干净、节制、实事求是、牺牲精神和爱国。"也许很多人赞同这些观点,但让人觉得不协调的是,这些文字是出现在达克奥集中营的建筑物上。(阿普尔,1993:63)

我需要把书合上,冷静地体悟一下自己的感受,还有书中的修辞技巧是如何深深地打动我的。

答:我希望人们明白,这些是生与死的问题,当我们写作时,得出正确结论的过程是一个痛苦的过程,尽管我从不认为我得出的结论都是正确的。我们需要明确的一点是,写作中所得出的结论是自然形成的,这是写作时形成自己观点的方式。一本书写完之后,总是快乐与痛苦同船渡、满足与遗憾共枕眠。我早就知道我的论点有漏洞,而且漏洞大到卡车可以畅通无阻,所以,下一本书总是这样开始:"好,那本书的观点有待进一步的观察,这本书是我进一步的理解。"

有时候,我们需要用比喻来更形象地说明。这有助于我们理解矛盾,正如我们在《教师与课本》和《官方知识》这两本书里所展示的那样,我最近的工作是尝试用后现代传统以及政治经济、阶级分析和意识形态分析,然后把它们结合在一起,让它们相互碰撞以便凸现矛盾。皮埃尔·布尔迪厄(Pierre Bourdieu)①有句很精彩的话:"进步就是非常态。"我在前面谈话中说过,我不是在教堂,我不怕异端邪说,我担心我的结论是否正确,担心能否帮助我自己和他人使民主之巨河流动顺畅,并且有不同的支流交汇其中。我的任务不是去判断哪一条支流是否流向正确,而是确信我所深深涉足的那些溪流在继续流淌。当我从理论上谈论文本性质的时候,我希望人们能记住其中一些观点是彼此矛盾和自相矛盾的。因此,我想说:"记住达克奥集中营吧,这些观点与所表达环境的关系。"它的意思是说:"等一下,你的好意也许对进步的事物适得其反。"

《教育与权力》(Education and Power)中有这样一个例子,是关于思想相互矛盾的部分。那些更"新"的观点其实涉及的是同样的东西,我认为它们实际上比新理论说得更好、更有政治效力。用新的方法讲述旧的观点,这正是我所担心的,因为在这个过程中,对正在发生的事情抹杀了其政治意义。但是,我仍然希望能够严肃看待事实,希望停下来梳理一下其中的矛盾部分。

我在世界各地有许多同事,现在已经转向福柯的理论,但他们只是把它变成社会统治的一种更文雅的理论。他们的观点与其说是福柯,

---

① 布尔迪厄(1930—   ),法国社会学家和思想家。——译者注

不如说更接近尼采（Friedrich Nietzshe）①，或者将两人的观点结合起 30
来。福柯再也不是严肃的自我反思，即时停下来思考自己的政治立场，
而这正是福柯理论中最积极的因素。在很多情况下，成为回到鲍尔斯
和金蒂斯理论的借口。态度在左右着你；世界就如同是一台巨大的收
音机，同时接收着多个广播电台，你不能把它们关掉，强行关掉是另一
种态度，这很愚蠢。这是自我驳斥。所以，我想找到一种方式，使人保
持自我反省的方式，有时候就需要一种震撼、一种反论，那就是我所需
要的。别人需不需要我不知道，但从你的反应来看，它显然是有效的。

问：教育，首先是一个说服他人的过程，即所谓争论的作用或道德
观的作用。政治的本质就是要战胜对手，不管我们喜欢与否，政治中任
何的概念都是活生生的现实。但你不能说政治中人人都是赢家或人人
都是失败者。我曾经说过，应该研究一下怎样去教育人们要宽容，要探
讨压迫和霸权等概念。我因而遭到指责，说我对教育采用了政治手段。
这是非常后现代的批评。您对此有何看法？

答：这是个很复杂的问题。我对一些女权主义者非常尊重，她们的
观点是任何游戏的建构，任何看上去都像输与赢的问题，是男权主义者
逻辑思维的最终代表。这仅仅是现实社会中被重新建构的又一种方
式。另一方面，客观地说现在就有赢家和输家。例如，目前强大的右翼
联盟已在物质和精神上让人民在街头忍饥挨饿。这是必须严肃对待
的。不能简单地说我们应该进行教育活动，不能将此看做论战，因为那 31
是武力。这样说会有风险，谁给我权利说他们错了？ 抱歉，但我不认为
自己会被相对主义所吓倒。我认为，在思想和政治层面有理由来证明
对政治、道德和伦理的特别关注。我们想在两方面使用宽容。一方面，
我们想把宽容当作一种探求，避免成为斯大林主义者，不再听从那些我
们称之为"右翼主义他人"的话，否则在我们的推理中就会很危险。另
一方面，为改善物质条件我们必须进行集体奋斗，否则我们就会因物质
条件的多寡被分为非洲裔美国人、贫民、拉美人等。除非我们严肃对待
这个事实，即在这场斗争中将会产生赢家和输家，否则我们就是在参与

---

① 尼采（1844—1900），德国哲学家，唯意志论者。——译者注

一件令人匪夷所思的事情。我不想简单地提出一个解决方案。但我希望有一个民主方法,这是非常重要的,我们必须懂得什么是压迫以及怎样进行斗争。解决途径不是简单地建立对话小组,因为物质条件的限制,很多意见我们无法听到。因此,一切取决于是谁在给予宽容的话语权以及它的社会作用。

问:早期您对克林顿政府的新社会政策持批判态度。对此有无改变?

答:在《文化政治与教育》和《官方知识》两本书中,我认为,右翼联盟是很广泛的,有经济现代化论者、老托利、新中产阶级、教育效率专家、新右翼宗教团体的权威民粹主义者等。实际上,右翼联盟一直处在动荡之中,它不断地被打碎,又不断地被重建。它改变了我们对教育的某些看法。我"极其开心",意思是我很开心,因为我是对的,《官方知识》中大部分的预测正在变成现实,让我感到忧虑的是,右翼联盟改变了我们所处的环境。事实上,我们对民主进行了重新定义,所以,现在几乎一切都是关于消费的。我们已经没有了阶级、种族和性别差异,也没有了地域差异,我们全部成为了个体。凡是公共的就是不好的,凡是私有的就是好的。当然,也出现过矛盾。当我们去面对性别、种族、阶级等矛盾冲突时,这个国家仍然是一个斗争的舞台。但是,讨论现在几乎总是发生在右翼的地盘上。

克林顿(William Jefferson Cliton)上台后第一件事就是促进流产权的通过,这很有趣。其中的收获就是妇女选择权得到了制度的保障。尽管相对其他事情而言,这件事的进步意义不可忽略,但美国仍然是一个种族问题突出的国家。针对里根和布什在任期间凭借国家权力支持对有色人种的攻击,克林顿试图制定一些温和的政策。现在,针对一些种族政治,将不会有激进的行动,而只会是温和的影响。但就经济形式而言,仍将根据商品体系的贪婪程度而制定。我们也看到右翼民族主义者的迅速崛起,说要保护我们的边疆、赶走移民。我认为,克林顿政府的经济认识有点偏右,当从中心向右偏移时,就使得克林顿似乎有点左,但我不想持过于否定的态度。就具体政策而言,其成效延续至今,但也不能过于乐观,因为对同性恋和艾滋病患者仍存在着极端的歧视。

一些改变是会有的，我不想说那些变化不是主要的，因为人民的生活面临着危险。然而，总的来说，在经济中，在国家支持资本主义社会关系的角色中，会有一个越来越右翼的基本政策的延续。

在教育上，克林顿得到来自"进步"人士的支持，这是因为人民害怕私有化，害怕正在形成的种族势力范围。他将要用联邦政府精美的教堂讲坛来反对全部私有化。我想，克林顿会放缓全部私有化的进程，但私有化将在全国范围内广泛地铺开。较穷的学校将面临预算的缩减，而这些学校的学生大都来自城市贫困地区和农村，其中很多是有色人种和贫苦家庭的白人学生。其中一个原因是，克林顿政府没有采取强有力的措施。他没有有效地使用国家权力，因为他的立场并不坚定。总的来说，他的观点趋于保守。在"我们远离右翼"的庇护之下，我们所迎来的新一届总统在经济和社会福利上，无论是理论和实践都将会采取温和的右翼政策。

举个例子，他的建议中提到几年后有些人要从社会福利中被排除掉。好了，没有钱去创造工作机会，于是就只能说："你不能再享受福利了。"这个结果就等于责备他们不想工作。考虑到经济危机将会给社会底层的人带来日益严重的后果，即使在未来的选举中比较温和、进步的候选人当选，其作用也不会很大，因为不仅没有钱，而且右翼政策在政府中会处于压倒地位。我对未来很悲观，但我希望克林顿能得到支持，他毕竟还是有些作为的，如前面所提到的一些妇女项目等，他应该得到赞扬。

各个进步组织应该结成联盟给克林顿施加压力，尤其是在国会。他的某些认识不算很进步，这个压力应该来自教育工作者、来自妇女组织、来自有色人种，这种合力、这种联合行动会钝化基础牢固的右翼势力。如果克林顿能做些什么的话，那应该是不要使右翼在县、州和地方的各个层面轻易得手。

右翼常常通过"秘密"政治的方式进行抵抗。通常，他们真正的意图不会公之于众。他们已经多次以这种方式赢得了选举。右翼正在各个层面尤其是在底层构建自己的精神领地和思想家园，这将意味着无论克林顿做什么都不会有太多作为。我们这些称自己为进步人士的人

34

35

要从中学习才行。他们懂得如何从各个层面进行动员。我们得把目光集中在克林顿身上,推动这届政府走进步之路,但同时我们也要在地方加倍努力。

问: 有些人说,您已成为全世界包括美国左派在内的文化和教育界的旗帜。有人说,您在麦迪逊(Madison)①不是标志性左派,因为麦迪逊有着进步思想的传统。其他人说,您仍然从新马克思主义的意识形态出发,这对您的观点起着既推动又限制的作用。我不知道是否可以这样说,在学术界认可新马克思主义就意味着将自己隔离开来,因为没有社会运动做你的后盾。如果你的观点不能得到那些被剥削以及希望有所改变的人的支持,那么你会成为孤独的沙漠呐喊者。您怎么看待这些批评?您用什么来支持您的批判理论?

答: 我的确有一把捐赠来的椅子。我很骄傲,能得到这把椅子,与我的个人经历有关。我出身工人阶级,从小在城市长大,读夜校,后来成功就职于一个机构,这个机构里的人从未经历过贫困。但是,当我回头看我的生涯,我觉得之所以成功,是我比其他人更幸运。同我一起上中学的那些同伴,大多没有像我一样的机会。所以,这也是对我的一个警示。另一方面,也有一种胜利感。在美国,不管存在着怎样的流动性,但馅饼不会从天上掉下来。一切的成功都要靠奋斗,靠社会运动来推动国家,告诉这个社会再也不能这样对待我们。像迈克尔·阿普尔这样的人能够拥有教授职位,就说明了对集体行动成功的认可。

我不去想这个教授职位,这对我不重要。我依然去做我要做的事情。不经过政治上的妥协就能获得教授职位,这会给人带来自豪感,同时也有感激。你知道,我的家族都是做印刷行业的:我祖父、我父亲都是印刷工人,我读大学期间也是靠做这个过来的。

我父母都是政治活动积极分子,他们为了摆脱压迫、为了改善孩子们的生活而抗争。在他们看来,他们现在觉得一切努力终于有了回报,从个人和社会层面都扯平了,他们常常说:"瞧,那是我儿子。"语气中带

① 麦迪逊,美国威斯康星州的首府,威斯康星大学所在地。——译者注

着骄傲。总的来说，我并不认为这对我有多少改变。我不希望改变，我也不去想这个问题，当然得到总是好的。如果说不希望得到那是在撒谎，得到不仅对我是件好事，对我一路走来所依靠的那些人都是件好事。

对机构来说，这意味着什么？麦迪逊是个特殊之地。威斯康星州的进步运动历史悠久。这个州和其他地方的传统很不同，人们相信每个人都在严肃地工作，工作是有经验的、历史的、概念的和批判的。这样的工作很多，很受人尊重。人们讲的并非这里的气氛有多融洽，而是很久以来成功的奋斗经历。因此，我们需要有历史感。这个地方是人民努力的结果，对此我不想浪漫化，也不认为它已经够完美，但它使我、不仅是我还有其他人在教学尤其是研究中愿意去做有趣而有意义的工作。

"我"想我在这里已经较有成效，应该用"我们"也许更好。威斯康星大学使我脱颖而出，当然还包括其他许多人。学院教育也因此声名鹊起，成为批判教育研究的中心，重点是"批判"。在过去的七八年间，教育政策研究部和课程与指导部共聘用了 10 个人。有 7 名女性，其中有同性恋的支持者，也有反种族主义斗争的积极分子，这所大学已成为进步运动的一个根据地。20 世纪 70 年代我来这里时，在公开的政治研究领域还只有我一个人，一直以来非常受尊敬，现在这里已成为该领域的研究中心。我不想说这都是迈克尔·阿普尔的功劳，学校为此提供了必要的条件。这样的研究也涉及了课程和教学方法领域。例如，在数学教育领域中，有的人既从事数学教育又进行种族理论的批判研究。很精彩！学校的氛围不仅有利于一般学科领域、社会学和课程研究等，对教师教育等"特殊领域"也产生了积极影响。我想我在这方面是做了一些工作的，但我永远不会将这个局面的开创者完全归功于自己。打个比喻，如果将民主比喻成一条大河，那这里就已经身处其中了。这并不是说成绩来得容易。我们经历过意识形态的斗争、异议、辩论，对什么是工作中的重中之重、对后现代主义的特殊表现形式、对反种族主义理论、对新马克思主义的建构等的辩论尤其严肃。

威斯康星州并非在所有问题上态度一致。例如，有的文化保守主义者不赞成学生的政治活动,但反对教授的傲慢和恶劣的教学。保守派已经结成同盟,即使大家推崇优质教学,他们也不喜欢对学生死板和冷漠的同事。我试图通过倡导责任教学和与学生互动的教学,并形成一种联盟来保持威斯康星州的道德标准。我起了很重要的作用,但我想这也是集体努力的结果。

人类的危险是傲慢,有些人远离现实,将自己深锁在象牙塔之中,这对搞批判教育研究尤其危险。将学生克隆成博士这种事情,是我最不希望看到的。我有许多才华横溢的学生后来都出了名。我每周五下午和学生见面。每次去参加这个座谈会,如果我不能有新的观点……

问:……那就像死掉一样。

答:对。我的任务是让别人站在我的肩膀上,这就需要他们经常回头看看,告诉我:"你错了。"无论是现在还是将来,这是我对同事的要求。我不希望人们总是赞同我的观点,但我希望我周围人的思想是进步的。广义上的进步是指对不同能力的人、阶层、性别、种族和性等方面持激进的态度。我希望大家围绕这些话题进行争论,并将这些融入日常的教育和研究中去。但是,如果人人都赞同我的观点,那绝不是一件好事,不仅对他们,对我也是如此。

这里经常开展多种政治运动,这里的人尊重我,我也尊重他们;虽然有时反对我的政治观点,但他们的思想是进步的。

我不认为标签有多少意义。事实上,不仅我给自己、也被别人贴了新马克思主义的标签,这是物质分析至上的结果。但是文化有自己的物质性,回到政治经济学的分析,这既不现实也无必要。这种分析方法的核心是阶级关系,不考虑这点就不能进行分析,但问题是阶级关系又不是唯一的。就像盖楼,你建造一所房子,不能只盖一栋楼。阶级就是一栋楼,还有别的楼。用一种材料盖楼,意味着当飓风来临它会迅速倒塌。打个比方,生活中有各种各样的飓风,它们会在现实生活中相互作用。权力的关系和动力是很复杂的。

我的观点总是处在发展和变化过程中,所以,我担心会影响我在政治运动中的角色。对于一些政治运动,可以用下面的实例来说明其本质。例如,"我用这样一个事实来定义自己,即我是工人阶级,或者我是同性恋。"当然,对同性恋和工人阶级的看法没有完全一致的观点,我也不想使观点模式化。我担心会出现这种概念性的结论。我总想知道,在这些运动中我站在什么位置。显然,《官方知识》和《文化政治与教育》这两本书是我对此进行的尝试,一方面进行"新"的分析,另一方面仍然在源于新马克思主义分析的传统中进行结构和文化分析。我认为,这种传统绝不过时,而"过时"的这种看法只是一种语言学的技巧。这样说的人在学院中是由资本主义的社会关系、种族关系、性别关系和其他权利关系支持的。这种说法仅仅是一种语言技巧,不去看自己的阶级地位,而是问:"为了让我声明阶级已经过时,我要问是谁在支付我的工资?"我想,问这样一个关于自己阶级地位的问题是绝对必要的。我总是在寻找我是谁。这看起来像存在主义,但我并不反对。

40

在忘记中存在着巨大危险。民主社会的传统是不断地重建和实践的。在美国,我没有看到国家官僚社会主义的衰退对社会主义有什么影响,不管这是不是好事。常常有人问:"你能举个例子吗?"很难在现有的社会主义模式中,找到一个没有国家官僚因素的例子,国家官僚主义是我们很多人不赞成的。也有积极的例子,比如古巴、尼加拉瓜,还有部分的南斯拉夫的经验等。有很多东西我是相信的,但我认为,国家官僚社会主义是对某些哲学、政治和经济观点的歪曲和误用。我们需要把在民主经济计划之下所做出的成果和"自下而起"的政治考量结合在一起。我是个社会主义民粹派人士,民粹主义(不是以现在的右翼口吻)对我很重要。在我看来,那是一种特殊的激进的民主和民主的经济的结合。我认为,其中有浓厚的社会主义色彩,这是很重要的。

有没有社会运动来创造这个局面? 当然,右翼已经掀起一场被称为流行前线的运动,就经济问题作一定的承诺,但这种承诺是不可能实现的,因为国家无法控制经济走向。右翼以虚虚实实的手段,来对待百姓所关注的那些无法控制的问题,以此来收买人心。我想,很有可能采取民粹主义的情感,并且组织人们围绕更积极的活动,朝着保守主义以外的方向前进,让他们同时参与这种积极活动。实际上,我乐观地预见到,目前右翼的复活将在很多问题上遭遇失败。但这并不意味着,政治会自动朝着更进步的方向前进。我认为有行动的空间,我的部分任务

41

就是帮助去实现它们。

在教育界,我投身于建立积极分子的联盟,在政策和实践方面使美国的民主社会主义事业保持生机。我希望这个事业不断地被种族、阶级、性别、残疾等各方面重新塑造。正如我在《官方知识》中所阐述的,我希望对塑造一个没有中心的联合体有所帮助,虽然这个联合体是没有中心的。我仍然认为,我们有理由将其称之为进步运动。我的一部分任务就是恢复大家的集体记忆,这是一个教育话题,意味着不仅仅停留在思想和意识形态的争辩,而是要不断地提醒人们,不要轻易接受某些形式的、后现代主义的和后结构主义者的理论。我想,这种探讨能够保留批判的空间,以便那些真正有政治兴趣的人不会变得去政治化。当然,我也从这些争论中受益匪浅。

我并不认为我是在沙漠中无谓地呐喊。事实上,人们越来越觉得我们的经济出现了严重问题,右翼已经把这种不满转嫁到种族和性别上,最引起兴趣的、最庞大的政治和教育阵营就是右翼联盟,它利用人们的担忧,把人们拉拢到保守主义的阵营中去。这很有趣。这个教育阵营,是一个承认社会中存在着骚动的教育阵营,这不是荒漠,而是一块肥沃的绿洲,万物在生长。

我作为教师的任务是试图去帮助人们以健康的方式成长。很多人都知道,现在社会有很大的问题。无论是在友谊上、在组织上还是在政治热情上我从未觉得孤独,我不是一个人在战斗。右翼有着强大的势力和财力,在学校和其他机构中发生了很多事情,这也是我之所以喜欢和学校的运动密切相连的原因。在《民主的学校》(Democratic Schools)一书中,吉姆·毕恩(Jim Beane)和我写到,在学校里有些了不起的人在做着社会正义方面的工作。右翼很乐意说:"这里只有沙漠,你们很孤独。"那并不是真实的。社会运动正在如火如荼地开展,要做的是使这些运动开始相互沟通。我不仅没有感到孤独,而且我也不会让右翼赢。假如在民主之河的巨流中,民众对此有什么话要讲,我们将会说,不管右翼以前是多么强大,但那并不意味着它是永久的胜者。有一种历史感还是必要的。

问:葛兰西提到智慧的悲观主义和意志的乐观主义。

答：的确如此。在我的新书中，我提到愤怒使我前行。如果回到我们对话的开始，我儿子的遭遇使我的愤怒更加明显。好在我和妻子有能力去挽救他的生命，很多人并没有这个能力。很多事情让人愤怒，不得不与国家保障体系、保险公司等机构抗争，看看权力是怎样在运转，看看这样的经济是如何让某些孩子无法生存。你有权利愤怒。我的小儿子所遭受的不公平待遇其实在这个社会很普遍，他也成为了政治活动的积极参与者，对此我很高兴。教育是在不同时代人之间进行的，但大家对彼此有着真诚的关注。我们的任务是使这种愤怒集体化，而不要使愤怒走向傲慢。愤怒是个非常有效的东西，这也是我之所以号召我们不仅要做个理论家，更要植根于学生、教师和政治活动积极分子的生活之中。不参与政治活动就是使愤怒停留在理论上，这不好，这是假愤怒，请原谅我在这里扣帽子，但假愤怒是没有用的。

问：您有两本新书要出版吗？

答：对。其中一本书很另类。课程发展监督协会（Association for Supervision of Curriculum Development）找我说："你对教育如何变革进行过批评，也提出过建议。但迄今为止，你对如何变革不曾有详细的描述。"所以，我和吉姆·毕恩合作写了《民主的学校》这本书。课程发展监督协会已经出版了 10 万册。在书中，我不是一个分析者，而是一个秘书。我是 4 所民主学校的秘书，这些学校教育很进步，热衷于社会正义。当然，民主有多重含义，但我认为有多种方式来对其作出合理定义。这本书就是一种严肃的政治和实践的介入，目的是表明右翼对学校进行市场化和私有化的做法不是唯一选择，还有更好的方法可以取而代之。

　　另一本书是我在约翰·杜威讲座的基础上写成的，讲座是关于国家课程和测试的政治意义。这本书的书名是《文化政治与教育》。在分析右翼以及揭示什么可能和什么不可能方面，比《官方知识》更进了一步。其宗旨是在政策和理论层面上进行介入。当我开始动笔的时候，我对国家课程设置的方案提出质询，并且想说明这些方案是如何最终成为全国性测试和重新分级的烟幕，而且是很矛盾地走向市场化的第一步。设置国家课程的理由之一，就是可以进行全国性测试。一旦全

43

44

国性测试就绪,就意味着只能用普通的纸和笔,因为我们用不起别的用具,最终会导致产生私立学校亦可享受的福利计划;一旦全国性测试就绪,就等于给学校贴上了价签。一旦有了选择私立和公立学校的计划,就会提供一种机制,消费者通过这种机制,就会说:"这是所差学校,那是所好学校。"有了这种机制,市场就会自由。可以预见的是,在教育上的种族隔离就会明显增加。另外,全国性的课程设置会将官方知识缩减到只剩下保守派所看重的部分,来自于中上阶层家庭的孩子,还有那些从父母那里承接了良好的文化资本的孩子,通常会做得出色。但是,这又会被选择、标准、责任等措辞加以掩盖。因此,我的任务是双重的:其一是在教育和社会更加宏观的层面上,对保守势力进行严厉的质问;其二是帮助普通民众开展斗争,改造教育,让这种教育具有民主、关爱和社会正义,而不仅仅是空洞的口号。

第二章
塞缪尔·鲍尔斯访谈录

SAMUEL BOWLES

问：请先介绍一下您的学术背景。对您的学术发展的主要影响是
什么？

答：主要有四个方面的影响：首先是我的家庭——我的父母；其次
是我年轻时发生的几个事件；第三是我的思想形成时期的那段历史；第
四是我和赫伯特·金蒂斯30年的合作。首先，我的家庭。我父亲不是
一个纯粹的自由派人士。他在民主党内属于左翼，但他有新英格兰激
进贵族的背景。如果是在19世纪，他会在反奴隶制度运动中成为先
锋，在妇女运动中也许同样如此，像他祖父那样。相反，我母亲是左翼，
支持左翼候选人——其中一位是亨利·华莱士（Henry Wallace）①，社
会主义的总统候选人——这使我父亲很尴尬，因为他当时正在竞选民
主党的某个职务。

他们两人都深切关注第三世界的问题，并身体力行到第三世界国
家去工作，尤其在印度生活了很长一段时间。因此，我也在新德里上了

----

① 华莱士（1888—1965），美国副总统（1941—1945）。——译者注

几年学,并交了很多朋友。那是我第一次面对真正的贫穷。我父母的道德观念是主张人人平等,在某种程度上是自由主义的,但其行动是有原则的。如果他们生活在不同的时代,他们的宗教色彩会非常浓,但他们没有。他们有着令人骄傲的强烈的道德观念。1958 年,我 18 岁的时候,我去了苏联,我是作为音乐家去的,在那里我演奏俄罗斯音乐。我的俄语还算流利,因为我当时在耶鲁大学攻读俄罗斯研究课程。一年之后,即 1959 年,我参加了维也纳的共产主义青年节,是共产党组织的左翼青年大聚会。尽管我不是共产党员,但是我对左翼感兴趣。我在苏联度过了很长时间,对国际共产主义运动越来越熟悉。它在以下方面对我影响很大:首先作为年轻人,我必须面对这样一个问题:在战时应该做什么。那时我去过东欧、波兰和苏联,我已经非常清楚,我不想去伤害那些人,我也不想冒险被他们杀害,我成为了坚定的反战主义者。同时,作为音乐家,我在苏联遇到了很多同行,他们对政府的文化政策持批评态度。事实上,有好几次警察都试图阻挠我们的演出,我在那里交的几个朋友同警察都发生过冲突。

所以,20 世纪 50 年代后期,我带着对社会主义和共产主义的浓厚兴趣,去了那些国家。但是,我摒弃了斯大林的理论以及当时在共产主义国家盛行的斯大林主义。

另一个主要影响是在 1960 年,我作为一名教育官员去北尼日利亚为政府工作。律师(这是我最早的人生规划)将不再是我未来的梦想。尼日利亚的 3 年经历让我相信,经济问题是最重要的,法律对我来说倒显得无足轻重了。学生时代,我读了很多马克思的著作,对其信仰有了足够的了解:我开始怀疑法律的事情也许是"超结构"的,如果我想了解推动社会的因素,就要先了解支撑经济的因素到底是什么。这些古典马克思主义思想的基础从来都不是无懈可击的,但的确让我放弃了律师梦。

我也知道自己想成为一名教师;我教过很多科目,我发现教书是一件很有趣的事情。我写信给那个录取我的法学院,我不打算读了。我开始考虑除教书外自己还能做些什么,虽然教书是确定无疑的。事实上,我根本不知道自己要不要成为一名经济学家。

问：哪所学校录取了您？

答：哈佛大学法学院。回到美国时，我改学了经济。开始我觉得很陌生，因为所学的内容与所关心的社会问题没有任何关系。我很快参与到民权运动中，接着是反战运动。我很长时间过着一种类似精神分裂式的生活，既是一名认真的经济学研究生（后来很快成为微观经济学理论的教师），同时又是政治活动积极分子，尤其是反战运动。

问：有没有人对您的思想产生过重大影响？

答：亚历山大·格申克龙（Alexander Gerschenkron），一位经济历史学家，对我的思想有过重大影响。他是个保守主义者，杰出的历史学家，哈佛学者中少有的几位真正的知识分子之一。

20世纪60年代中后期，对我而言，最大的挑战是改变或减轻精神分裂般的生活状态。我同时面对相当专业的数学经济学和政治活动。1965年当我获得博士学位开始正式教书时，我的压力陡然增加。我教的是入门课，学生很棒，30年后的今天我仍然记得他们。

问：那是在哈佛大学吗？

答：是的。学生的问题有些我回答不了。例如，苏联经济在计划经济体制下为什么早期能够快速发展？为什么对周边国家的依赖注定导致其经济停滞？在美国，尽管一直有社会组织和社会运动试图去消除社会的不平等，但为什么这种不平等的状态一直没有得到根本改变？这些是很明显的经济问题，但我不知道怎样回答；我开始觉得我在经济学领域所掌握的东西远远不够。就在这段时间，我偶然遇到了一些左翼经济学家，他们也在思考这样的问题。我们是在棒球队里认识的，起初的谈论大多是围绕棒球，很少谈论经济。后来，我们开始觉得有必要调整左翼政治对经济的观点。1968年发生了一个重要事件，马丁·路德·金（Martin Luther King）①在被暗杀前组织了一次贫民游行。他请了一些经济学家就美国黑人的社会地位和平等社会的可能性等问题写文章提出建议。他列出很多尖锐的问题，许多问题和我的学生之前的问题类似。

---

① 马丁·路德·金（1929—1968），美国黑人民权运动领袖、牧师。——译者注

问：可否列举您的几位同事？

答：当然。起初，这次贫民游行把这些人聚到一起，后来群体扩大了。其中有：赫伯特·金蒂斯；汤姆·魏斯科普夫（Tom Weisskopf），现在密执安大学；迈克尔·赖克（Michael Reich），加利福尼亚大学伯克利分校；里查德·爱德华（Richard Edwards），现肯塔基大学社会科学系主任；戴维·戈登（David Gordon），新社会研究学院；安德鲁·津巴利斯特（Andrew Zimbalist），现史密斯学院教授；帕迪·奎克（Paddy Quick），在纽约教经济学，等等。我们决定，凭借我们的经济学知识去阐释美国经济最好的发展模式，尤其是权力、不平等和冲突等问题。后来，大家提议共同开一门课程名为"美国经济的权力与冲突。"

问：您在 1969 年被聘为助理教授，对吗？

答：对，不过被系里拒绝了，其理由是这门课程"不是经济学"，但我们还是设法将它列入课程目录。接下来的几年里，我们几个人一直在讲授这门名称宏大的本科生课程："美国经济的权力与冲突"或"社会科学 125"。这门课程的准备过程也是对经济学和马克思主义的探索过程。我们将美国经济作为透物镜更好地理解马克思主义，或者说，用马克思主义做透物镜来更好地理解美国经济。我们至少对所研究的美国经济和马克思主义之间的相互关系感兴趣。我们对二战后的美国经济有一种解释，古典马克思主义在新马克思主义或西方马克思主义的著作中十分常见，我们对古典马克思主义有一些批评或保留。

对我的发展有深远影响的事件，以上只是一部分。如果我不是在冷战时期长大——在这个时期第三世界国家的解放运动非常重要，同时美国社会被左翼和学生运动及有色人种的运动所动摇——否则我和我的朋友就不会选择这样一门课程。政治活动的机会在那里，利用这些机会很重要，我做到了。

继续回答你的问题，最后一个影响来自赫伯特·金蒂斯。我们通过探讨、争论、思想的碰撞以及对各自观点的质疑和热情来相互影响，已经很难区分彼此的观点。一起工作了 30 年，开始时各自的观点还比较明确，但在出版著作时，两人的观点已经融为一体，难以区分。这也很重要，因为我们把自己不同的观点、不同的角度和不同的知识体系融

50

入这些问题。我们有争议的地方和我们一致的地方同样重要。

问： 在这种关系中有没有分工，以及如何工作？可能开始是那种典型的学术合作和友谊，后来有没有不同的阶段、进展和重点呢？相互之间是怎样影响的？在某个具体项目上是如何计划和工作的？

答： 在决定写文章之前，我们通常会花很长时间，常常是几年时间探讨某一问题。这个问题会一次次地浮现出来，要么是我们都有话要说，要么是我们有很大的分歧。通常其中一个人会拟个提纲，然后分开写不同的部分。不管是谁完成了哪一部分都不会修改，思想就这样被搁置。我们没什么长期分工，我在经济计量学上做得多些，但当复杂的命题需要证明时往往是由金蒂斯来做。我们合作得非常愉快，30年后的今天，我们仍然密切合作，常常每天都要通电话和电子邮件联系。

问： 您什么时候开始在哈佛大学工作？在去马萨诸塞大学之前发生了什么？

答： 我1965年9月开始在哈佛大学任教，一直到1972或1973年。在经济系，我的第一个教学任务是给博士生上微观经济学理论高级课程，这门课程是我与其他人共同完成的。我对数学经济学产生了兴趣，与人合作出版了高级课本《微观经济理论的评论与问题》（Notes and Problems in Micro-Economic Theory）。我得到了哈里斯·切尼里（Hollis Chenery）教授的帮助，虽然他对我的政治观点持反对态度，但非常尊重我的研究。他的研究中心很支持我的研究，从不过问我在做这项研究之前怎么打算，而只是要我在书的最后注明研究资金的来源，显然他不愿意让人知道他们在支持一位左翼经济学家。

我还得到很多其他人的帮助，但大量的政治活动使我无暇与同事交往。我有妻子和两个孩子，妻子当时还在读书。我和同事对许多问题有争议，大到发生在万里之外的战争，小到系的秘书是否应该为教师沏咖啡。有时，我觉得同事会认为我对后者更在意。

我在哈佛大学前期的一次经历是在1965年，那是在我加盟那里之后两三个月，我被当场开除了，原因是我拒绝签署忠于美国宪法、马萨诸塞州宪法及哈佛大学校规的誓言。不可思议的是，这在当时的马萨诸塞州各级学校是必需的。说实话，我不是说拒绝签署，我只是没有签署。我当时更关注的是更重要的问题——越南战争。

一直到法庭裁决我所拒绝签署的誓言合乎宪法,我才赢得了恢复工作的法庭强制令。有几个同事支持我,他们认为这样的誓言令人气愤,愿意帮我筹资请律师。我当时只有 26 岁,刚刚得到一份体面工作,还没有十足的安全感,所以完全不知道应该怎么办。绝大多数同事,包括几位知名法学家和系主任都力劝我签署誓言,其中一位说:"这有什么?小事一桩。"相比越南战争来说,我也确实觉得这应该不算什么,但我觉得这不应该强加于人。后来,这个案子到了马萨诸塞州最高法院,结果签署誓言的要求被判定违反宪法。

这段小插曲让我彻底看清所谓自由主义学术界的面目。我想,这些人早就应该拒绝签署这种玩意。我发现,我过去仰慕的那些自由主义人士,不仅自己很快签名,还敦促别人去签名,这让我大失所望。

我被开除的事情登在《纽约时报》,我收到了一封芝加哥大学经济系一位知名教授的信,说他很欢迎我去他们那里,而且强调那里无须宣誓。他也希望我能留在哈佛大学赢得这场斗争,但如果选择离开哈佛大学就应该到芝加哥大学。尽管芝加哥大学的保守势力强大,我还能受到邀请,这更加深了我对哈佛大学自由主义学者对事业不尽投入的看法。

他们继续让我讲授微观经济学理论高级课程,但又说我所教的并非经济学,哈佛大学经济系的一些同事对此矛盾的做法表示惊讶。他们最终拒绝对我的继续聘任其实仅仅是个政治决定,并非反对我对越南战争的立场。他们也反对越南战争,但这是他们定义经济学领域的做法。我的所作所为,例如对教育与不平等之间关系的观点,似乎不在经济学领域范围之内。我猜他们会这样说:"也许他做得不错,但不是我们经济学家应该做的。"

我接受了马萨诸塞大学的邀请,和金蒂斯、里查德·爱德华等人一起组建了一个系,现已成为激进的政治经济研究中心。

问:非传统经济学中有哪些要素被结合进这门课程中?

答:这门课程基于经济学的三个重要理论:新古典主义、凯恩斯主义和马克思主义。我们希望给学生提供这些领域中重要学者的思想和著作。我们进行了多年的研究来发展这门课程,也希望获得同事的认可。可喜的是,我们很快就吸引了世界各地优秀的学生来这里学习。

能够在一个受欢迎的地方工作很令人开心,这里的学生比哈佛大学的学生更容易明白不公正无处不在。他们知道失业是一个实际问题,不是道听途说,而是有依有据。

举个例子,"美国经济的冲突与权力"这门课程,哈佛大学的老师常常由于选这门课程的学生太多,不得不让学生出钱竞标,竞标款将用于支付复印费,竞标失败者只有去选别的课程。当然,这种做法只是对市场经济的道德伦理以及市场何时何地可以接受的一种教育实践。在哈佛大学,学生接受这样的规则,付钱就有听课的权利;虽然学生不很高兴,但他们还是交了竞标款,有人出钱超过了 100 美元!在马萨诸塞大学,却大不相同。我上课的一间教室可容纳 120 人,但上课的学生常常有 160 人。我也想这样让学生出钱竞标,但还没开始解释这个程序,有些人就走掉了,有些人开始对我大吼,最后整个课堂乱成一锅粥。学生很生气,让他们竞标简直就不可能。我花了大量时间向他们解释,不是真的要他们竞标听课席位,而只是一个教育实践。但是,马萨诸塞大学学生对出卖听课席位的愤怒,对比哈佛大学学生对此接受的态度,让我意识到在公立大学教书也许有些好处。

问:让我们还是回到您目前的工作。您认为自己对学术争议的主要贡献有哪些?

答:很难讲,因为没有人可以肯定地说自己的工作是否真的有价值。首先,我对美国经济做了一些研究,就二战后的经济繁荣和衰退写了一系列论文,和戴维·戈登、托马斯·魏斯科普夫[1]一起合著了两本书。我觉得,这些研究对于发展经济、建立更具体的制度框架有作用,这个作用体现在拓展了传统微观经济理论所采用的相对贫乏的那些制度范畴。同时,它还外延了马克思关于生产方式的概念,提供了某种资本主义的分析而区别于其他资本主义。我们用积累的社会结构的概念(借用了戴维·戈登的术语)来对资本主义经济中的特殊机制进行探

---

[1] 托马斯·魏斯科普夫,即前面提及的汤姆·魏斯科普夫。——译者注

索,这些机制对经济的发展、扩张和变化起到了调节作用。这既是对微观经济学研究也是对马克思主义和危机理论的研究也算是一点小小的贡献吧。

与金蒂斯一起发展的两个观点也许可以算是一点贡献。这两个观点是我的学术生涯中一直强调的,也是我的兴趣所在。一个是关于经济对人类发展的影响方式,诸如人类的喜好、价值观和欲望。我们研究学校如何影响人的个性和观点,研究文化演进,例如,市场对个性特征的影响,相比物物交换和计划经济的社会,生活在市场社会对于促进个性发展的影响方式。因此,我第一份工作是在尼日利亚,与教育有关;我最近的工作是把文化演进的理论运用到经济领域。这些年的工作都与经济相关,有一定的连续性。金蒂斯和我总是把经济领域看作学习环境,而不仅仅是分配体系。

另一个主题是经济的政治特征,即把经济看作权力结构。由于权力的集中,权力的滥用成为人们关注的焦点。20 世纪 70 年代初期,我们把资本主义经济的权力结构看作为给予和索取来解释学校培养人们适应这种权力结构的方式。从那时起,我们逐渐对权力结构有了更多、更深刻的理解。权力是怎样演进的?为什么是这样的权力等级而不是那样的权力等级?为什么民主的公司这样少?为什么公司要有等级制度?

我想,经济是一种文化环境,是一种权力结构,这两个观点显然不是我们的原创。它们来源于马克思和其他人,符合对生活的日常观察。为这种研究提供经验基础和概念框架,对我们是极具吸引力的。

问:您现在如何看待您同马克思主义和新马克思主义之间的关系?如何看待同新古典主义经济学和凯恩斯经济学的关系?

答:在整个 20 世纪 70 年代,我写的大部分论著与马克思主义的问题相关,例如,关于劳工理论。我觉得,马克思主义为新的社会科学提供了基础,这门科学使人们能够充分理解当今世界。

自 80 年代开始,我一直是"马克思主义理论分析讨论小组"的成员,我们每年都要在伦敦聚会讨论。除我之外,还有哲学家杰里·科恩(Jerry Cohen)、经济学家约翰·罗默(John Roemer)和普兰那布·巴德汉（Pranab Bardhan）、社会学家艾力克·奥林·赖特（Erik Olin Wright）、历史学家罗伯特·布伦纳（Robert Brenner）以及乔恩·埃尔斯特（Jon Elster）、亚当·普日沃斯基（Adam Przeworski）、菲利普·范帕里斯（Philippe Van Parijs）等人。小组致力于运用理论和经验的方法对马克思提出的问题进行探讨。我运用的是数学经济学或者实验经济学；艾力克·奥林·赖特运用大规模调查的手段来研究全世界的阶级结构；杰里·科恩运用分析哲学的方法阐明马克思的净化概念，亚当·普日沃斯基运用政治上阶级契约的规范型式，等等。我成为小组的成员是由于它试图运用高级的方法去探索马克思提出的宏大的研究课题，诸如关于长期经济发展、平等与不平等、个体对环境和工作的不适应等问题。

问：您同这些阵营的关系如何？

答：我认为，没有特定的马克思主义者提出问题和理解事物的模式。当然，无论对与错，马克思主义者对世界有自己的看法，这些成为我们研究课题的重要依据。所以，马克思主义对我的影响很大。我更多地关注现代数学经济学、计量经济学等，并作为回答这些问题的一种方式。

问：您的《资本主义美国的教育》已成为经典著作。您写这本书时有没有意识到会有如此大的反响，会成为未来 20 年争论的焦点？

答：没有。我出版了两本书，一本第一版卖了不到 900 册，出版商说他已经非常满意。我和金蒂斯没有打算出版畅销书，但想不到会如此受欢迎。我们只是对这个论题有极大的兴趣，而且周围聚集了一大批年轻学者，大都是我的研究生，也讨论这些问题。我们发现这个论题如此令人着迷，使我们无法放下，花了几年的时间才完成这本书。很高兴那么多人读了这本书，相信它对人们更好地理解教育有所帮助，对教师了解他们所面临的局限有所帮助。当然，这样令人开心的事也会让人忍不住去想，为什么不能做到每本书都这样。这需要天时、地利、人和。我想，这本书的幸运也许更在于天时。

那个时候，人们普遍对学校很关注，尤其是我们 60 年代的人希望对学校进行改革使社会更美好。我们对此既乐观，也失望，因为尽管经

58

59 历了改革,改变了一些东西,但社会似乎没有反映,孩子们的生活依然糟糕。当时,有这样一个说法:"瞧,经济结构能够摧毁教育改革最亮丽的部分。教育改革如果不解决经济中由结构所决定的权力问题和财富不均的问题,其影响将会受到限制。"这就是这本书所要传递的观点。我现在仍然认为是对的。

问:您70年代初期研究的问题现在仍然存在:关于智商(IQ)的争论、不平等问题、投资选择等。你怎么看待这个过程? 对美国目前的状况有何评价?

答:困扰我的是美国似乎又开始与基因种族主义调情,认为人们的经济命运先天由他们的脑力决定。这是对我们社会最不友好、最不公平、最不真实的观点。它对贫民是毁灭性的,但对富人、尤其是知识分子精英有利。我们重新对智商问题进行争论,着重于探讨认知能力作为收入的决定因素的作用。

问:我们把话题转向现在。面对美国教育所面临的挑战和新保守主义的问题,您在进行哪些研究?

答:我们要明白主张平等为什么会受到攻击。对公平和社会正义的表达为什么如此之弱而争论却如此激烈? 我们还需要了解应该做什么来保障更广泛的公平和个人自由? 目前自由政策制定的制度对此要负一定的责任,因为即使不可能预料到,它所设计、推行和坚持的一系

60 列政策也应该经得起攻击。例如,倡导公平者试图在收入公平方面来对问题进行界定。我怀疑很少有人关心收入公平,如果其含意是分配方法的话。我更关心的是人们得到公平的待遇,少受一点磨难,生活中多一点自由。我相信,有这样想法的人不是少数。

但还有另一个问题:人们普遍认为美国政府(不管是地方政府还是联邦政府)的效率低下。如果你是平等主义者,显然会赞成公众对经济的参与。政府不作为、不可靠的感觉已经成为平等主义失败的重要表现。除外,我认为还有其他一些问题。例如,我们不了解为什么不平等现象会越发严重;我们不明白为什么与重新分配相关的政策在重新分配收入问题上会奏效,而想获得长期的政治支持会如此艰难。

我和金蒂斯正在探索如何通过财富的重新分配使民众获得尽可能

多的自由。这里财富指的是财产,诸如自己的房子和生活空间。财产对一个人的尊严是很重要的。同样,拥有工作很重要,即拥有电脑、工具、机器还有工作空间。我们觉得,工作空间的拥有对人的自由感有非常大的正面作用。当然,如果员工部分地拥有这家公司,那么他就不太可能会被不公平地开除或终止劳动合同;如果员工没有一定的股权,那就可能会使公司效率低下。我们认为,给予人们财产权的观点在其他领域也可以复制。

这是对一种自由思想的肯定:拥有财产使人强大、使人能够行动自由。财富的平等是我们应该重视的思想,但这里不是指财富本身的平等,而是每个人作为自由的个体应该有能力去发展自身的能力。

问:马克思在《共产党宣言》中说过,资本主义财产的权力被称之为资本主义权力财产,是建立在卑鄙的权力财产坟墓之上的繁荣。随着资本的集中,大资产的拥有者就开始接手个人的私有财产。私有财产的概念并不为马克思关注,他关注的是一种特殊的私有财产。

答:的确如此。这正是我们在探索的观点。它把自由的经济处方和激进的经济处方结合在一起,这同我们的研究相似。正如我们在《资本主义美国的教育》一书中所写的,我们常常把广泛接受的道德观同资本主义的现实并列起来,探讨资本主义结构的变化成为实现这些目标的先决条件。

问:在这种状况下,国家的作用又是怎样的呢?

答:国家主要是提供游戏规则,即制度规范。例如,规范竞争的框架、社区的形成等,都会对社会行为作出一定的限制。国家对环境保护的责任重大,需要在全球范围内采取措施。其他国家行为,例如,宏观经济管理,尽管随着经济全球化而日趋复杂,但其作用不会减少。

国家的一个主要任务是,要在几十年中重新分配财富,以防止由机会和竞争而引起的财富重新集中。国家可以通过遗产税和其他形式的税收政策来进行,也可以在保险和许可证等政策方面加强政府职能。例如,如果想使学校之间有竞争,不管是公立还是私立,就要设立一定的标准以便人们了解学生在学校学到了哪些东西。父母如果想让孩子有更多的选择,就需要对学校有更多的了解;他们并不想知道高年级平均分数是多少,不想了解孩子所在年级的平均学习状况,但是,他们想知道学校传授给孩子的价值观是什么,——也就是说,学校实际上教什么。我们的选择标准如果只是基于考试分数,那就像评价一间美容院,不管顾客进去时怎样,而只看出来时的效果。

问:作为美国第一批激进的经济学家之一,您是否遇到许多关于权力所带来的问题?如何在此基础上为更多的人拓展公平的空间?

答:我遇到过很多。被哈佛大学开除过两次,足以说明权力的运用是针对不受欢迎的观点的。更痛苦的方式我也见过,那是针对我的学生的,权力拥有者极端狭隘、愚昧地抵制马克思主义或维护社会正义的事业,肯定会遭到学生的反对。我对学术体系总的来说非常尊重,它也能够部分地接受非主流的观点。左派人士没有被全部清除,我个人就成功地得到了满意的工作,有着非常出色的学生。

至于我做了哪些事情试图去拓展一点空间,当一个人认为自己受了不公正待遇,除了大声抗议之外能做的并不多。事实是,如果你去挑战既有的机构和思维方式,你也注定不会受到欢迎。如果你决定按照自己的思想走下去,那就准备接受一些麻烦吧。

第三章
马丁·卡努瓦访谈录

MARTIN CARNOY

问：您是怎样进入教育政治经济学研究领域的？

答：我进入教育经济学领域并开始自己的学术生涯是很偶然的。1960年在加州理工学院获得电子工程学位之后，我直接去了芝加哥大学研究生院读经济学。在加州理工学院，我学的课程包括固态物理学、方程式、电路理论等，当然这不意味着一定要做工程师。大学阶段，我学了一点经济学，我很喜欢，我也擅长数学。结果发现经济学的思维与工程学的思维并无显著差异，这就使得事情相对简单了。另外，当时我爱上了一个女孩，她要去西北大学读书，我想离她近一点，那么继续读书就成为实现这个目标的一个很好的方式。当时我21岁，欧洲传统父母的观点是哪个年龄就该做什么，所以去芝加哥大学我还得找到恰当的理由。我觉得经济学似乎也可以应用在其他领域，我也学哲学，但知道做哲学家养活不了自己，于是实际的一面占了上风。

在芝加哥大学我第一门课的论文是关于墨西哥的农业发展。我父母住在墨西哥。我做学生时常去那里，讲得一口地道的西班牙语，渐渐对发展问题开始有兴趣。伯特·霍斯里茨（Bert Hoselitz）教授很喜欢这篇论文,希望我继续这方面的研究。我又选了特德·舒尔茨(Ted Schultz)教授的课,写了一篇关于墨西哥教育费用的论文。他当时正在研究人力资本理论,希望我同他一起集中研究迅速发展的墨西哥对教育的大量投入。我没想过要在芝加哥大学超过一年,也没有想过去拿博士学位。事实上,我申请了哥伦比亚大学,希望在纽约找份工作。但是,舒尔茨教授为我提供了三年的奖学金来做教育经济学的论文,这样的好机会不能错过。我也发现,自己喜欢做研究和读书,尽管以前从未想过要以此为职业。我的家族一直是做生意的,搞政治经济学研究显然不在规划之中。

我的论文是我和舒尔茨教授合作的延伸。这位温和和敏锐的学者带我对墨西哥教育回报率进行经验式研究。但到了墨西哥,我却无法说服墨西哥政府提供原始材料。在舒尔茨的帮助下,我自己去了三个城市采访了 65 家企业,用 4000 名工人做样本。这样的实地调查在经济学上还很少见,但使我能够测算出家庭对教育投入的直接费用、预测收入的作用。我使用了教育模拟和年龄模拟以及用收入来测算社会经济背景。这种研究方法现在已经很普遍了,但在 1964 年,还没有人能从收入的回归分析中估算出年均收入,也很少使用社会经济背景变量这种技术手段。

所有这一切和政治经济学以及我后来的工作并非密切相关。在芝加哥大学,我学的是新古典经济学。作为知识体系的框架,它对我很有帮助,但毕竟是一门保守科学,对理解一系列的现象并无特别帮助。直到后来,我才明白我在研究生院所学知识的局限性。

我的第一份工作是在华盛顿特区的布鲁克林学院做研究,约瑟夫·格林瓦尔德(Joseph Grunwald)聘用了我。我要做的是和他一起就拉丁美洲贸易与工业化进行创新的经验主义研究,当然我仍然保留着对教育的浓厚兴趣。在布鲁克林学院,我发表了两篇与毕业论文相关的文章,引起一些关注。1967 年,世界银行(World Bank)要我在肯尼亚做一个劳动力市场调查,就像在墨西哥做的那样,评估迅速发展的非洲国家的教育支出和回报率。那次旅行可有点轻率,到达肯尼亚之后,当地官员告诉我和世界银行的汉斯·蒂耶斯(Hans Thias),即使有书面许可也不能进行调查。我说服汉斯去尝试一下内罗毕小规模实验性调查，我们总不能两手空空打道回府。肯尼亚政府闻悉颇感惊愕，但也没采取什么措施阻止。世界银行的权力！让人感受良多。我们在肯尼亚三个城市所做的研究超过了我在墨西哥的作为，结果不同凡响。调查结果表明：发展中国家教育的回报率不一定高——在当时这是很激进的观点。我的结论是：在教育迅速发展的国家中，当越来越多的毕业生纷纷涌入对受过教育的劳动力需求还十分薄弱的市场时，教育的回报率会下降。这个发现很令人兴奋，致使我在政治思考方面的部分变化，这个变化影响了我对经济问题的思考方式。

68

问：那是哪一年？

答：1968 年。1964 年，我完成了芝加哥大学的学业，去布鲁克林。1966 年，参加了反越战运动。在拉丁美洲的旅行及反越战运动改变了我对经济分析的看法。虽然我在拉丁美洲知识界同事中是出了名的芝加哥男孩，但我看到的很多事情在我们谈话的知识和思想层面来讲没有什么意义。反对越南战争使我对经济论争的政治基础更加敏感，对把经济从政治环境中脱离出来的观点不再抱有任何幻想。当时的流行词是"军事工业复合体"。20 世纪 60 年代，在拉丁美洲和华盛顿，我遇到了许多对经济变化进行阶级分析的学者，我开始和华盛顿一群非常反对新古典主义的民主党人士交往。他们是凯恩斯派，甚至观点更激进，我们对芝加哥经济的整个基础进行探讨。作为一名能够利用各种经济工具进行分析的年轻工程师，我只是要了解经济学家们用哪种不同的方式来使用这些工具。在林顿·约翰逊（Lyndon Johnson）①执政的华盛顿，其环境与芝加哥经济学系大不相同。我也很快了解到经济思想是有许多不同角度的。

当时生活中对我最有影响的有两个人：一位是亚当·瓦林斯基

---

① 林顿·约翰逊（1908—1973），美国总统（1963—1969）。——译者注

（Adam Walinsky），鲍比·肯尼迪（Bobby Kennedy）①的立法助理，有着极敏锐的政治头脑，并且擅长写演讲稿；另一位是马科斯·拉斯金（Marcus Raskin），政策研究学院的创办者和主任之一。瓦林斯基每周给我一期《政治资讯》（realpolitik），华盛顿的语调。他把我介绍给鲍比。瓦林斯基和肯尼迪其他的立法助理彼得·埃德尔曼（Peter Edelman）把我拉进 1968 年的总统竞选活动。从此之后，我改变很多。拉斯金是位出色的理论家，对美国问题总是反主流文化分析，但他认为主流文化的观点还是在美国的民主体系中盛行。他当时在写一本巨著，将学校的特点总结为"管道殖民地"。对此书的讨论，对我的思想产生很大的影响。1968 年就在我要前往加利福尼亚时，拉斯金给了我一本书叫做《殖民者与被殖民者》（The Colonizer and the Colonized），由一位突尼斯犹太小说家阿尔伯特·梅米（Albert Memmi）所著，他是一位卡穆思存在主义者。受拉斯金和梅米思想的影响，我后来写了《作为文化帝国主义的教育》（Education as Cultural Imperialism）。

我的哲学思想的形成不是一蹴而就的，与我同时代的很多人不同，研究生时代的学习对我虽然重要，但只是思想形成的一部分。我成为经济学家来自方方面面的影响——芝加哥、60 年代的美国政治、拉丁美洲、越南，还有我对受压迫者的根本认同，当然这与我的家庭背景和文化背景是分不开的。

也就是在这个时候，我遇到了汉克·莱文（Hank Levin）。我们在布鲁克林学院都是扬·特克俱乐部的成员。汉克研究教育，我研究拉丁美洲。我们互相认识是因为我心里仍然是个人力资源方面的经济学家和教育经济学家。汉克 1968 年被斯坦福大学教育学院聘用时，他说服我在那里去申请国际教育经济学的任职。

汉克是 1968 年初去参加面试的，我是 5 月去参加面试。但我其实没有想应聘那份工作。2 月从肯尼亚一回来，我就完全投入到 1968 年

---

① 鲍比·肯尼迪，即罗伯特·肯尼迪（Robert Kennedy，1925—1968），美国纽约州参议员，美国前总统约翰·肯尼迪的弟弟。1968 年参加总统竞选时遇刺身亡。——译者注

的总统竞选中,并在华盛顿参与组织了和平运动。3月,当鲍比·肯尼
迪宣布参与竞选时,我被任命去领导那个区的肯尼迪竞选总统组织。
鲍比·肯尼迪在华盛顿首轮打败了汉弗莱(Hubert Humphrey),使得
我在肯尼迪组织中成了小英雄。之后,我离开华盛顿赶往加利福尼亚
州继续为竞选卖力。在去加利福尼亚州的路上,我顺便在斯坦福大学
参加了面试,但当时我的精力不在这样的学术工作上。

问:当时您了解斯坦福大学以及他们在教育领域的研究工作吗?

答:不太了解。我是经济学家,研究的是拉丁美洲工业化问题和教
育对经济发展的作用,没有哪一派教育学家在做这项工作。况且我当
时想留在华盛顿成为未来肯尼迪政府的一员,我相信鲍比·肯尼迪会
赢得大选。在斯坦福大学面试时,我对系主任汤姆·詹姆斯(Tom
James)说:"我可能来不了,因为肯尼迪获胜的话我会去政府工作。"不
幸的是,一个月后鲍比·肯尼迪遇刺身亡,待我精神慢慢恢复过来后,
我去了斯坦福大学。1968年的整个夏季和秋季,我都在忙碌竞选事宜,
11月时已经筋疲力尽,休息了一段时间之后,在1969年的1月开始了
斯坦福大学的工作。那时,我已经是满怀激情的反越战积极分子,马
丁·路德·金和鲍比·肯尼迪的遇刺让我悲伤不已。越南战争仍然在
继续,斯坦福大学的反战运动也是如火如荼,我不仅深深投入,而且冲
锋陷阵、身先士卒。

现在人们不再忧虑终身聘用问题,但20世纪70年代初,我不可能
不关心这个问题。政治占据了我的心灵,我对社会变革充满热情,我最
不愿意做的就是成为神经麻木的、白发苍苍的、捍卫现状的顽固学者。
我常对自己说:"我最多在斯坦福大学待四五年,然后继续流动。"我随
心所欲,讲心之所想,做心之所欲,即使知道绝大部分同事不会赞同也
要去说去写,我不关心他人的想法。

问:什么时候开始关心终身聘用问题?

答:这是个很复杂的问题。先介绍一下起初我在斯坦福大学时的
研究背景吧,这与终身聘用问题有很大关系。虽然我在学校政治活动
很积极,但我的教学任务也很繁重,还有福特基金会资助的拉丁美洲硕
士研究生项目。我的薪水起初是学校给的,但得到福特基金的资助后,

由项目支出。这个项目太成功了，七年间培养了 120 名拉丁美洲硕士和博士。拉丁美洲现在的教育研究基础建设就是 20 世纪 70 年代在斯坦福大学进行的。虽然斯坦福大学对此并无多少关注，我对自己能使斯坦福大学在国际和比较教育研究领域进入世界领先地位深感自豪。那也是我富有创造力的一个时期，不断地有新的观点涌现，尤其是在经济和教育的批判分析方面。

去斯坦福大学之前，我在布鲁克林就拉丁美洲贸易问题和别人合作写了两本书，就拉丁美洲工业化自己写了一本书，在几个主流经济杂志上发表了几篇文章。来到斯坦福大学之后，我和蒂亚斯完成了关于肯尼亚教育费用收益分析一书。所有的著作和文章都很创新，也很主流。后来，新作品开始出现，除同拉斯金一起写的《现状与实践》（Being and Doing），我编辑了《大公司社会中的教育》（Schooling in a Corporate Society），这是自保罗·古得曼（Paul Goodman）[①]50 年代中期出版的《作为文化帝国主义的教育》[②]之后第一本"批判式"重要著作。另外，我还发表了几篇评论文章。其中一篇是"教育的政治经济"，被汤姆·拉贝尔（Tom La Belle）收入关于拉丁美洲教育的一书中，在对教育回报率的理解上开辟了新天地。我的另一篇是和学生马莱恩·洛克希德（Marlaine Lockheed）合作，发表在一家英国主流杂志《城市研究》上。我和世界银行的汉斯·蒂亚斯、还有以前的一个学生里查德·萨克（Richard Sack）（现在是比较教育的领军人物）就突尼斯中等教育质量的决定因素写了一个专题研究报告，由于世界银行内部政治原因未能发表。这份报告从方法论角度对整个培养过程的方法进行了批判，表明社会阶层比分数更能决定教育成就，难怪世界银行不感兴趣。但 20 年之后，这些研究结果仍然有效，如果世界银行能够在当时予以重视，效果自然会比现在好。我 1970—1971 年在波多黎各就对学习成绩与

---

① 古德曼（1911—1972），美国社会批评家、批判教育家。——译者注

② 这里的《作为文化帝国主义的教育》一书有误，实际上应是古德曼 1956 年出版的《荒谬的成长》（Growing up Absurd, New York：Random House, 1960）一书。——译者注

劳动力表现的关系做了类似的研究。

问：现在是 1974 年,您是否完成了关于文化帝国主义的著作?

答：1972 年写完,1974 年出版的。

问：学校对您的终身聘用是怎样的?

答：1969、1970、1971 年我在斯坦福大学非常活跃。学校当局把我看做是"闹事者"。另外,在教育学院当时黑人和拉丁裔学生发起运动,要成立斯坦福国际发展教育委员会（Stanford International Development Education Committee）模式的机构。这个想法不错,因为这样可以招到更多的少数民族裔学生,但教育学院以"学业须优异"的名义完全予以否定。该行动与斯坦福国际发展教育委员会有关,我完全支持学生,我觉得他们做得对。对于一个还没有得到终身聘用的助理教授来说,我的所作所为显然对我极其不利,尤其是在相当保守的斯坦福大学。到 1971 年,我所做的一切都成为我的学术生涯不可分割的一部分。我的著作和论文颇丰,意味着校方在考虑对我的终身聘用问题上要非常谨慎,不敢贸然否决。但是,他们找到了应对之策。1971 年我面临续聘之时,教育学院院长亚瑟·科拉达希（Arthur Coladarci）带着校方的决定声称我不在被终身聘用之列。我的薪水在过去两年一直由福特基金支付,所以,学校对我的聘用是短期的。福特基金会资助的项目一旦结束,我就得走人。学院支持校方的决定,部分是因为他们不了解情况,部分是认为这样对学院有利。院长在给我的信中告诉我,对我助理教授的聘用是短期的。老实说,我不明白,也不太关心,我无意逗留。

但到了 1975 年,我觉得既然他们想把我推出去,那我不能就这样离开。其他系的一位教授告诉我,在医学院只要能找到资助就可以无限期留任,我致电美国教授协会（American Association of University Professors）询问此事,被告知确实如此。于是,我打电话问学校的法律部门："我的聘任因何而停?"学校的法律顾问约翰·施瓦茨（John Schwartz）支支吾吾但最后还是承认了。我接着打电话给院长,告诉他如果我一直有资助,我可以永远留在斯坦福大学。电话那端是长久的沉默。我下一个电话是打给福特基金会的鲁宾·弗罗丁（Rueben

Frodin),他很友好,对我和我的项目非常信任。我说明了当时的情形,几个月后他为我争取到延长两年的福特基金,同时在学校开始讨论为经济学家设立"新"的职位。但是,校方还是希望我离开学校,我很清楚我不能离开。到了 1976 年,学校通过了设立"新"的职位的方案,教育学院院长任命了一个调查委员会,指明这个职位可以是任何层次。我也参与了竞争,当时学校氛围较之前已经友好多了,当然还是存在很多争议。《作为文化帝国主义的教育》这本书显然对我并无多少帮助。值得庆幸的是,我的出版物大多是主流的,调查委员会里有我的支持者,最终我赢得了这个职位。我自己从未提出过终身聘用。

1977 年,我成为全职教授,院长和许多同事也突然成了我的朋友。那些年的事都已淡出人们的记忆。我猜想自己是唯一留下的激进派,学校之所以留下我是为了维护学校的形象。

我的研究从未停止过,福特基金会的资助使我能够持续培养拉丁美洲及其他地区的学生。后来,我和汉克·莱文组建了经济研究中心,开始将筹集来的资助投入中心。我们用这些资助就工人控制和分散的劳动力市场做了非常出色的研究。我和德里克·希勒(Derek Shearer)1976 年在福特基金会的资助下开始《经济民主》(Economic Democracy)的写作,和汉克着手一项研究,研究的结果是《民主国家的教育与工作》(Schooling and Work in the Democratic State)的出版。几年中,我们中心做了大量的研究,那是令人振奋的年代。塞缪尔·鲍尔斯和赫伯特·金蒂斯 1975 年出版了著作,我们也紧随其后。我们在质疑结构主义,他们也有这样的疑问。我有点嫉妒他们写作思路的清晰、论点也十分突出和尖锐,但我觉得他们对历史的论证不正确。他们认为,马萨诸塞州早期的教育发展主要受工业化需求影响,我们觉得他们忽略了造成教育变化的冲突性因素。我们和经济学的一位研究生米歇尔·卡特(Michael Carter)一起研究了超结构和结构之间相互依存、相互矛盾的关系,据此在 1978 年完成了《民主国家的教育与工作》的手稿。但我们后来觉得理论上有些不当,又推倒重来,直到 1985 年才出版了这本书。

20 世纪 70 年代中期,对我个人来说也充满了起伏。我和妻子分手了,要全部承担抚养两个儿子的责任,一个 10 岁,另一个 11 岁。1976

年我为终身聘任问题与大学纠缠之时,也正是社会思想发生巨变的时候。尽管经济研究中心有些矛盾,但我们在思想交流方面非常活跃,差不多每个月都有新的思想、新的概念和理论出现。我们不断地争论,不断地有火花的碰撞。我的学术生涯中又有了伊万·伊里奇(Ivan Illich),之前是鲍尔斯、金蒂斯和后来的保罗·弗莱雷。那段时间还是很开心的,尽管回顾起来,我们发展批判理论的自由可能是因为忽略了保守主义的迅速抬头,我们就是一路前行,仿佛对方并不存在。当然,这样也许并没什么错。

我和伊里奇1970年在斯坦福大学相识,我们有个共识,希望帮助人们看到事物的本质,帮助人们了解看起来合乎逻辑的关系中不合逻辑的一面。他极其聪明,我们有着共同受人尊敬的圈子,虽然我对他周围的"宫廷"气氛有些不以为然,伊里奇被敬慕他的人包围着,大家一味地迎合他。我觉得,作为朋友有不同意见是正常的。20世纪80年代初,在加利福尼亚大学伯克莱分校遇见过他几次,当时他在写关于性别方面的一本书,一如既往地被人包围着。他总是能够激怒别人,他那本书确实激怒了女权主义者。他不能理解那种反应,但他还是很明智的,在女权运动高潮时把对他书稿的讨论转移到激进的女权运动的中心问题。我在一旁进行观察。他的一个助手告诉我,伊里奇警告过她,不要被我的激进的左派观点所迷惑。我觉得,这是他所能给我的最好的称赞。

20世纪70年代末,在去参加日内瓦国际劳动组织(International Labor Organization)的旅途中,我想去拜会保罗·弗莱雷。他在日内瓦的全基督教教会会议有间办公室,我们谈得很愉快,他的观点是事物之间并没有千差万别。几年后,1982年,你和我邀请他到斯坦福大学参加为期两周的专题讨论会,他们夫妇当时住在我家,我们成为了好朋友。我从来都没有遇到过像他那样以思想很快将人催眠的人,保罗对无知之人眼睛里的光芒和政治权力之间关系的理解令我吃惊。相比伊里奇,保罗的思想很有力量,有清晰的政治方向,能够打开人的眼界。伊里奇很聪明,但他的思想比较肤浅。我能理解为什么伊里奇吸引人,但不明白为什么人们总是追随着他。

　　我和莱文1978年完成了《民主国家的教育与工作》的手稿和关于分散的劳动力市场的几篇文章,包括一个研究专题报告,名为"分散的劳动力市场"。我还和德里克合作过一个项目,研究不同形式的资本主义能够在未来可能的政策方向上为更为进步的政治家提供什么。研究项目的成果是《经济民主》这本著作。这已经是70年代末了,保守主义的反应开始加剧。显然,这本书与时代背道而驰,出版商的兴趣不大,我们找了十个出版商才找到一个出版商肯出版这本书。作为民主党进步一翼的思想组织工具,这本书起了很好的作用。从1977到1978年,我还写了一本关于20世纪六七十年代古巴教育改革的书,以不同的方法来看待教育发展。我希望能阐明,如果教育体制的阶层结构能够部分予以放弃的话,教育大发展就会有很大的可能性。古巴人对教育体系中的低收入阶层很关注并有大量经费投入。他们相信农村和城市低收入家庭儿童有很好的学习能力,事实证明他们是对的。古巴有着拉丁美洲最好的教育制度。70年代,我和莱文把我们的一系列文章编辑成《教育改革的局限性》(Limits of Educational Reform)一书,对阶级和种族社会中的教育变革持悲观态度。古巴的事例说明结构性的变化是可能的,但在美国如果要发生这些变化就需要强有力的社会运动,例如民权运动。它还意味着,在欠发达国家里应该认识到教育变革的重要性,应该为社会经济背景较差的孩子创造条件让他们更好地学习。古巴的事例让我更加确信,对教育就是要多投入。20年后的今天,我仍然没有改变这一观点。世界银行关于教育低投入高产出并能极大地促进低收入家庭儿童学习的论调,不会产生古巴那样的效果。他们也许会使教育超越今天,但将无法达到承诺之高度。

　　1978—1979年,我在法国度过了我的休假年。那之前的10年是我个人生活和学术生涯纷繁复杂的10年,所以,那一次休假对我来说是很好的休息。我在法国没有什么计划或者项目,只是想换个环境休息一段时间。关于国家理论,我的研究已经涉及一部分,希望借此更好地去理解政治权力、经济发展和教育改革之间的关系。我和莱文在写作《民主国家的教育与工作》,希望读者了解政治和经济如何影响教育改革。国家理论有助于我们进一步研究关于改革之动力的理论,所以,虽然是在休假期间,但在我脑海里萌发了想在巴黎学习一下国家理论的念头。

我参加了由尼科斯·普兰策斯(Nicos Poulantzas)主持的一次研究生专题讨论会,对他有了更深入的了解。我进入到了法国复杂的学术圈,在巴黎和埃克斯昂普罗旺斯地区结交了许多朋友。通过普兰策斯,我认识了在加利福尼亚大学伯克莱分校任教的西班牙社会学家曼奴埃尔·卡斯特尔思(Manuel Castells),后来我和他合作了 15 年之久。

1979 年,我回到斯坦福大学,一年的休息使我精力充沛。国家理论已经在欧洲出现,我开始阅读这方面的文献并做了一些研究,完成了《国家与政治理论》(The State and Political Theory)这本书以及几篇文章。这项研究对我和莱文完成《民主国家的教育与工作》有很大帮助。几年后,我、你、乔尔·萨莫夫(Joel Samoff),还有瑞典的几位同事,就发展中国家政府在教育改革中的作用合作完成了《第三世界的教育和社会变迁》(Education and Social Transition in the Third World),重点探讨在柏林墙倒下之时的社会主义社会。确实出版得不是时候,但我仍然认为关于理论的几个章节是我的写作中最好的。

《民主国家的教育与工作》和《第三世界的教育和社会变迁》这两本书都试图阐明教育是两种不同社会和政治潮流之间不断辩论和冲突的战场,一种是试图利用学校教育再生产现存的社会结构的保守派,另一种是试图用教育制度创造更多平等和社会流动性的民主进步派。这个分析继续对目前美国保守派在使学校教育与新自由市场保持一致上所进行的运动作出预测,也对智利的教育改革为什么会经历明显不同的阶段作出预测。分析的真正力量在于它有物质主义的理论基础。我和莱文都是经济学家,这是我们开始的逻辑之处。正如鲍尔斯和金蒂斯后来关于民主与资本主义的著作,我们认为学校是政治冲突的战场,但学校战场的定义植根于物质主义至上的国家,以及在这样的环境中对政治界定的争议。我们认为,不能把对教育改革和政策的讨论与那些大的冲突和争议分开来。

1984 年,我参加加利福尼亚州硅谷第十二区国会议员的竞选。这对我来说当然是人生一次很大的经历。尽管竞选失败了,但我对美国

78

政治有了更深入的了解。例如，一年要去敲 3 万个门才能详细了解选民的想法。事实上，很多选民相当保守，包括许多民主党人士也很保守。我擅长辩论，只是这个选区不适合我。

1985 年之后，我的工作更多的集中于世界经济领域所发生的事情，以及对国际劳动力分工、政治和教育的影响。我和曼奴埃尔·卡斯特尔思一起开始对技术革新及对劳动力市场和教育改革的影响进行研究。近年来，我对结构调整、新自由主义对教育改革的影响及教育和收入的分配等问题也有所研究。另外，少数族裔和妇女在美国劳动力市场中的公平问题、教育在不同群体收入不平等中所起的作用等问题，都令我感兴趣。1990 年出版的《美国经济变化中的拉丁美洲人》(Latinos in a Changing U.S. Economy) 和 1994 年出版的《逝去的梦想》(Faded Dreams)，就是这个阶段的成果。这个话题依然令我着迷，因为种族之间和性别之间的不平等在经济现实的新阶级结构中是最大的缺陷或问题。我的研究试图说明政治、教育和经济差异是不能分割开来的。

1985 年之后，我还花了大量时间加强斯坦福大学的国际教育项目，这些年也经历了很大的变化。80 年代末，我们举办过两届夏季专题研讨班，一次是与马来西亚教育部合作的培训，另一次是对世界银行一百名教育工作人员进行培训，这两次培训使我们的重心转向国际政策的制定。汉斯·韦勒(Hans Weiler)是我在国际发展教育项目的同事，他想离开这个项目去斯坦福大学或别的地方找一份行政工作。1993 年，他真的走了，这个项目的前景出现了问题。学术界政治斗争的最终结果是项目的名称改为"国际与比较教育"。1995 年，我们聘用了一位年轻成员，我觉得这是个巨大成功，15 年来，我们的合法性第一次不再受质疑，我们仍保留着三个位置。我们在课程设置上做了很多创新，吸引了全国最优秀的博士研究生、还有全世界优秀的硕士研究生。我们开始了对比较教育重新定义的过程，这次是在 90 年代新自由主义树立权威的背景之下进行的。

问：您是怎样强化批判理论传统的？

答：我从来没有觉得我在什么地方加强了这个传统。我一直认为，教学和研究就是去获得真理，我写文章或写书的目的，不是推动某一特殊"流派",而是提高自己对社会现象的理解并把它传递给学生或其他读者。我在肯尼亚的经验式研究使我得出的结论是:教育制度在资本主义社会有其特殊的力量,同时也认识到教育制度植根于源自经济关系的权力关系。20世纪70年代初,我意识到国家理论对理解这些权力关系至关重要,也因此改变了对教育制度和教育生产关系发展方式的认识。我始终在学习过程之中,目前的想法是希望更好地理解在学校和家庭层面教学的微观组织领域在发生着什么,它们与知识和收入的极其不均衡有什么关系。所以,你看,在我观点形成和完善过程中,我无法支持任何一种"批判理论"。

我觉得自己在这两个方面对批判理论有点贡献:第一,我把国家和政治理论运用到了教育研究,当然我没能使政治理论进入教育研究的主流。退回到70年代初,我大概是第一个以阶级来分析教育的学者,早期的学者还有鲍尔斯和金蒂斯,用阶级的术语和词汇写作在那个时期很不寻常。如今的重点已经转移到了种族和性别,大家已经不记得以阶级为基础的教育和知识的生产和再生产概念了。当然,还是有不少人在写,例如,阿普尔、吉鲁、麦克拉伦(Peter Mclanren)、阿尼昂(Jean Anyon)和其他人,但是在美国,种族对于理解阶级政治是极为重要的,我们许多人都会倾向于关注种族。通过批判,我对教育经济学产生过一定的影响,主要体现在揭示教育和收入分配的政治关系上,收入分配系指阶级权力关系与受教育程度的回报之间的分配。

我对批判教育理论的第二点贡献,是在斯坦福大学帮助建立了一个批判教育分析中心。并非所有参加过我们项目的学生最终都能成为批判理论工作者,但的确有很多人毕业后找到了他们心仪的工作,并继续沿着斯坦福大学国际教育项目的批判方法来进行研究。因为这个方法还包括对传统教育周密的社会科学分析,我们大部分的毕业生都成了出色的政策分析师、学者和基层研究人员。

问:对您最严重的批评有哪些?

答:第一个批评来自于对《作为文化帝国主义的教育》一书的反应。这本书引起了强烈的反响,因为它对考察教育的传统方法提出了质疑。大多数欧美教育家把西方教育视为社会流动性的源泉及文明的力量。

传统理论认为,教育的作用是在欧洲殖民主义的环境下,把殖民地文化融入世界现代经济以及使殖民地人民参与西方文化来缓解殖民主义的矛盾。而我的书的观点不同,认为殖民地教育远没有达到传统理论所标榜的目标,其恰恰相反,目的是要使殖民地人民处于从属地位,以便更好地满足殖民政府和殖民者国家资产阶级的需求。我把这个观点延伸到美国,认为教育表面上使社会流动性的概念合法化,让教育成为强有力的神话,实际上人们是在"原地踏步"。

对我的观点的主要批评来自新古典经济学家和传统的社会学家。他们捍卫的观点是学校教育带来了至关重要的社会流动性,在西方社会的确有这种利益共识,这种思想被延伸到第三世界的殖民地。其结果是,学校教育在某种程度上帮助将传统的顾客至上的社会变成更加"高效"的追逐利益最大化的社会。

也有些人对书中的阶级分析感到不安。利益论调和社会流动性论调直接反对的是阶级的观点,即学校教育改变阶级的概念但保留阶级的关系。批评者反对在资本主义社会阶级"永恒不变"的观点。在资本主义社会,学校教育是阶级关系再生产的方式的观点对大多数北美社会科学家和教育分析家来说不能接受的。他们对我的主要批评是,我错误理解了学校教育的作用。

有些批评更加激烈:他们认为我的研究"不科学"。从波普尔派的意义来讲,他们没错,但我的确尝试以历史数据来支持我的观点,而且对可辩驳的假设做了测试。他们认为我的文章辩论性太强,不能清楚地和公平地论证论点的正反两方。批评是完全有道理的。我忽略了一个历史事实:学校教育与社会阶层流动性某种程度的关系。为了更好地了解实际所发生的事情,我举例来解释这种流动性发生的原因。我理解,他们之所以反对我的观点是因为我挑战了对教育长期以来的看法,即个人可以自由选择教育,教育制度在利益及属性的基础上为所有人服务。人力资本论传统社会学观点的持有者当然有理由来反对我!

我们开始着手《民主国家的教育与工作》这本书的写作之时,尝试建立一个结构性不强的新模式,这种模式对社会流动性和变化都留有空间。在殖民地和资本主义社会,强势集团在对教育的需求上既有沟通也有争议和矛盾。第二本书的模式在解释学校教育的作用和随时间而变化的方式上更加突出、更加强有力。

十分有趣的是，对第二本书的批评不是来自右翼，而是来自中间派和左派。第一个批评我的是匹茨堡大学的罗兰·保尔斯顿（Rolland Paulston），在其数年里发表在多个杂志的同一篇文章里，不断地指责我为结构功能主义者，全然不顾我早已改变了立场。当然，某种程度上他是对的，因为无论是以人力资本理论形式、物质主义形式还是历史分析的形式，所有的政策分析都是结构功能主义。但从我的角度来看，是否符合哪个学术类别并不重要，重要的是分析必须能够清楚地阐明问题。用方法论去分类常常会使研究者的贡献变得模糊，保尔斯顿的类型学无论对与错，在理解争论的性质上对学生并无任何用处。

还有一些批评来自不喜欢关于国家理论的那些人，这并无不妥。但有些批评在概括美国国家政权时实际上偏离了方向。关于国家的每种理论都是在特定的时间和地点产生的，我和莱文在写书时希望使一种理论适合美国民主社会的特殊环境，当时美国不像法国或其他欧洲国家那样有过辉煌历史。那些批评我们的人用某种神秘的德国人的理论或者 20 世纪 30 年代马克思对垄断资本主义的分析来看待资本主义国家，我们认为这是完全的历史虚无主义。

然而，这些批评远没有我们想象的那么广泛。我们的主要问题，如果可以称之为问题的话，不是我们被过度批评，而是一些人不加任何说明就"借用"我们的观点。我们的观点既强势又"普通"，很容易被人结合进自己的著作中，变成他们自己的观点。我们的教训就是，如果通过不断的出版研究成果，声明我们在某个理论上的创新，或者声明我们在引领新的理论流派，任何人写有关"批判教育理论"，就不得不注明是在引用我们的著作。很遗憾，我和莱文没有这么做，我们天真地以为，人人都会认可我们的创新。

问：您的研究、教学和著作对美国教育政策问题的分歧产生过怎样的影响，以及对当前新自由主义和新保守派的教育理论又有怎样的影响？

答：在过去的 30 年里，我一直与新自由主义模式作斗争，但在 20

84

世纪60年代和70年代,学术界的战略有了变化。很多人对自由派仍然表示同情,我试图推动他们对教育问题进行更加"激进"的分析。在目前的情况下,当整个争议的范围被推向右翼的时候,我能想到的策略有两个:一是继续推进进步主义的分析策略,就像我和莱文在80年代中所作的那样;另一是我和席勒70年代末80年代初所作的,这就是"外部"策略。"内部"策略是试图说明保守派的行为时,使大多数孩子的境况越来越差,近几年我采用更多的是"内部"策略。

85　　我试图通过发表更多的文章来传递这些信息,这意味着要在不同的报纸上写文章,对我的著作进行评论,以引起更多的关注。对那些有组织的保守派提出不同的观点是很重要的,这样人们就会意识到在知名的大学里还有教授持不同的意见。遗憾的是,大多数人并不去读我们这些学者的学术著作,大多数人不懂得我们学术界进行的理论争论。但是,他们知道那个圈子里是有争论的。内部策略就是不断地列举数据,证明流行的保守主义策略并非表面看起来的那样。同时,我们需要承担一个更艰巨的任务,那就是建立一个基于进步思想的反对策略。我们做得不错,但我们过去大部分的观点遭到了新自由派的诽谤,不得不重新调整反对策略。

　　现在需要做的最重要的事情之一,就是捍卫并重新对"公众"的概念加以诠释。尽管有各种各样的问题,民主资本主义社会的国家远比私有生产领域更加民主。在民主国家中,有意识的选举团,或者积极的社会运动来推动这个选举团,对教育政策的形成都会有一定的作用,因此,我们就要捍卫"公共"空间,包括可以进行争论和推行教育政策的学校本身。教育的私有化运动使公共空间这一概念遭到抨击。同时,保守势力对学校教育的攻击的最强大的反对力量,就是大力改革以改善目前公共教育体系严重滞后的现状——主要是发达国家的贫民和少数族裔以及低收入国家的广大儿童。

　　我的活动的另一个领域,是一直以来我试图追踪世界银行和美国国际开发署(Agency for International Development)所传播的政策,即
86　对高度私有化的教育体制进行结构调整是提高教育服务质量的最佳策略。遗憾的是,世界银行和美国国际开发署所推行的政策并不是为了

广大儿童。世界银行以外的学者对此进行了有理有据的反击,当然这会很难,因为你不得不常常站在他们的立场上。如果站在这个匪夷所思的立场之外,不断地强调教育要有完全不同的方法那当然要容易得多。但是,内部策略未必能够排除外部策略。我将来就采取内外两种策略,在内部以坚实的观点对抗新自由主义的思想和策略,在外部继续以扎实的理论研究来挑战新自由主义思想并发展更加现实的观点和策略。

在教学中,我试图做着同样的事情。对学生来说,从高层次角度去理解主流政策的各种观点以及经验式讨论至关重要。学生应该有意识地培养进行强有力的"内部"争辩所需要的各种技能。大多数学生将来的工作是主流工作,所以,要做好成为优秀的理论分析家的准备。同时,也要帮助学生明白这些理论的根据来自对世界的某些看法,当然也会受到挑战。因为我自己已发展了一些反对的理论,我会从容地教授不同的理论。斯坦福大学国际和比较教育项目在挑战新自由主义思想方面一直处于最前沿,之所以能做到这一点是因为它一向以能够在此作出最新的主流理论分析而闻名。这个国际项目在传统分析及对教育体制的反分析方面贡献巨大,我希望我这样讲听起来不会不够谦虚,当然我们会继续努力的。作为一个例子,我写过一篇文章叫做《私有化是出路吗》,文中我从新古典主义为基础的角度对教育的私有化进行了分析,阐明该观点没有充足的论据做基础,所以是无效的。我发现,采取保守主义的立场,说明他们的论点相当政治化(尽管他们声明并不如此)是非常有用的。我的新研究的方向完全相同。它将证明经济学家对生产功能的说法是错误的,他们经验论的结果误导了政策。

我肯定像一个社会批判家,对社会有很多不满。有时我觉得孤独,尤其是在新自由主义成为主流的社会环境中。尽管我个人愈加保守,但没有丢弃进步政治。我常常提醒自己,我生活中真正的快乐来自概念的牢笼在崩塌过程中发出的爆裂声。因为我有了第二个家庭——除两个成年的儿子之外,还有个 5 岁的可爱女儿。我要提醒自己对未来的责任,教育的变化对未来的重大影响,所以,现在还不是停下来的时候。

87

PAULO FREIRE

第四章
保罗·弗莱雷访谈录

问：保罗，在研究过您著作的传记作家和学者中，有一个共同的看法：您早期参与识字培训的经历，尤其是 1963 年在巴西的经历，使您和您的教育项目脱颖而出。这次的访谈我们关注的是您作为大学教授和研究者的工作。① 您的研究与《被压迫者的教育学》紧密相关，请您谈一下写这本书的目的和过程好吗？

---

① 这个访谈不是传记体的，而是完全新的文体。当许多有关保罗·弗莱雷的传记出现时，我决定在我与保罗·弗莱雷的访谈中不包括他的学术传记的原因，正是因为莫西尔·加多迪（Moacir Gadotti）最近出版的一本葡萄牙文著作，即与安娜·玛丽亚·阿洛乔·弗莱雷（Ana María Araújo Freire）、安杰拉·安图尼斯·西塞斯基（Angela Antunes Ciseski）、卡洛斯·阿尔伯托·托里斯（Carlos Alberto Torres）、弗朗西斯科·古铁雷斯（Francisco Gutierrez）、海因茨—彼得·格哈特（Heinz-Peter Gerhart）、乔斯·尤斯塔奎奥·罗莫（José Eustaquio Romão）和保罗·罗伯托·帕迪尔赫（Paulo Roberto Padilha）合著的《论保罗·弗莱雷：个人经历与著作目录》（of Paulo Freire, a Bio Bibliografia），圣保罗：联合国教科文组织—国会编辑委员会—保罗·弗莱雷学会，1996 年版。这本综合性著作是关于弗莱雷生平和著作的最完整的文献体和传记体参考文献。

答：在智利时，我有个习惯，包里总放着小笔记本。一旦冒出想法，不管在哪里，我都会拿本子记下来。回到家，我在晚饭后会将这些整理出来，这样为日后写作打下了基础。

问：每天都坚持这样做吗？

答：是的。当然，也有一连几天写不出一个字的时候，但我也不会气馁。第二天，我会继续写。有时候，我连续写8页纸，然后，用卡片分类，都是围绕一个主题。当时占据我头脑的，都是关于受压迫者和压迫者的问题。

问：为什么选这个主题呢？这个主题又是如何产生的？

答：这个主题的产生源于我自己回忆起同巴西的被压迫者的关系，以及我发现智利社会文化历史的差异。越是深入智利农民的生活，越听他们说，我就越深深地关注压迫者和被压迫者的关系，以及压迫者意识和被压迫者意识的关系。我对此非常好奇，觉得应该把它写出来，这本书就是尝试去理解这种关系。这也使我有了这本书名的想法。《被压迫者的教育学》这本书出版之后，许多人尤其是极端左翼分子批评这本书，说我用了非常模糊的概念，例如，压迫的概念。我走上前去，打开书，给他们数我提到社会阶级的次数。你会发现，我在书中提到社会阶级共33次。他们需要什么？我想，批评并非出自诚意，而是来自于派系之间的斗争。

问：所谓"派系斗争"，您指的是在"意识形态"方面吗？

答：意识形态是个好词。我确实是很开放的，我并不完全是马克思主义者。与此相连的是，《被压迫者的教育学》与苏联的改革和巨变有一定的关系。正是这种对马克思基本理论的否定或者至少是部分否定的态度，使我不会去纠缠那些不重要的地方。

问：您认为压迫的类别比剥削的类别更普遍吗？

答：我相信，压迫与剥削是不可分割的：压迫本身就是在剥削。没有压迫就没有剥削，没有哪一种压迫不包含一定意义上的剥削。这甚至完全可以是精神的、心理的。例如，你压迫你的孩子，这和你孩子的经济状况毫无关系,你甚至可以阻止你孩子经济独立。在孩童时期,你对孩子身心的掌控具有权威性。你没有采用我妻子妮塔(Nita)喜欢的做法。你有意去制止你孩子的身体,你是你孩子的支配者和剥削者。但是,这就是对你孩子的剥削,这种剥削不是经济的,但这是一种有效的情感的剥削,实质上你对孩子有所要求,例如,你可能要求的是一种顺从。我相信,压迫和剥削这两个概念搞得越清楚——什么和为什么——越容易理解这些现象。

现在回到阶级压迫上来,我们有经济剥削,或者社会歧视,或者文化歧视。你一旦作为一个阶级进行压迫,从经济的观点来看,你就一定会接受一种文化认同,这种文化认同就涉及被压迫者的情感。例如,所有这些都与家庭内部的压迫——丈夫对妻子的压迫相关。换句话说,丈夫不允许妻子从经济上解放出来,这和孩子的情形相似。但是,因为默从,丈夫支配着妻子,有时是出于猜疑。结果你看到,压制的关系总是有一种压迫者对被压迫者的占有。马克思把受压迫者称为"准自由人状态"。

问:您觉得对压迫现象的反思有没有受到黑格尔的影响?

答:当然有。我曾经一度对黑格尔有极大的热情。我告诉你,马克思对黑格尔思想的阐释是完全精确的。实质上,黑格尔先为马克思打开了通道;黑格尔首先发现工作是使男人和女人自信和成功的重要因素。

问:看来黑格尔对你的影响是至关重要的。

答:对,所以列宁说,不懂得黑格尔就无法理解马克思。

问:尤其是黑格尔对于工作的理解,即工作既是养活自己的手段又是压迫过程的终结。

答:太对了!是黑格尔著作中提到的吧?

问:您读的是黑格尔原著吗?

答:我读的是西班牙文的文本,不是德文的文本。我熟悉黑格尔、马克思、萨特（Jean Paul Sartre）①和梅洛—庞蒂（Manrice Merleau-Ponty）②的著作，他们之间有没有分歧并不重要，我并不关注这些。后来，20世纪70年代有人说我随意取材，简直是疯话！你能相信吗？我所读的这些思想家的著作，有的是西班牙文，有的是葡萄牙文，有的是法文，还有的是英文，有时候我还将这些译文做一些比较。我想它很容易，例如，花上一个下午——我并不总是这样做，但有许多下午我会这样做，现在我很少有一个空闲的下午——我的时间正用于学术活动。我今天正打算阅读三种不同译文的马克思著作的一些章节，我要看看译者是怎样用不同的语言翻译同样的概念。非常遗憾，我不能读德文版，读德文版一定会非常棒。例如，我记得有一篇是探讨弗洛伊德与马克思之间的关系，我就读了西班牙文、法文和英文，然后对不同文本和概念作了比较。

还有另一件事情，我对阅读马克思的信件情有独钟。我常对学生说："你们要读马克思著作中最深邃的部分，也要读他的信件，因为只有这样，你才能了解穿着睡衣时的马克思。"你常常看到好斗的、爱争论的、废寝忘食的、执著的、意志坚定的马克思。毫无疑问，历史是发展的，科学是随着历史的发展而发展的，所以，科学的脚步不会停止。知识在历史中被夸大，尤其是因为知识有历史真实性，也就是说知识永远是"发展"的，而从来不会是"静止"的。我要说，从发展的角度，马克思的贡献将最终不再有意义，即使这种事情发生，我也会以尊敬的态度重新拜读他的著作。我说的不仅仅是针对马克思的，还有那些我并不赞成其观点的哲学家和思想家，你明白我的意思吗？探索不能够被否定……

问：您所说的探索应该是对知识的探索。它是基于好奇心这个科学认识论的种子吗？

答：是，好奇心。在过去的一次访谈中，你曾经问过："假如保罗·

---

① 萨特（1905—1980），法国作家和哲学家，存在主义的主要代表之一。——译者注

② 梅洛—庞蒂（1908—1961），法国哲学家，存在主义的主要代表之一。——译者注

弗莱雷离开人世,他留给世人的遗产是什么?"我说:"不是我作为学者做了什么,而是证明我的存在。应该说,保罗·弗莱雷非常执著,对知识的渴望源于他极强的好奇心。"①我想,这是弥足珍贵的。马克思是这样,因为他是这样一个人,尽管有各种问题,但他的聪明才智依然发挥得淋漓尽致。世界上很少人是这样的,对吗?马克思的求知欲极强,很值得敬佩,读他的信件是极大的享受。我无法忘记他对一些法国马克思主义者的愤怒,我现在称之为法西斯主义者。他曾经说:"瞧,我唯一知道的,是我自己不是个马克思主义者。"这是一种非同寻常的激进主义意识,很有见地,他拒绝僵化的思想。

问:在写《被压迫者的教育学》一书时,您还做了其他什么事情?这本书的结构是怎样设计的,您写了多少章,您怎样论述那些问题的?

答:我是从书的题目开始的。《被压迫者的教育学》这本书在我的著作中是组织结构最严谨的一本。在开始第一章的写作之前,对这本书作了三四页的介绍。然后,我开始写第一章。现在让我讲一件事。在我决定开始写这本书的时候,发现很大一部分内容已经记录在卡片上了。所以,我按标题把这些卡片整理好,还常常发现这样的情况:卡片4和卡片5之间比较空,需要填补。我有时一下子就写十页放在这两个卡片之间,立时丰满起来了。在那个时候,我会拿起卡片6,查看次序。其实,这个过程也是很艰苦的。

问:您是怎样组织那些卡片的?按时间顺序来组织吗?

答:对。我是按写卡片的日期来排列的。有时候会出现这样的问题:卡片6和卡片30的内容有一定的关联性和延续性。

问:《被压迫者的教育学》一书的书名使您很着迷吗?

答:是啊!很着迷。你能想象这样的情景吗?没有一个朋友来我家里不听到我谈论这个话题。我讲个故事。在我的长女马格达莱娜(Magdalena)出嫁的前夜,她和未婚夫弗朗西斯科·韦福特(Francisco Weffort)②来我这里(不,她们住在家里,所以是韦福特过来),我就用略

---

① 参见《卡洛斯·阿尔伯托·托里斯与保罗·弗莱雷的对话》(Carlos Alberto Torres in Dialogue with Paulo Freire),加拿大艾伯塔:广播电视网,1990年。

② 弗朗西斯科·韦福特,知名的巴西政治科学家。

带家长的权威口吻,开始给未来的女婿讲压迫者和被压迫者的关系。后来有朋友来和我聊天时,女婿有时候还故意问我:"保罗,你真觉得是那样的吗?"问题多么富有挑战性啊!那天晚上我写作时,女儿边笑边说:"爸爸,你知道吗? 你太沉迷于这个问题了,你在滥用谈话的权利。无论谁来,都要被迫聆听您关于被压迫者的教育学,你确实该注意点了。"后来,我开始有意识地控制自己,但说实话,我实在是很迷恋这个话题——这在我的著作中已得到了阐释。

问:这种着迷的状态持续了多久?

答:前三章我只写了 15 天,但第四章我用了三四个月的时间。整个构思和写作的过程花的时间更长,从 1966 年到 1968 年,用了大概两年的时间。1967 年我第一次到美国的时候,遇见了一位好朋友,叫卡默・亨特(Carmer Hunter)。她是我在美国的第一个翻译者,是 1967 年我在美国参加各种会议时的翻译。那时,我只会用英文说:"你好,早上好。"我当时接受了一个教堂的邀请,我讲葡萄牙语,由她来翻译。记得当时我跟她说:"我正在研究一个有趣的话题,打算写一本书,书名叫《被压迫者的教育学》。"从此,我开始谈论和回应有关这类问题。

两年前,我和夫人妮塔,还有好朋友、也是我后来夫人的朋友艾尔兹(Elza)去美国。威廉・肯尼迪(William Kennedy)举办了晚宴来欢迎妮塔,他是世界教堂委员会(World Council of Churches)的老板,是纽约联合专题讨论会的著名教授和学者。威廉・肯尼迪夫妇是艾尔兹的好朋友,他们想请卡默・亨特翻译一本未出版的书,卡默・亨特推荐了《被压迫者的教育学》,其实当时我还没有写完这本书。她开始翻译的是书里面的一些基本概念。我相信,对一本书的关注是这本书有价值的第一个信号。

问:您所说的"价值"是什么意思?

答:我们觉得这本书有意义,后来随着时间推移,你开始发现对别人也渐渐产生了影响。

问:保罗,我讲一件事。1989 年,我在多伦多的安大略教育研究院(Ontario Institute for the Study of Education)教书。我和学生广泛地探讨了您的研究,有一个女学生在谈到某个部分时情绪激动,甚至带有

97

蔑视的态度。她对我说,《被压迫者的教育学》是一本未完成的书,是关于革命理论的书,与教育无关。

答:我也多次听说过类似的言论。这位女士所讲的并不是个案,而具有一定的代表性。我想你首先赞同我的,是有着良好的愿望而没有掩盖其他目的的愤怒是深层次意识形态的东西。我并不是说这位女士是代表某种意识形态的机构,但她就是那种意识形态的表现,这种意识形态是有利于统治阶级的。它试图说服我们接受科学和教育中立的观念,以及讨论文化行动的理论。

这种观点的起因是源于这本书不是关于教育的,而是属于纯粹意识形态的。也就是说,它是一本意识形态的书。只因为我说过教育不是中立的,我就不再被看做教育家——只能是自由理论家。有些人就这样来评价我,认为我不再是教育学者。所以,你看,那种对我的质疑常常是别有用心的。当然,那位女士的质疑并不是这样。她只是质疑世界的中立性。一旦发现世界没有中立可言时,她就能明白这本书是关于教育的书。

问:毫无疑问,这本书是关于教育的。我是想问,您的研究目的是否是关于压迫的关系问题,尤其是学校内部压迫的各种关系?

答:准确地说,应该是关于学校内外压迫的各种关系。当然,我最根本的兴趣是学校里发生的事。你会发现,巴西和其他地方的进步教育工作者否认学校里所发生的阶级冲突。他们认为,学校仅仅是一个系统知识的、严格要求的传播场所。而且,他们还为自己随意提出的所谓"知识教育学"进行辩护。但在我看来,学校还是一个社会冲突的场所,用更鲜明的词语,即阶级斗争在学校中继续存在。问题是教育者在世界上和学校里所发生的社会冲突面前应采取什么立场,他们从来没有停止知识教学。当然,以工人阶级看法为名,使孩子们政治化和忘掉教给他们基本知识的任务,不是我的主旨。从科学观点来看,不可能那么做。政治对知识的分裂必定是反科学的,在政治上它是错误的,在科学上它是扭曲的。所以,我的观点是,在传授生物、历史或语言等领域的知识时,应对社会的阶级斗争进行辩论、澄清和阐明。这是包含在各种知识中的,因为学校是斗争的一部分。学校不能独立于斗争之外。

　　问：保罗，这个问题恐怕您已经被问过多次了，但它对探讨您对教育和政治之间关系，尤其是对教育研究、教学和习惯的综合看法是重要的。

　　答：几年前，我在一本书里提到，作为教育工作者，我强调对获取知识的方法的理解。我是这样说的：我讲的只是方法，而不是所谓教育学的什么教学方法。我最关注的是如何获取知识的方法。我们必须问自己：要知道喜欢什么，要知道不要去知道什么；要知道谁要知道，要知道反对知道谁。这些是作为教育者必须问自己的问题。我们还必须知道，教育总能给我们带来对另一个事实的确认，这就是教育的政治特征。①

　　我记得曾和一位在教育秘书处工作的女士聊过，她问了我一个同样的问题：这种事情发生的条件是什么？② 这种事情？有趣。什么是科学？对科学的理解，不仅是对实证主义者，而且也对革命者。这是一种天真的意识，绝对幼稚。实证主义者认为，科学是完全中性的，因为它是客观的。对我来说，科学不是中性的，因为它既主观又客观，即每一个科学发现，都包含主观性和客观性之间的关系，以及两者之间的矛盾，否则就不会有科学发现。实证主义者认为，科学是中性的，是科学的客观属性决定的。革命者害怕科学的思想，会导致教育去政治化，这仅仅是那些幼稚的人的观点，不足以引起人们的注意。例如，一些人谈到埃米莉亚·费雷罗（Emilia Ferreiro）的科学研究是去政治化的。③ 我

————————

　　① 保罗·弗莱雷：《教育：可以实现的梦》（Educacão·O sonho possível），见卡洛斯·罗德里格斯·布兰德奥（Carlos Rodrigues Brandao）编《教育家：生与死》（O educador：Vita e morte），巴西里约热内卢：埃迪科斯·格雷尔出版公司1986年版，第97页。

　　② 在1989—1992年工人党（Worker's Party）主持圣保罗城市的管理期间，保罗·弗莱雷担任了圣保罗市教育秘书长一职。

　　③ 埃米莉亚·费雷罗，知名阿根廷认知心理学家和教育家，进行早期识字研究的瑞士心理学家皮亚杰（Jean Piaget）在拉丁美洲的弟子。具体参见埃米莉亚·费雷罗和莫西尔·加多迪（Moacir Gadotti）合著《语言文字心理学》（Psicogénese da Língua escrita），巴西阿雷格里港：阿特斯·梅迪卡斯出版公司1986年版。

100

并不这样认为。相反,只要你了解维果斯基(Vygotsky)①和皮亚杰(Jean Piaget)②的贡献,那么你接受埃米莉亚的认知心理调查研究的程度越高,就越会使你更高效地从事政治。

对,我是担心这类的质疑。它不会让我愤慨,但会引起我的注意。它让我在科学和政治上关注这样的疑问。像你和加多迪(Gadotti)以前在你们的著作中所说的,这样的质询与马克思曾经研究的古老哲学问题有关。③ 这类问题甚至与黑格尔理论无涉。这是一种探讨理论与实践关系的前黑格尔式的质询,是科学与常识之间的探讨,是关于主观性和客观性的探讨、辩证思想的分析,尽管在马克思看来有些悲观的论调还是有很好的解决途径的。总之,政治与教育之间的差异终究与基础主义(basism)有关。它是与基础主义者(basist)的教育和政治观点有关系的。这种质询的基本前提是要问是否代表着去政治化,或者是对引入认知心理学理论的否定?这是对理论的否定、对科学的否定,我们不能接受。但当一个人幼稚地提出一系列质疑,并认定这种基础主义者的意识形态是最有刺激性的、最具权威的意识形态时,这是最可悲的。④

分析我自己的研究工作,甚至从我写《作为自由实践的教育》(Education as the Practice of Freedom)那时起,我就清楚,我实际上在进行政治实践,只是我并没有这样承担它。因此,在批判层面,我不会假定一种可以理解为显性政治的实践。作为教育工作者,我们是艺术

① 维果茨基(Лев Семёнович Выготский,1896—1934),苏联心理学家。——译者注

② 皮亚杰(1896—1980),瑞士心理学家,日内瓦学派创始人。——译者注

③ 具体参见莫西尔·加多迪和卡洛斯·阿尔伯托·托里斯合著:《拉丁美洲民众教育状况》,巴西坎皮纳斯:帕皮勒斯出版公司 1992 年版。

④ 基础主义(basism)被弗莱雷定义为对基层积极行动主义的一种偏离,以及对政治和管理的一种反智力观点。参见卡洛斯·阿尔伯托·托里斯:《作为圣保罗市教育秘书长的保罗·弗莱雷》(Paulo Freire as Secretary of Education in the Municipality of São Paulo),《比较教育评论》(Comparative Education Review)1994 年第 2 期,第 181—184 页。

家和政治家,但永远不是技师。①

正如我在一篇文章中说的那样,"教育的梦想与自由有着很大的关联性,但与受教化的教育无关;教育的梦想与自由犹如乌托邦的实践,但不像乌托邦那样不着边际。在某种意义上,这是谴责与赞扬辩证统一的实践,是对不公平和剥削社会的谴责,是在大多数受压迫的社会阶层看来少一点剥削的对理想社会的赞扬。"②

问:保罗,知识分子作为教师的作用不能忽视,您的工作甚至可能使作为认识论的对话的重要性更加突出,在对教师的培训中,个人努力成为社会变化的关键因素。您说到乌托邦,对可能成为现实的乌托邦,教师们应该是欢迎的。20 世纪 80 年代出版的几本对话体的著作中,尤其是您和艾拉·肖(Ira Shor)合著的《为了解放的教育学》(A Pedagogy for Liberation)③,以及和唐纳得·马塞多(Donaldo Macedo)合著的《扫盲》(Literacy)④中,谈到受压迫者教育学的哲学的重要性。在过去 20 年,您在大学和非政府组织中演讲无数,并开始理解和认识这个社会。在美国这样的社会中,您能否将一些概念运用到教师培训中?

答:卡洛斯,我正要用简单的词汇来阐述一下我对教学的理解,以及对教育工作者和学生的培训的理解。对我而言,教育家成功的过程包含教学行为和学习行为,教学行为是由教师发展而来的,学习行为是由练习而来。有必要弄清楚教是什么,学是什么。学生不仅仅是学习者,教学是教师见证学生理解学习是什么的一种形式,学生也要去明白这不仅仅是学习。正因为这个原因,学习的过程包含应该学习的

---

① 保罗·弗莱雷:《教育:可以实现的梦》,见卡洛斯·罗德里格斯·布兰德奥编:《教育家:生与死》,巴西里约热内卢:埃迪科斯·格雷尔出版公司 1986 年版,第 97 页。

② 同上,第 100 页。

③ 艾拉·肖和保罗·弗莱雷合著:《为了解放的教育学:关于教育变革的对话》(A Pedagogy for Liberation:Dialogues on Transforming Education),南哈德利(MA):伯金和加尔维出版公司 1987 年版。

④ 保罗·弗莱雷和唐纳得·马塞多合著:《扫盲:阅读文字和世界》(Literacy:Reading the Word and the World),南哈德利(MA):伯金和加尔维出版公司 1987 年版。

对象的学习。这种观点完全与传授学习技能无关,它把教与学的行为定义为获取知识过程的基本阶段,在这个过程中教育者和受教育者都是参与者,这个过程也包含一种主观性立场。一个人如果对自己所学的知识没有极强的好奇心,是不可能真正掌握这个方面的知识的。

你现在问我:"保罗,关于世界一流,不仅仅是知识技能培训这一建议,你怎样看?"我会说,这个问题涉及知识理论,这是我在《被压迫者的教育学》一书中所确立的教育学理念,因此,它还与民主选择有关。如果一位加拿大或美国教育工作者既不是权力主义的又不是传统主义的,就他的教育而言,把他的教学工作理解为要求对知识的批判工作,那么在加拿大和美国也无法不运用这一点。

问:保罗,《被压迫者的教育学》一书已经被翻译成 18 种语言之多,而且多达三十几个版本。在这样的国际教育背景下,再强调其重要性似乎是多余的。

一方面,《被压迫者的教育学》这本书引发了对传统教育学和"新学派"(New School)的基础潮水般的批评,同时提出一种新的政治教育学的理念。另一方面,这本书提供了自由教育的系统化的人类学基础,以及哲学、教育和政治之间相互关系的解读。这种解读与建立新的常识和思想体系的葛兰西的分析是非常统一的,还有法兰克福学派的贡献,尤其是德国哲学家约根·哈贝马斯试图对抗现实世界的殖民化的努力,这种殖民化使得人与人之间的沟通更加解放。最后,这本书在几个方面是有突破性的:一是,在对教育和逻辑实证主义批判的基础上,建立了认识论和方法论假设;二是,倾向于将人类知识的概念作为人文和社会科学的决定因素;三是,在合理的能够达到相互沟通的交流过程中,尝试建立知识的有效性。《被压迫者的教育学》一书重点在对话、反思以及对日常生活的一种理论分析。因此,它不仅对压迫和剥削给予批评,而且对既真实又乌托邦式的开放式教育进行了假设。

《被压迫者的教育学》一书对诞生于拉丁美洲社会斗争中心的社会变革的乌托邦给予赞扬,这种斗争持续到今天,引起教育家和思想家的想象。解释一下墨西哥诗人卡洛斯·佩里瑟（Carlos Pellicer）在讲到墨西哥革命时写过的一个史诗的片断，可以适用于保罗·弗莱雷以及他的《被压迫者的教育学》："给火以自由，烧毁由谎言构成的一切。具有发言权和投票权的有色人种的首领点燃了午夜的骄阳。"

请理解我对您著作的关注，保罗，《被压迫者的教育学》是一道分水岭，是一本能起示范作用的著作。您是否认同有可能以理性的教育来促进受压迫者的教育，同时又能在美国这样的霸权主义国家的政治环境中保持激进的态度呢？

答：这个问题非常重要。教育是任何社会超级结构的一部分。尽管教育实践在社会变革的历史过程中极其重要，但其本身并非变革的关键。辩证地说，虽然教育不是变革的关键，但变革本身是有教育属性的。

在我看来，你提出的问题应该是建立在另一个问题之上的，即政治选择和决策的问题。首先，就民主的教育而言，不能因为我们面对的是第一世界国家就不去应用。第二，需要深化的是，我所捍卫的教育的民主视角。对民主实践的深化和推广，一定会涉及实施这种教育的权力阶层，在政治和意识形态里的选择。显然，权力阶层不希望在教育过程中披露其权力所导致的社会矛盾。如果认为权力精英阶级会通过教育过程来暴露自己，从而最终会反对自己的话，那是天真幼稚的想法。

问：对，这就是为什么教师不仅是知识分子，还是先知。这么多年来，我一直被您关于教师先知的分析深深吸引。十几年前您在卡洛斯·罗德里格斯（Carlos Rodrigues）发表的那篇文章里所说的话，您还记得吗？您的那些话被作为对批判教育学者的一种鞭策。我想，用它们来结束这次访谈是恰当的：

> 预言家并不是头发乱蓬蓬的和衣服破烂的男女，而应该是蓄胡子的男人或长发飘逸的女人，披着不干洁的破旧外套，手握牧羊人的长鞭。他们将自己沉浸在他们民族文化和历史

的环境之中,他们了解自己的文化和历史,他们了解自己的过去和现在,因此,能够预见和感悟他们的未来。①

---

① 保罗·弗莱雷:《教育:可以实现的梦》,见卡洛斯·罗德里格斯·布兰德奥编:《教育家:生与死》,巴西里约热内卢:埃迪科斯·格雷尔出版公司1986年版,第101页。

第五章
赫伯特·金蒂斯访谈录

HERBERT GINTIS

问：能否谈一下您的背景？

答：我在中产阶级家庭长大。我的父亲是大萧条时代出生的，后来成为经营家具的小企业主。所以，我对经营家具很熟悉，知道怎样擦亮家具和怎样卖家具，还常常开着卡车为他送货，我基本上知道有关家具的任何事情。我父亲开始赚钱的时候，我们一家从费城的西部迁到了城外的巴拉辛威德，我在那里度过了中学时代。我对科学很感兴趣，后来到了宾夕法尼亚大学读数学专业，也学西班牙和法国文学，基础打得不错。我用了三年时间就完成了大学本科学业，在宾夕法尼亚大学只有两个学生做到了。大学的第二年，我去了法国的巴黎大学。

在法国的那一年很重要。那是 1959 年，阿尔及利亚战争快要结束的时候，学生组织了很多抗议活动。我的朋友当中有摩洛哥人、突尼斯人和阿尔及利亚人，我对政治有了深刻了解。实际上不少阿尔及利亚朋友在阿尔及利亚战争中被警察开枪打死了。回到美国后，我继续在宾夕法尼亚大学求学，毕业后去了哈佛大学研究生院继续攻读数学。之后，美国发生了学生运动、反战运动还有民权运动，那是个轰轰烈烈的政治年代,我参加了"为民主社会而战的学生组织"(SDS),投入到政治活动中而不再读书。我留着披肩长发,穿拖鞋,而且开始吸毒,看上去确实是一派嬉皮士的形象。我还在哈佛大学的广场边开了个凉鞋店。

我们是学生运动的先锋,相信草根运动会带来社会变化。我们在城里组织了很多活动,例如,黑人权利抗议活动。最后,黑人民权运动占了上风,把白人组织者从城里踢了出来。当然我们也感觉到了危险,"为民主社会而战的学生组织"停止了活动。那是 1969 年。我又回到了哈佛大学研究生院,这次选择了经济学,因为我厌倦了做凉鞋。我成了一个有才智的但"干过坏事"的年轻人,生活不再喧嚣。

我修过文科、法国文学和西班牙文学、数学、物理和生物,但从未听说过马克思或者韦伯。我没有上过社会理论的课程,但知道自己是个马克思主义者。我曾问过一个朋友,他说:"你想成为马克思主义者吗?那你应该去学经济。因为马克思曾说过,经济决定一切。"

109 我是哈佛大学第一个研究激进经济学的。我知道威斯康星和密执安大学也有几位激进经济学家,但没见过他们。我对凉鞋店的雇员说:"由你来管理小店吧,我要开小差了。"我去了哈佛大学经济系,在楼道里晃来晃去找人。我仍然注册为攻读博士学位的学生。后来,找到了著名经济学家詹姆斯·杜森伯利(James Duesenberry),我告诉他尽管我曾是凉鞋生产者,但我希望回学校学习经济学。几个月后,我回到了哈佛大学,接下来的几年里我学到了很多。这就是我的故事。

问:您完成学业后去了哪里?

答:1969 年,我获得了博士学位。我知道自己虽然不笨,但要找一份最好的工作还是颇费周折的。哈佛大学有自己中意的人选,就会给几个重要的学院打招呼:"这些人你们应该通知他们去面试。"我并不在其中。我的系主任理查德·凯夫斯(Richard Caves)给所有学院写了信,我也被添油加醋:"这个家伙是个激进派,你们可要盯紧了他。无论从哪一方面来讲,他都是个好老师,他非常关心学生。"(我已经开始在哈佛大学上课了。)那封信已经发给哈佛大学理事会的成员,我设法拿到了一份复印件。显然,这是政治偏见。所以,我没能得到哈佛大学的工作,但我收到了伯克莱教育学院的邀请,我想是因为我的博士论文与教育有关。

当我开始写博士论文时,我找了一位教授指导我,他叫亚瑟·史密瑟斯(Arthur Smithies)。我觉得,他根本就没读过我的论文。他属于"老派"(old school)的人,放开手脚让我自己做。

问:您说的"老派"是什么意思?

答:他实际上已经很少写学术文章了。他曾是系主任,也曾经是成绩斐然的经济学家。我觉得他会放手让我独自去做,果然如此。

我写论文期间,萨姆·鲍尔斯(Sam Bowles)[1]回来了。他一直在尼日利亚做与教育相关的事。他参加过民权运动,所以,我们是好朋友,他说服我做点有关教育的事。我的论文是关于福利经济学的,其实我现在还在做这方面的工作。

经济学的理论将个人偏好看做是固有的。假定人们有一定的需求,我们如何发展以便最好地满足这些需求和偏好。我毕业论文的观点是:偏好是部分地通过经济发展而来,你应该按照如何满足人们的偏好来评价经济,而不只是在多大程度上满足这种偏好。这种理论观点是很有影响的,现在也很普及,为人们所广泛接受。

萨姆给过我建议:"你怎么不对教育做一个经验式的测试呢?"我回答说:"你说的什么意思?"他又说:"现在人人都在做教育,偏好就是这样形成的。"所以,我的论文中加了一章,观点是:你不能通过中性的技术变量,比如认知技能,把学校教育的贡献归结到人们的收入上,它更在于感情变化尤其是服从能力、勤奋工作和遵守秩序。

我最后在论文里加了两章关于教育的内容。我研究教育和收入之间的关系,我研究教育经济学,这与一般经济学研究不同,一般经济学通常研究收入与成本的关系问题。这也是为什么加利福尼亚大学伯克莱分校和哈佛大学对我感兴趣的原因。我研究的是关于为什么教育能促进收入的问题,它们对此感兴趣。所以,我后来接受了哈佛大学的工作。

110

---

① 萨姆·鲍尔斯,即塞缪尔·鲍尔斯。——译者注

问：我认为这就是教育经济学的开始。

答：现在条件好多了。当时，我和萨姆可是外来户。他是哈佛大学的助理教授，但没有得到长期聘用合同。我刚刚被哈佛大学教育学院录用，得到了几位思想比较开放的教授的帮助，其中有：肯·阿罗（Ken Arrow）、肯·加尔布雷思（Ken Galbraith）、阿尔伯特·赫希曼（Albert Hirschman），也许还有杜森伯里（Duesenberry）。他们觉得哈佛大学对我太不公平，所以，聘我做了经济学的助理教授。

萨姆并没有得到长期聘用合同，但他们提升了我，也许是作为一种折中方案。我不再研究教育，当时是 1976 年。1975 年，我们完成了关于教育的一本书，花了很多时间和教育家们在一起，但我们当时算不上教育家，也就是出了一本书。

问：《资本主义美国的教育》这本书影响力很大。这本书的想法是如何产生的？

答：我们写了不少文章，就决定集结成书。同时，这本书的编辑马丁·凯斯勒（Martin Kessler）是一位敏锐的和有才智的编辑。他对我们说："你们为什么不写一本书？"所以，我们写了一本书。

问：这本书写了多久？

答：时间不长，一年左右吧。在教育方面，我们发表了一些文章，也有人正在做博士论文，所以，我们只不过把这些论文集结成书。萨姆和瓦列里·纳尔逊（Valerie Nelson）写的是智商在两代人之间流动性的作用，发表在一本知名的传统刊物《经济与统计学评论》上；我有一篇关于工人生产率特征的文章发表在《美国经济论坛》上，还有一篇关于两代人之间地位转换的文章发表在《社会政策》杂志上。同时，我们还在进行教育社会学的研究。我们有个博士生为写论文多次深入中学，了解影响成绩的因素。我们发现，决定成绩的主要因素是对权威的崇拜和服从，而不完全是认知。还有一个学生写关于雇主看重雇员的哪些特质，他走访了工厂，让雇主和老师对工人同时打分。我们对这两份文件进行比较，发现有很多相似之处，老师的评价和雇主的评价基本是一致的。我还浏览了关于在工作中认知和非认知表现的大量资料，所有的资料都能为我们的结论提供论据支持。我们认为，在学校里所学到的与人相处的能力,既能够为未来工作中建立良好的社会关系打下了基础,也能够说明受过教育的工人素质对雇主的价值。有人批评我们对技能的态度,但我们从未说过技能不重要。我还为此批评过伊万·伊里奇以及其他人关于技术的一些观点。

问:"沟通原则"(correspondence principle)在您的研究中是怎样出现的?

答:是萨姆发明的。他父亲是著名的麦迪逊大道的广告人,叫切斯特·鲍尔斯(Chester Bowles),是二战中富兰克林·罗斯福(Franklin Roosevelt)①的左膀右臂,又是康涅狄格州州长及驻印度大使。他是加尔布雷思那样的人。非常重要的是,他是民主党政治家。但他以前是广告人。萨姆从他爸爸那里找灵感和恰当的字眼。我记得,有一次我们在搭乘扶手电梯时他突然说:"为什么称为'沟通原则'呢?"正因为这一点,我们会被指责为实用主义者。但这并没有烦扰我。

我们做了很多社会学研究。我们也是马克思主义者,所以,我们写关于异化过程。我写过关于经济学和劳动过程的文章。我们有大量的材料,萨姆对历史有兴趣。我们周围有很多历史学家,例如,戴维·泰亚克(David Tyack),我们就历史也写了两三个章节。这段时期也是自由学校运动时期,我们并未参与其中,事实上,我们对此持批评态度。所以,我们把所有材料集结成书出版。

问:为什么这本书的成功不能令萨姆获得长期聘任?

答:这不是一本关于经济学方面的书,所以,不能说明什么。我并不是在批评。对萨姆来说,论文比书更有意义。显然,这本书的重要性随着时间的推移而逐渐显现出来,多年后我才意识到这本书的重要性。它一直畅销,并被翻译成多国语言。我们也从中受益匪浅。首先,我们是训练有素的科学家,认为完美的论点一定要由计量数据作论据支持。我们现在更注重统计数字的运用,这对我们很有帮助,因为大部分左翼观点运用传统的词语而没有数据支持,是"模糊"的。

---

① 富兰克林·罗斯福(1882—1945),美国总统(1933—1945),民主党人。——译者注

问：有了这本书，您获得了提升，但萨姆没有。您当时的学术生涯怎么样？

答：这算不了什么，因为马萨诸塞大学要我们组建经济学系。那是1975年。萨姆是在该书出版之前被拒绝聘任的，所以说与这本书无关。当然，他后来找到了一份很好的工作。

问：哈佛大学的传统是否不长期聘用助理教授？

答：不，不是的。你看现在系里的人，例如，史蒂夫·马格林（Steve Marglin）、杰夫·萨克斯（Jeff Sachs）、马蒂·费尔德斯坦（Marty Feldstein）、理查德·泽克豪译（Richard Zeckhauser），当时都是助理教授，都得到了长期聘用。学校一直都喜欢聘用内部的人，我觉得这样做不好。这样就会形成一个封闭的学术思想圈子，没有足够新鲜的观点供大家沟通。

114

问：您俩都去了马萨诸塞大学吗？

答：还有其他人。其中有理查德·爱德华兹（Richard Edwards），他曾是我的研究生，现在肯塔基大学做系主任，他的论文是关于工作范式和工人特征。我和萨姆，还有来自耶鲁大学的两位——理查德·沃尔夫（Richard Wolff）和史蒂芬·莱斯尼克（Steven Resnick），以及来自卡耐基·梅隆大学的伦纳德·拉平（Leonard Rapping）。我不记得他们的聘用是怎样的。我们都是马克思主义者。所以，我们创办了这个系，学校答应我们可以聘用更多的人。

问：您说你们"是马克思主义者"，那么，您是怎样概括你的学术生涯各个阶段的特点呢？

答：我想，我在哈佛大学算这个团队的核心。我说："我们应该研究马克思主义。"我对马克思主义的研究有阶段性的变化。最初接触马克思主义其实是从马克思的异化理论开始的。我真的很喜欢，并写了不少东西和给学生讲，但并不是后来那些关于资本的东西。这些是属于早期马克思理论的。

问：是马克思1844年的经济哲学手稿吗？

答：是的，它对我的论文很有帮助。在论文里我提到，资本主义制度只能满足人的需求，但不能使人提升。我们需要的是一种两方面都能满足的制度,这就是早期马克思的观点。后来的 60 年是很有争议的阶段。我认为,那场战争是帝国主义战争,30 岁以上的人都是笨蛋。哈佛大学的大部分老师都为中央情报局工作过,很少有人真正去支持民权运动或妇女运动,我认为他们就是笨蛋!所以,我的态度就是"你只要去做,就是错的"。这是很深奥的。我和萨姆都研究过马克思主义经济学,但现在不再研究了。事实上,我们还对马克思主义经济学进行了批评。1986 年,我们写了一本书,名为《民主与资本主义》(Democracy and Capitalism),里面指出:"这是自由主义错误之处,这是马克思主义错误之处。"但马克思在经济学方面有一个很重要的部分,那就是劳动与劳动权利的差异。我们找到了一种方法,只去运用马克思正确的部分。这就是我们现在做的。

问:您认为你们属于哪种模式?

答:就是我们自己的模式,也可以说没有模式。在某种意义上,可以说是新古典主义。我们正在写一本名为《政治经济的微观基础》(The Microfoundations of Political Economy)的书,运用了游戏理论。我们认为,如果马克思在世他会讲授游戏理论,那应该是社会理论的基础。我们同时又不是新古典主义的,因为我们相信权力是经济的一部分,但须运用游戏理论的分析方法来理解它。我们无需对任何事情进行解构,也无需进行解释;我们是分析经济学家,通过建立模式来更好地认识世界。有人说我们是异端,但我们使用的是非常传统的原理。我们认为,这些原理支持传统的政治经济观点,例如你不能将经济关系仅理解为个人之间的自发交流,又如权力寓于经济之中,经济体系的不平等是常态。标准政治经济的结果是各种各样的,但方法是分析经济学的。

我们还有一个项目,试图超越所谓的推理行动者模式或个人本位优化模式。我们运用推理行动者模式是因为我们认为这是最佳的模式,但我们知道这种模式还不够完善,必须找到一个替代或至少去丰富那个模式,以便使它更准确,那是我们未来的计划。因为我们无疑是实验主义的。

我们研究实验经济学,通过实验观察人类的行为。我们的结果是,他们的行为与经济学理论的表述不同。例如,人们趋向于互惠互利:帮

115

116

助对他们友善的人,伤害对他们不友善的人,这是缺乏理性的。在人们的喜好中,有很多事情新古典经济学并不相信,所以,我们的测试是实验性的,但又是趋于人性的。

我们的小组有发展心理学家、人类学家、生物学家和经济学家,我们说你应该发展一套在生物进化的漫漫长途中人类行为的理论。虽然人类有所不同,但人也是生物。例如,我讲人的社会性的时候,从蚂蚁和白蚁开始讲起。什么使动物是社会的?蚂蚁、白蚁、蜜蜂及人类的独特之处在于它们都是社会的,所以能够生存下来。例如,蚂蚁占到地球生物量的八分之一。八分之一啊!所以,它们是成功的,它们的成功来自于它们的社会性。我们认为,社会是由人与人建立的关系构成的。

我试图想给你说的是,我们不切合传统的模式。我们距离像吉鲁和阿普尔这样的老朋友还很远,因为我们不对任何事情进行解构。我们不用文字表述,除非搞成模式。我们对很多左派的传统的解决方式表示怀疑。

问:游戏理论是否和理性选择理论关系十分密切?

答:不是的。首先,很多游戏理论用在生物学里。动物,不仅是哺乳动物,而且是甲虫、粘霉和鱼,你都可以用游戏理论来了解它们的习性、交往方式、交配方式以及觅食方式等。我们讨论的是:所有的游戏理论都应该是演进的,生存下来的必然是对使用的人有帮助的那些理论。我写过一篇文章,认为把文化看做是统一的、相互关系及组织模式的观点是错误的,而应该看成是一点点一片片的,我称之为"话语工具"(tools of discourse),人们可以把它当成锤子般的工具,这里敲敲那里打打。这就是我们所讨论的人权的重要性所在。当你说:"我有权去……"——那就有了权力。如果是有效的,它就是话语工具。对能奏效的主意和行为,你只须拿起来就用。这样说来,游戏理论不需要理性。

问:有意思。但这是否令持此观点的福音派基督徒在道德层面与民权运动处于同一水平呢?

答:我的观点并不涉及道德层面。

问:为什么不加进道德内容呢?

答:如果用道德观点替代科学观点,那就不可能有任何进展。我有很强的政治信仰,但不认为有何高明之处。我在道德上也许没有我作为科学家那样的高度。我对世界有些了解,也许还能有所贡献。对我的学生,我从不进行道德说教。对本科生也许稍有不同,否则他们会认为老师没有责任感。例如,我认为种族主义是错误的。通常我会尝试去分析它是如何起作用的,但本科生认为你没有道德原则,除非你说他们。但我更喜欢说:"这就是它如何起作用的。"你应该理解它,然后你去改变它。

很多人认为,有各种不同的模式,他们的任务就是对其他的模式进行批评。而我认为,只有一种模式,只有一个真理,应该探讨怎样获得真理而不是探讨不同的模式。以前我作为马克思主义者,也相信模式这东西,但现在看来我错了。自然科学有差异但没有模式,除了对极为有限的问题或者发展不够的领域进行短时间的探讨之外,人人讲同样的语言。我认为,在社会科学领域也不应该有模式之分。沿用 19 世纪的欧洲大陆哲学是个极大的错误。我对人类社会的看法和对白蚁山的看法是一样的——它们都存在着!我并不明白为什么存在。我更关心的是人类社会,因为我希望它更美好、更平等。但是,我并不去建构它;你不能因为人们认为它应该发生,你就去使它发生。

问:白蚁和人之间的区别其实就是面对选择的程度不同而已。

答:对,但我是经济学家。对人们所面临的经济问题,他们不知道怎样去解决,我也不知道,但我在努力去寻找。如果我能够给人们可以使用的工具,他们就可以改变这个世界。我和萨姆都相信民主政治,但不能说因为资本主义的意识形态,真正的民主就不存在。完全的人权是不存在的,因为人权发展的制度框架不存在。我们甚至不知道那个制度框架应该是怎样的。我们要有解决的办法:不用说服人们去建立民主机构,因为人人需要民主,但他们不相信民主能行得通,我也不相信。美国教育的问题是我们没有知识,不知道好的学校应该怎样。我认为,乔森纳·科佐尔(Jonathan Kozol)是错的,那不是钱的问题。政府这些年一直在给学校投入许多钱,但那些得到钱的穷孩子所在的学校并没有得到改善。

问:那么,学校到底存在哪些问题呢?

118

119 **答**：不知道。所以，我支持学校的选择。人们应该可以为孩子选择学校，这是个竞争的过程。让教育的方式像给孩子提供炸鸡一样。给人们所需的学校，不要让学校成为国家官僚的牺牲品，而要成为市场需求的产物。让我们看看需要什么努力。我这样说，是因为我觉得应该像医疗保险，你不能只是给人们保险，还要有竞争的过程，按顾客的需求提供服务，学校也应该这样做。我不知道对不对，但我想应该多作尝试。

问：这种形式有没有防护措施来保护公共教育体系？

答：没有。所以，这个公共教育体系运转不畅。只要有保护措施的存在，它就没有办法运转。例如，在我们提议中，有一项是得到政府资助的学校所需必须由政府全部出资。你不能说因为只有部分资金就要学生支付一半的学费。中产阶级家庭会把孩子带走，而贫民家庭又不能支付这个价差。学校不能要求家长增付学费，这样，体制所造成的不平等就不会发生了，就没有理由了。强迫学校分享体育设施或游泳池，就像电话或者火车系统强迫分享使用光学电缆或铁轨。你可以想办法使体制运行得既平等又高效，还要富于竞争。我要说的一切就是要找到解决问题的办法，如果有人在此基础上进行改进，那更好！

我认为，左派的想象力很差，没有新的思想，不去寻找解决问题的办法。他们也就是19世纪的那些东西。他们相信，公共医疗保健、公共教育和社会安全，那是革命的思想。现在，他们怎样呢？什么都没120有！没有办法使体制运行得更好。他们的观点是：给贫民和残疾人更多的帮助，这没有问题，但问题是我不是牧师，我是经济学家。我告诉学生，我是个水管工，应该知道怎样修水管，有人找你的话，你就得去找到问题所在并予以解决。那并不是让我给你上一堂哲学课，剖析问题然后指出你的价值观错了。我是经济学家的水管工，我修理经济的水管问题。

问：您的主要贡献有哪些？

答：我们又一次研究教育，但我们实际上拥有我们以前的同样原理。教育的目的是使年轻人社会化，融入主流社会结构。如果你要求更民主、更自由的教育，你就应该有一个更少等级制度的社会，尤其是人们在工作环境中能真正作出决定。但是,我们的民主社会恰恰是在工作环境之外,只有在那里人们才可以自由思想,选择在一个民主社会中生活。

问:政治民主似乎没问题,但经济民主不行。

答:对。所以,人们从来都不需要学习控制自己的生活。在学校里,他们学习怎样接受命令或命令别人,工作以后也是如此,从来不去学习怎样控制自己的生活,包括怎样控制风险。人们在学校里学习的方式变得非常狭隘,让人就只有眼前那一点生活,等到 30 岁时就像鸭子一样,牢牢记住:"这就是我的生活,从来没想过别的。"他们可以打破旧的习惯,可以负责任,可以一直学习新的思想,但遗憾的是他们没有这样做,因为那不是我们生活的社会。你不能指望学校创造一个平等的社会。学校可以促进平等,尤其是在低层次上,因为有大量的贫困,教育可以提高人民的收入。

问:社会福利的概念遭到来自几方面的严重抨击,当然包括新右派。说到教育,争论与对公立教育的补助有关。你怎样看待国家在这方面的作用?

答:首先,我想关于国家对市场的争论虽然成为新闻中的焦点,但在知识界却不是令人感兴趣的话题。所有运行良好的经济都有市场和国家,没有单纯的市场或者国家,两者都很必要,并不是对立的。这是老左派对右派、公立对私立的论争。它已无声无息了。在政策选择上,二分法是不行的。我们得了解国家和市场如何契合在一起构成和谐社会,其关键就是相互关系。我不相信一个采取完全不干涉的教育制度可以很好地运行,它会极端的不平等,因为没有核心的组织原则、没有要求,会对社会造成破坏。我认为,国家也应该进行控制,左派之所以令我不安,是因为他们支持的是官僚的而非竞争性的教育体制。我说这不好,这很愚蠢。左翼和右翼、市场和国家,忽略了我和萨姆提出的社会基本管理结构,即社区。在右翼眼里,只有市场;在左翼眼里,只有国家。但是,社区真的很重要,就像市场和国家一样都是管理结构。所以,我们提议建立能够管理自己的社区。

社区有很好的约束机制,有自己的特殊知识领域。它们无法去做市场所做的,因为它们不善于竞争。它们无法做国家所做的,因为它们不能制定游戏规则。但是,它们可以做其他的事情,进行面对面的沟通。我想说的是,我们这里为什么没有犯罪呢?那是因为邻里互相了解,如果发生了什么,会很快发现是谁干的。好的社区可以约束自身,约束社区内的孩子远离不良的东西,社区应该建立自己的学校。

问:当社区内发生巨大矛盾、关系紧张和发生争执时,人们如何求同存异呢?

答:我不知道该怎样回答。社区应该提供更多的资源,应该有更多的权力。人们只有有了资源,才会有机会。历史表明,总会有领导者适时而出,利用这些资源进行一定的组织来促进社区的发展,使社区更美好。看一下那些出色的社区吧——古巴、西印度群岛、牙买加、韩国等国的社区。他们做得很好,不需要离开他们所在的社区。而我们呢?不给社区任何权力。例如,是否不应该提供公共出租房,而应该推行买房制度,这是社区很重要的东西。相反,右翼人士说:忘掉贫民吧。左翼人士说:建立公共房屋制度吧。但这样就毁灭了社区。如果人们能够建立自己的地方性学校,而不是通过州政府或市政府,他们就会更加关心事情的运作方式,从而推动事情的发展。

右翼人士说:让人们自己照顾自己吧。左翼人士说:让国家承担一切吧。我要说的不一样:让国家来制定游戏规则吧,使家庭成为能够更好地承担社会责任的场所。像社区那样,我们不应该替代它,而是应该通过国家的作用来加强它。这既不是左翼立场,也不是右翼立场。我们一直有市场和国家,但还有两样东西:家庭和社区。这两样不是替代品,而是管理机制要想生存必须演奏的四重奏的一部分。我的意思不是一定要有"某种模式的家庭",我不关心你是普通家庭还是同性恋家庭,而是说家庭成员应该关系密切和共同承担养育孩子的责任,家庭所起到的作用是国家永远也不可能做到的。

问:现在,资本、技术和劳动力全球化趋势越来越明显,流动性越来越强。这对建立社区的观点有什么影响吗?

答:全球化正在进行中,但也可以加强个人之间的联系,同时成为世界的一部分,这并不矛盾。看看互联网,越来越多的人通过网络结交互不相识但又聊得来的朋友。你正在发现一种新的社区,大家亲如一家,互相帮助。人们花很多时间给其他人提供信息。当我的宠物蜥蜴生病了,我跟社区里喜欢蜥蜴的人打个招呼,很多人就会给予关心和帮助。人们需要社区,需要稳定和持久的关系。自古至今就是如此,不管社会发展到何种地步都不会改变。人们一直在重新发现它。

我们所讲的经济学计划中的一项是,父亲应该为孩子负责,国家也要负起这个责任来。这并不是说国家为孩子负责,你自己只管生孩子,而是不管全球化到何种程度,家庭成员的相互责任关系是不能变的。

你可以对全球化的影响夸大其词,但再怎样也比不过 19 世纪中期的移民潮,资本的流动也比不过当时。这并不是说资本在被继承,恰恰是所有资本的替代品都以自我毁灭而告终,因为它们行不通。

这就是我的基本原则:如果你是牺牲品,就怪自己吧;如果你输了,就只能怪自己。他们的想法行不通。20 世纪 60 年代,我们相信能够在发达国家搞社会主义,要实行苏联的计划体制并给它加上民主,以此来代替资本主义。但事实上,70 年代和 80 年代所发生的事情是由于采用了资本主义原则而获得了成功,所以,左派输了。他们的想法行不通。

如果要有更好的替代品,我们就要有比资本主义更新的思想。像我以前说过的,左派已经没有新思想了,现在哲学家们的思路是因为不能改变所以要毁灭这一切。他们简直像懦夫!活跃分子们说,好了,我们没有新的机制,那就为贫民多争取一点利益吧,我们对收入进行再分配吧。好啊,但是说税收结构太不公平并不算很激进,这甚至不值得去说。它是那样的正确,那样的明显。当然,你关心无家可归的人,好。这距离创造历史的左翼运动还很遥远,他们对无家可归的人们所实施的举措很差劲,但那不是左翼运动的全部。重要的是,如何重新组织社会以使人们在生活中有尊严、有权力。如果一味谈论全球化,谈论资本家的承担,那就跑题了。让我们还是思考能够满足人们所需、能够发挥更大作用的新机制吧。

问:您对高等教育中的权力问题有什么看法?

答:这个问题比较复杂。首先,美国的学术氛围很宽松,但并不经常是如此。激进派的观点虽然在经济学领域不行,但在其他社会科学领域中很快能引起注意并被接受。你如果去加利福尼亚大学伯克莱分校的社会学系或政治科学系,你会见到 60 年代的老左派。所以,我说环境很宽松,我们的观点没有遭到拒绝。我们在《资本主义美国的教育》一书中说的是:我们要建立社会主义,然后建立好的学校。但是,我们不知道怎样建立社会主义,所以,我们的观点不能够影响政策的制定也毫不奇怪。我们也确实需要进行再思考。

经济学是个比较封闭的体系,变化很慢,但过去 20 年的变化还是有目共睹的。我们有很多很好的想法,虽然不一定对,因为是与老的马克思主义理论相结合的产物。现在我们正在把它们与比较合理的理论相结合,我很愿意年轻聪明的经济学家来判断证明我们到底是对还是错。经济学的历史不是由聪明人来设计制度的,而是根据其自身发展规律形成的。那恰恰不是它工作的方法。我基本上认为,人们应该相信体制是开明的,愿意用自己的观点反对别人的观点,接受失败的痛苦和成功的喜悦。另一方面,偏见也是长期存在的。我的一些重要观点被循规蹈矩的经济学家所认可,因为这个行业不愿意接受"外来户"。

许多经济学家讨厌像我这样说这些话的人。很奇怪,人们都很固执,但总的来说体制相当的宽松。研究生院的年轻学生正在探索感兴趣的事物,所以,会有新思想的出现,他们并不关心老家伙们是否同意。我想,那些思想不对头又不成功的人总是把失败归结为偏见。但我要说:要怪就怪自己,是你自己的观点不对头。我认为,经常会有这样的情况,你的观点并不是很好。重要的是,好学校就要用聪明智慧的人,虽然他们与老一代意见不一。就拿经济学的游戏理论来说吧。很多游

戏理论研究者都被那些顶尖的学校聘用了,他们现在主导了这个领域。他们的聘用期是 10 年,因为更年轻、更优秀的人也对游戏理论兴趣甚浓。年长一些的人说:那些正在和我做同样事情的学生不如那些做游戏理论的学生有趣。所以,把杂志交给他们去做,在一些主要的学校里给他们位置。现在的经济学正在由年轻一代来重新组织。

问:您来这里是要筹建新的系,有没有想过要聘用什么样的人?

答:我说过的或想过的,未必就是对的。其实,有一半对我就很开心了。我希望尝试新的观点,当然如果行不通就放弃。原来的一个想

法就是把新古典主义者、资本主义者、辩证护士以及马克思主义者融合在一起,我为成为马克思主义者的好朋友而战斗。后来,我觉得错了。

20世纪70年代中期,我和萨姆写一篇关于劳动价值理论的文章,通过重新解读我称之为最后一搏。萨姆说:"这是我们在这个领域的最后文章。"因为我们相信,无论我们的观点多么强有力也不能奏效。经济学里有太多的新思想与我们的兴趣相近,要想向他们靠拢也是轻而易举的。

但是,我相信,新思想会通过科学过程来传播,而不是通过建立政治对立面。这是我的观点,我的证据,我的模式——你可以接受,也可以拒绝。过去我常常以为会从政治上击败他们,而现在我希望他们从学术角度参与进来。政治斗争我们失败了,我们接受这个失败,因为我们的确没有提供很坚实的思想。就像《资本主义美国的教育》一书中的观点,只是批判。它不是政策,没有上升到好的教育政策。它仅仅是批判。

问:能够像您和萨姆这样在这么多项目上合作达20年之久的人很少。你们是怎样做到的?

答:经济学家的合作是比较常见的,他们合作的方式不同于自然科学家。自然科学家合作通常有小组带头人,大家为一个项目共同合作。经济学家也喜欢合作。你看一下杂志,经常是多个作者合作。我们是两个人,因为在同一所学校工作,也因为想法比较接近。常常是一起合作的时候,发现各自的部分已经完成得很好,所以,是一种"渐进式"的合作,如果这样的情形没有了,我们自然就不再合作。我也不知道为什么,在拓展全新的概念时总能配合默契,一开始有各自不同的观点,但又很快能够形成共识,一起发展我们的思想。

我们也有很多不同之处。也许我比萨姆更有创新意识,而萨姆更有耐心、更传统。当人们说我是这个是那个,是马克思主义者,是第四国际,等等,我只是觉得好笑,因为那些我都不是。我只是对想法做实验,看看什么行得通。即使是我最好的朋友——甚至是经济学家——如果分歧太大,就不可能再做朋友,当然就更谈不上合作了。我和萨姆合作,有优点也有缺点。我的数学能力很强,所以负责对模式细节的探究；萨姆理解能力强，看得很仔细，也很挑剔，常常提出进一步完善的意见。我比较容易爱上我们研究出来的模式，容易很快接受；而萨姆很关注经济计量学的细节，比我更有洞察力。因此，我要说的是，我们两个人在很多方面互为补充。

问：你们两个人下一步有什么计划？写书还是研究大的项目？

答：首先，教育领域有太多的事情要做。《贝尔曲线》（The Bell Curve)这本书非常具有挑战性，虽然有很多缺点，但给我们很大启发。我们收集了大量的资料并采用新技术进行分析，对智商和两代人之间遗传的重要性作出了和以前相同的判断，现在正在对教育的有效成分进行模式化研究。我在学校选择方面做了一些工作。在教育领域，我们没能对《资本主义美国的教育》有很大超越，只是提出要建立社会主义的模式才能使一切就绪。我们并没有意识到，其实比想的要复杂困难得多。现在，我们就慎重多了。

第二，我们对"政治经济的微观基础"进行了十年的研究工作，写了一本书，说明可以采用微观经济理论和合理选择模式进行理论制度经济学的研究。但仍然没有发展出其他理论，来解释竞争性的私有财产经济是怎样运转的。假设马克思主义政治经济理论行不通，还有没有其他政治经济学？一些人正在做这项工作，我们所做的只是其中一种方法。

第三，我们一直对经济政策的研究很积极，也有创新意识。我们认为，关于国家和市场的争论双方观点都没有错。我们需要国家、市场、社区和家庭，我们对教育、民主的工作环境、宏观政策、稳定政策及发展策略等问题有独到见解，准备明年就此出一本书。

未来，我们打算就模式和偏好做一个项目，其中会涉及生物学家、人类学家和心理学家，他们大部分人是进化论的。我们认为，在整个行为科学（包括社会学、政治学）领域中的个体概念应该有个统一。这是个长远计划，十年计划，但现在就要着手。

第六章
亨利·A·吉鲁访谈录

HENRY A. GIROUX

问:作为教师和研究者,您在自己的生涯中所做的与您接受的正规
教育和拥有的不同职位有什么关系呢?

答:我从未想过会去做老师。中学毕业后,我得到一个社区学院的
篮球奖学金进了这个学校,但后来退学了。之后两年,我做过各种不同
的工作。很幸运的是,我又收到来自一个师范学院的篮球奖学金。之
后,去了阿巴拉契亚州立大学做历史学的研究生。我给一位教授做教
学助理,他思想相当进步,政治上比较激进,对我影响颇深。我从他那
里学到的比之前所受教育的总和还要多。我 1967 年读的研究生,当时
国家乱象丛生,但那个时代也是了解校园之外政治、权力和知识的良
机。获得硕士学位之后,我在离巴尔的摩不远的小城镇一所中学做了 7
年老师。那个小城镇无论经济上还是文化上种族歧视都很明显,学校
当然也不例外,黑人孩子上大学的机会很少。我发现,面对这种制度和
文化上的种族歧视,我无言以对。我觉得,通往大学之路是自然而然
的,没有把它与种族、性别和阶级的不公平联系在一起。这次经历让我
意识到了这个问题。1967 年,我成为一个社区组织者试图去改变学校
现状。我在黑人社区干了一年,结果遭到了学校的解聘,理由是我试图

使学校组织和课程设置民主化。我回到了新英格兰,在一所郊区学校找了一份工作。我发现,由于我来自工人阶级家庭,感觉与上层社会背景的白人孩子很难沟通和相处。这后来成了我难以逾越的障碍。

这所学校在罗得岛州的巴灵顿,我在那里教了 6 年书。孩子们的背景使得他们无须对未来在经济和高等教育问题上有任何忧虑。当然,我作为老师让他们了解了看待这个世界有不同的角度,不过没有得到相应的回报。高中教师的工作很繁重,使我感到疲惫不堪;同时,由于我开始认真研究激进的社会理论,我觉得应该离开学校了,做些自己认为更有意义的事情。

问:您当时教什么课程?

答:我当时在社会研究系任教。学校那时正在对课程设置进行实验,我可以自由选择普通正统课程以外的科目去教。我选择了一门关于社会和异化的课程,还有关于种族和女权主义的课程。女权主义的课程引起社区右翼原教旨主义者的注意,学校委员会组织了一次公共听证会。这件事成了当地的新闻,几个右翼原教旨主义牧师在他们的广播节目中说在当地的某学校有左翼女权主义者,接着右翼分子设法说服学校把我用的相关课本从图书馆中下架。我就不再用这些规定的课本。我每种书买 5 册留下来,我们用的书一般通过正式渠道是看不到的。另外,我还从美国的法国服务委员会(American French Service Committee)以 5 美元的价格租电影看。尽管我自己要补贴我的课程,但很开心,这是很好的教学经历。当然,这在社区引起了一些人的不安。

不久,我参加一个关于新社会研究的会议,遇到了特德·芬顿(Ted Fenton),一个很出色的小伙子。我向他提了很多问题,会议结束后他邀请我加入卡耐基·梅隆大学的博士研究项目。特德·芬顿很友善,在很多方面改变了我的生活。他设法为我争取到奖学金,我就去了。这真的很偶然。

1977 年,我获得了博士学位。之后,在波士顿大学找到一份工作。在那里,我的理论生涯有了转折,讲授和研究批判教育理论与实践的那段时间我很兴奋,因为教育的新政治学和社会学在发生重大变化。我

131

希望自己能在学校教育和课程领域有一席之地，很多学者的著作对我影响很大，其中包括金蒂斯、鲍尔斯、格林、阿普尔等。同样重要的，还有英国的迈克尔·扬（Michael Young）、巴兹尔·伯恩斯坦（Basil Bernstein）、杰夫·惠迪、保罗·威利斯（Paul Willis）以及伯明翰大学文化研究中心的一些人发起的新教育社会学运动，在批判教育理论与实践的研究上迈出了新的一步。几年后，我完成了自己的第一本著作《意识形态、文化和教育过程》（Ideology，Culture and the Process of Schooling）。可以说这是我真正的理论研究的开始。至今，这本书对我意义重大。

132

来听我课的学生很多，少则 50 人，多则上百人，只有 20 人是本校注册的学生。其他的学生来自哈佛大学、波士顿大学和东北大学，他们都对社会再生产和学校教育新的研究方向感兴趣。哲学系很棒，许多老师在进行关于法兰克福学派理论和其他批判研究工作。我痴迷于阅读批判理论著作，学生来自不同文化背景，学习动力极强，再加上生活在一个活力四射的城市，这一切都让我兴奋不已，就像梦想成真。我在波士顿大学时期结的婚。1983 年，我的生活发生了巨大变化，很不愉快。波士顿大学校长约翰·西尔伯（John Silber）拒绝给我长期聘任合同。我的长期聘任合同其实是相对简单的，在各个学术层面的审查中我是一致通过的，在大学层面是 13 比 0，没有反对票。那一年，有 27 人申请长期聘任，只有 3 人是全票通过，我是其中之一。系主任说，如果我拿不到这个长期聘任合同他就辞职，而且是当众宣布的，所以，当被告知学校的决定时他十分吃惊。为了避免尴尬，西尔伯校长决定不通过正常途径，设立他自己的特别考察委员会，其中包括内森·格莱泽（Nathan Glazer）、切斯特·芬恩（Chester Finn）以及其他人，这些人大多是很谄媚的人。我联系了考察委员会的一个成员迈克尔·阿普尔，另外两个人我没有联系到。考察反馈一回，我就去找了西尔伯校长。他给了我下面的答复：如果我两年内不写任何文章，而是和他一起研究逻辑和科学史，并由他做我的指导教师，他会保证我现在的薪水，还可以考虑长期聘任。我当然拒绝了，后来我在迈阿密大学任教。

问：如果我没有记错的话，当时西尔伯指出您一本书中的严重错

133

93

误,试图借此贬低您的学术成就。

答:他拿着我的《意识形态、文化和教育过程》那本书,对我说:"我听说你是个很出色的老师,你怎么可以写这种垃圾?你拿不到长期聘任合同,肯定与这有关。你翻到第 34 页。"其实,随便哪一页吧,到底能有什么严重问题?我想起来了,我在那个地方引用了"Horkheimer1965"。他认为,我引用时应该用最初的发表日期而不是后来的日期。我哑然失色,问他:"你不是在开玩笑吧?"他说:"不是,这是很严肃的学术问题。"当然,这种做法很卑鄙,想找证据整一下别人,实际上又找不到。

后来,我把那本书要了回来,看上去还很新,西尔伯只是在引言部分做了些标记,其余部分似乎就没看过。考察委员会的另一个成员内森·格莱泽坦言,没时间读我的另一本著作《教育的理论与反抗》(Theory and Resistance),他只是略略浏览了一下。他对我的评语是,我适合做中学教师而不适合做大学教师。这仅仅是两个心胸狭窄卑鄙的例子,从中可以看出右翼对言论自由限制的企图,尤其是面对来自知识界的严厉的社会批评主义著作。

当时,我的学术成就的确非同一般,系主任保罗·沃伦(Paul Warren)告诉我,在教育学院中我的学问是最牛的。有两本书受到广泛好评,《教育的理论与反抗》这本书已成为这个领域的航标。另外,我的 50 篇文章发表在最高级别的刊物上,例如,《哈佛教育评论》、《教育理论》及《课程探究》。所以,这一点小小的惩罚算不了什么,因为我是左翼的工人阶级知识分子。

1983 年 9 月,我去了迈阿密大学。对我来说,在那里的经历非常糟糕,失去了朋友,卖掉了房子,我妻子不得不放弃工作,这一切对我们的关系也造成了影响。离开那里之后,我们去了一所城乡结合部的中产阶级大学,在那里比较孤独。也正是在那里,我开始了自己事业的第二个阶段。我居住在离开内城区的地方。我尤其不喜欢生活在农村地区或同源的社区。对我的心理健康和智力发展来说,城市环境实际上是给人刺激的和重要的。我喜爱公立学校、城市的学生和城市的刺激。

我自己发现,这是个观念保守的小城,我的学生也大都来自保守的家庭。具有讽刺意味的是,迈阿密大学有几个有名望的学者很左翼、很进步,其中有保罗·史密斯(Paul Smith)、迈克尔·瑞安(Michael Ryan)、杰姆·索斯诺斯基(Jim Sosnoski)等。和我一起工作的人的信仰与当地的气氛格格不入,当然也和学生难以沟通。所以,我们形成了紧密同盟并组织了很多学习小组。从这个意义上讲,迈阿密大学对我而言还是值得留恋的。

这不是那种吸引优秀学生的学校,我也没有任何资源来招学生并为他们提供奖学金。直到我在那里的最后 4 年,才开始招到一些优秀学生。随着知名度的提高,有不少人愿意来和我一起搞研究或做我的学生,有史蒂芬·海姆斯(Stephen Haymes)、乔·科列托维克斯(Joe Kretovics)和戴维·特伦德(David Trend),还有来自爱尔兰、波兰以及南非等国的一些学生。同时,彼得·麦克拉伦(Peter McLaren)成为该系的一员,后来我们在迈阿密大学开设了一个文化研究项目,在美国算先进的。我引进了斯图尔特·霍尔(Stuart Hall)、劳伦斯·格罗斯伯格(Lawrence Grossberg)、斯坦利·阿诺维茨(Stanley Arnowitz)和艾伦·威尔斯(Ellen Willis)等人。那几年,我的事业有了起色。我必须郑重提一下我们知名的系主任尔达·卡迈隆·迈卡毕(Nelda Cameron McCabe),还有极好的院长詹·凯特威尔(Jan Kettlewell),他们两人思想相当进步,为我在学术和感情上提供了巨大支持。

如果在迈阿密大学能得到教授职位,那我会留在那里。但是,因为我太年轻,所以申请被否决了。那个结果促使我选择离开。1992 年,我到了宾夕法尼亚州,我发现那里的政治和学术气氛和迈阿密完全不同。

问:请谈谈在您的生涯中对您的学术影响至深的事情吧。

答:对我影响深远的是那些垮掉的一代诗人和作家的作品,还有詹姆斯·鲍德温(James Baldwin)的著作。但是,在理论上对我影响很大的是保罗·弗莱雷,早在我做中学教师并为把教育政治作为我生活的一部分而斗争的时候,就开始读他的著作。我发现,他的语言是那样的犀利,把我作为教育工作者所感受到的教育中令人难以忍受的那些矛盾完全表达了出来。通过斯坦利·阿诺维茨的著作,我全方位接触到 20 世纪 70 年代在美国出现的新马克思主义学术思想。进入大学工作之后,英国社会学家对我影响巨大,理查德·约翰逊(Richard Johnson)及伯明翰大学文化研究小组使我意识到历史和政治环境的变化需要在教育理论和实践上有新的方向。

所以,保罗和斯坦利的著作完全改变了我对教育问题的看法,尤其是关于实证主义、意识形态、国家作用以及资本主义的政治和文化。马丁·卡诺依(Martin Carnoy)的著作在我研究工作的早期也有很大影响。金蒂斯和鲍尔斯的著作使我对隐性课程进行思考,并使问题浮出水面。后来的理论家诸如费尔·科里根(Phil Corrigan)和罗格·西蒙(Roger Simon)对我也产生了很大影响。安东尼奥·葛兰西以及法兰克福学派的著作对我的写作有很大帮助。记得我还是年轻的助教时,就在一个重要的刊物上发表了一篇关于葛兰西的文章。我认为,那是我政治生涯中难得的一个高点。那时我开始读斯坦利·阿诺维茨的书并和他成了朋友,我思想的很多转折点常常是在和他长谈之后发生的。

我开始在波士顿大学任教以后,我的研究来了个大转弯。现有的文化和社会文化再生产理论对我来说似乎过于单一。我读过巴兹尔·伯恩斯坦的书,但对我影响不大,我觉得它过于机械,迈克尔·阿普尔、琼·安尼昂(Jean Anyon)等人深受他的影响。他们的作品很重要,但我始终觉得缺少批判文化政治的东西。因此,我写的东西和他们有点唱反调,那段时间完成了《教育的理论和反抗》。与社会文化再生产理论分裂之后,我受到了当时美国刚刚兴起的福柯的文化研究的影响。在迈阿密大学,我参加了有老师和学生参与的关于福柯的研究小组,这使我对权力理论有了辩证的认识,我可以把它用来理解当时统治教育理论的实用主义模式。瓦尔特·本杰明(Walter Benjamin)对我在教育中的重新定位给予了很大帮助,尤其是他对流行文化和媒体的观点。

我从再生产与抵制相抗衡的模式中解脱出来,开始对学校教育和民主感兴趣,专心阅读杜威和社会重建方面的著作。关于民主和教育之间关系的著作不多,也少有理论家去研究一套批判与可能性的语言。于是,我开始做这方面的工作,探索抵制与可能性的语言模式。我想探索的是权力有效运作的方法,权力是如何作为复杂的机构理论的一部分被理论化的,以及这些问题对于发展教育、权威和批判教育学的理论意味着什么。这种谈论机构理论的方式拓展了将希望作为机构理论前提条件的可能性。女权主义对我的思想影响颇深,尤其是一些女权思想家诸如钱德拉·莫汉蒂(Chandra Mohanty)、贝尔·胡克斯(Bell Hooks)、米歇尔·华莱士(Michele Wallace)、南希·弗雷泽(Nancy Fraser)、特雷莎·德劳雷提斯(Teresa DeLauretis)和加亚特里·斯皮瓦克(Gayatri Spivak)。

这也是一个关于后现代主义的争论爆炸的时代,其批判的倾向性深深地吸引了我。语言、身份、种族、媒体、后殖民主义、文学研究以及艺术都被重新定位。我接受后现代主义的重要理论。后现代主义使我们很多人认识并懂得学校教育机制是如何围绕确定性和控制的概念来运行的,这些概念是现代主义的一个重要部分。后现代主义使种族主义之于现代主义的重要性以及对于差异的憎恨显而易见。后现代主义提出问题,作为教育家的我们如何解释学校为什么害怕差异,为什么在形成人际关系的建构力量方面着迷于时间概念却拒绝空间概念。

慢慢地,我对后现代主义的著作有了看法,因为它越来越有去政治化的倾向。为了恢复政治的主导地位,我转向更令人感兴趣的和思索的文化研究,也就是说,文化研究对自身的政治倾向时刻保持警惕而不是忽略其政治性,而且没有减少对特性和理论的关注。我最近的研究重点是对理论和实践之间的关系以及抽象和具体之间的关系进行重新定位,这也是谈论权力意识和机构时,在一系列发展中的历史和社会关系之间理论变化的一个部分。对我而言,除非以某种基本方式做出有意义的事情以使之产生变化,否则很难通过所使用的教育学知识在课堂上来打动学生。

问:您怎么看待自己在文化研究争论中的主要贡献?

答:有一点要强调一下,我沿用的是许多前人作过贡献的批判传统。如果有人把我的研究看做是强烈表达一种立场,那和我说的要为某种立场负责是不同的。有一点我觉得幸运,就是我写作的时候恰好是一些重要的理论观点被广泛争议、当然也是很多卓越的学者出现的历史时期。否则,我也难以形成那些观点。

首先,我尝试挑战了当时的观点,即压迫是如此沉重,学校成了监

138

狱或压迫的牢笼。我这样做是为了重新激起 20 世纪 70 年代围绕理论和反抗的争论。这种言论没有效果，因为它忽略了反抗的空间或权力运行的复杂方式。我也想超越阶级去拓展学校教育和社会之间的关系，重提解放的问题，尤其是民主问题。民主作为一种声音能够表达阶级、种族和性别这些问题，但是以大众生活更广泛关注的方式进行的。我希望将抵制的概念不仅同批判的语言联系起来，而且要和可能性的语言，即一种深化公众民主生活的可能性的语言联系起来。

第二，我写作的组织原则主要是我对教师作为知识分子作用的长期关注。从教师是变革中知识分子的主力到教师作为公共知识分子的政治作用，它经过几次修改。这为我提供了理论工具，来探讨公共知识分子作为文化工作者有着多个教育工作场所，包括学校，当然不仅仅限于学校。

第三，我在流行文化方面的研究，使我有可能超越学科去研究教育以外的其他领域。

第四，我的著作使人认识到教育在其他领域的重要性，包括文学研究、语言交往、媒体研究等。这并不是说，人们没有在这些领域做出成绩，而是说我的研究把几个领域结合在一起对在教育中进行的学术工作予以认可。在这方面，《跨越边界》（Border Crossing）较有影响力，因为它被很多跨学科学者所引用。希望我最近的关于迪斯尼卡通电影、还有种族政治的著作也能对其他领域有所影响。

我认为，代表政治和政治代表之间的相互关系的问题，对差异是如何作为更广泛的文化政治的一部分起到了一定作用。这尤其在《不安的快乐》（Disturbing Pleasure）一书中得到明显体现。在这本书中，作者试图把差异的政治与如何修正公众生活这个更大的问题联系起来。

第五，我的贡献是自己的著作里非常强调伦理，不是那种普遍意义上的伦理，而是根据历史条件和我们所在的环境来不断地审视自己的伦理。这一直是我重点关注的东西。我对相对主义的形式不感兴趣，那很容易落入美学理论的窠臼，我很讨厌这一点。如果教育工作者不涉及伦理的问题，那毫不夸张地说，我们就有大麻烦了。

我一向关注对我研究的批评,同时也尽量区分不太重要的批评,这些批评帮助我用新的形式表达对问题的看法。的确,从严格的马克思主义立场转变,与批判女权主义的结合,以及如何使我的观点被大众接受,这些都可以在我的书中看到。《跨越边界》一书与《生活在危险之中》(Living Dangerously)很不相同,而这两本书和我另外两本书《不安的快乐》和《逃亡文化:种族、暴力与青年》(Fugitive Culture:Race,Violence,and Youth)所关注的内容也无多少相似之处。

《逃亡文化》主要写美国青年的政治性和代表性,尤其是对青年人的妖魔化,还有对贫民区里黑人青年的攻击。我认为,娱乐和政治被错误地分离,主要是因为它受到了迪斯尼公司、好莱坞电影制作商以及流行文化重要领域的保护。我试图表现并说明卡通电影、新好莱坞暴力、媒体中出现的种族主义、脱口秀还有其他公共领域是多么无知,还常常将青年人尤其是有色人种妖魔化。在这种情况下,迪斯尼成为教育诱导的工具。

这些新的教育工具如何改写权力的内容,改写后的权力如何与更广泛的公共领域诸如种族、性别、阶级和国民身份等发生共振,我们需要在这些方面多做工作。我们需要对民主的含义和政治多做工作。我认为,民主对这个国家乃至全世界都极其重要,我也认为,美国的青年人是受到了攻击。看看第94届国会所制定的社会政策吧,看看对年轻人和黑人所带来的后果吧。没有人愿意承认这一点:放弃年轻人就等于放弃民主。

这是两个相互关联的问题,需要一定的教育和政治的迫切性。它的政治、教育、思想、社会和文化的含义是什么?我们怎样提出这个问题呢?我们不仅要动员那些有在校读书孩子的家长,而且要动员那些关心民主和公众生活质量的人。我很关心孩子们的文化,不明白为什么很少有人为他们说话并和他们站在一起。我有三个孩子,我非常关注他们到底在学什么、读什么以及他们的认同感和能力是如何在一种文化中培养的,在这种文化中,孩子们觉得因为未来没有希望,所以自己也没有希望。青年人、民主和社会正义之间的关系将成为我新的研究工作的动力。

140

141

问：您对批判教育理论有怎样的看法？

答：我总是感到，不管我在批判教育方面做了哪些事情，相比其他人还是有限的。我觉得，批判教育与保罗·弗莱雷是分不开的。任何人要从事这方面的研究都要从他开始，无论你喜不喜欢他。尽管保罗一开始有些理论上的瑕疵，尤其是在性别问题上，事实上他给予了这个词特定的政治意义。

保罗在预测一系列的理论实证上有重大贡献，包括后殖民理论、文化研究、批判成人教育、语言研究以及政治在教育中的重要地位。而且，保罗的社会和理论著作至少在三个方面给我们提供了重要的实例：第一，他实证了做一个更广泛的知识分子意味着什么。他从不在一个地方安营扎寨，他对权力和可能性的关注穿越了洲际的界限。第二，他使理论和实践之间的关系作为争取社会正义的行动更富活力。第三，他使我们感受到投入的含义。他毕其一生与其他人一起奋斗，使教育成为评判一个人怎样对待能力、权力和政治等问题的最重要的原则。对我而言，保罗是一位伟大的导师，是谦逊和激励的典范。许多人把我贴上了保罗的标签，但这个标签与保罗所代表的一切都不同。你不能模仿保罗，你只能用其著作作为理论指引而不能当做是方法，这意味着一个人只能是理论的制造者，而不能简单地去执行别人的理论。我是在特定的政治背景中运用保罗以及他人的研究成果来进行我的研究的，具体来说，有自己的研究内容、问题和结果。

问：保罗多次说过："不要在我后面亦步亦趋，你们要创新，要勇于超越。"

答：我一直这样认为，如果我们的研究有一点点价值的话，那我们在引用别人的理论时总是加进了自己的解读。我们是在学习中有所创新。我同保罗的关系从来没有任何形式的模仿，但我的工作无疑是以一种全新的方式解读保罗的理论，给它提供另一种文化政治和另一个侧重点，提示人们可以从不同的方面学习他的著作。

问：您来自工人阶级家庭。有些人提出"为什么你不再研究阶级这一重要问题？"

答：我承认，我的研究没有强调阶级的压迫性。我觉得，15年来，在

142

女权主义、种族理论、后殖民主义、流行文化还有其他领域，把阶级看做唯一的或最重要的解释社会斗争力量的说法是很难的。我从来不否认阶级是重要的社会决定因素，我只是拒绝相信阶级本身或者其他一个方面能够解释一切。另外，那些坚持这种观点的人常常对违背他们思想的男性至上和种族主义感到心虚。阶级重要吗？是。它比种族还重要吗？我不这样认为。我认为，我们生活在异常复杂的世界。我发现自己对各个类别间的内在关系比对单一的个体诸如阶级更关注。

问：几年前，我们曾谈到过您对教育中的女权主义并不十分在意。

答：我写过几篇有关女权主义的文章，也出过书，其中重要的一部是《后现代主义、女权主义和文化政治》（Postmodernism, Feminism, and Cultural Politics）。当然，我和彼得·麦克拉伦共同主编的《边界之间》（Between Borders）一书中，有一些重要的关于女权主义的文章。批评者说我著作中没有提到女权主义，我总是有点困惑。我只能说，他们只是熟悉我的前期作品而对我 1985 年之后的著作一无所知。回顾那个时期，女权主义理论不像现在这样触手可及，我当时对性别问题的关注没有对阶级问题那么多，因为我还在左翼的理论之间游走。并非我不关注性别问题，我只是无法获得这种语言来重新定义我作为文化工作者的身份。麦德琳·格鲁梅特（Madeline Grumet）、玛克辛·格林（Maxine Greene）以及几位英国女权主义者在 20 世纪 70 年代末开始着手这方面的研究工作，但当时并不占据主要地位。我很快意识到，在我关于性别问题的研究中，尤其是《意识形态、文化和学校教育过程》和《教育中的理论与反抗》这两本书，还有很大的差距。在后面的著作中，我开始研究所缺失的东西，这对我思想和写作风格的形成起了很大作用。我也从一些女权主义者那里学到了很多，例如，莎伦·托德（Sharon Todd），她拒绝简单地以接纳身份政治中最糟糕内容的二元对立来定义女权主义。一些女权主义者不是通过对话来促进普遍意义上的妇女解放，而是充当了替罪羊的模糊角色进行工作，在某种程度上关闭了建立更广泛女权理论的建设性对话的可能性。幸运的是，一些女权主义者开始对这种类型有所反应，认识到理论上和政治上是多么的无能为力。这在批判教育理论和实践中是很悲惨的一幕。

143

　　问：有人批评您的写作太晦涩，不太合乎逻辑规范，太像交响乐的音符。您对这个批评怎么看？

　　答：在语言和清晰的问题上有几个重要问题。首先，是历史背景。在我的早期著作中，我着重处理了几个理论难题，尤其是围绕法兰克福学派和某些人诸如乔治·卢卡斯、葛西兰、马库斯等的著作。在很早的时候，我了解到语言是斗争的工具，对语言清晰度的要求常常会削弱语言的批判力和洞察力。当语言被用来提出未曾提出过的问题，或试图对超出传统批判理论范畴的问题进行定义时，人们会觉得不舒服。这是我们推动语言界限要付出的代价。这不是普通的领域，你还可能会因此失去一些读者。最初开始写作时，我觉得有必要拓宽左翼和右翼常识的理论界限，大多数读者读到这一点会觉得不舒服，因为这种说法比较新颖。我尝试给批判教育理论的语言带来一种新的模式。当然，对于教育工作者来说，这种模式是新颖的。我不想为此道歉，因为这是在一个特殊的历史时期出现的，当时我觉得那样写是恰如其分的。

　　另外，我从未说过我是为那些《读者文摘》(Reader's Digest)的读者而写作的。我知道，读那一类书的人理论水平比较高，在文字上相对挑剔。而我的读者，在我事业的早期，数量相对有限。我觉得，当时用那样的语言论述我研究的问题是最恰当的。后来，随着1993年《围城之下的教育》(Education Under Siege)的出版，我的语言为大众所接受。我开始为不同的读者群写作，为《乡村之声》、《教育导刊》、《文化研究》及《教育论坛》等杂志撰写文章。不同杂志的读者群是不同的，对语言的要求也不尽相同，我们也要对此有所区分。难道我要像贝尔·胡克斯那样写作吗？不。那不适合我，因为贝尔和我的读者群是不同的。所以，我不打算因为我的写作风格不太容易让人理解而道歉，这是一种实用的、经验式的、有条件的和历史的观点。

　　理论观点其实更加复杂，但很重要。在美国，语言清晰的问题不需要成为左翼的负担，反而成了右翼的借口。因为右翼一直用这个问题来制造一系列假象，他们对此问题的简单化处理到了愚昧的程度。如果确实想认真对待这个问题并把它当成政治问题的话，我们要思考的问题是：左翼要想使用一种能为斗争服务的语言，而不仅仅是借助抹杀历史和复杂性的语言来表达思想,那么他们应怎样做呢?所以,我很好奇为什么左翼在很多情况下忽略了这个问题,而把语言清晰的问题作为一种攻击激进思想家或思想更复杂的批判思想家的方式。对我来说,语言清晰的问题似乎有一个普遍标准,这种独特的观点来自于那些用英语写作的人,因为英语是殖民地语言。想想看,托尼·莫里森(Toni Morrison)用黑人方言来写作,那不是清晰的语言。你读他的《被爱的人》(Beloved),就不是标准英语。因此,对语言清晰的呼吁在某种意义上模仿的是殖民主义的逻辑,因为它认为标准英语代表了知识分子高高在上的想法。当左翼知识分子要求语言清晰,似乎是要表明具有某种统一的标准,或者语言清晰是个没有争议的安全地带。我觉得,从政治上和理论上来说,这是误导人的。这个观点即使是在任何社会,不仅对广泛的读者群来说都属于暴力行为,而且它淡化了语言作为斗争场所的重要性,使蕴含在语言清晰要求中的政治危险最小化,由此排斥了其他的写作形式。

　　如果英语不是你的第一语言,那么为了融入另一种语言的社会中,你就必须学这种语言。我要跨越的是阶级界限;我成长的环境使我所使用的语言受到限制,这样的语言在学校里是不能被接受的,所以,我要学习高雅的英语。你来自另一种语言文化,而我来自语言受到限制的环境,语言对我来说关乎身体、身份以及和不同的读者沟通。为了生存,我必须学习使用中产阶级的辞令,因此,不谈身份就谈语言清晰问题,就是使语言和身份的政治问题屈从于语言清晰的程序问题。语言清晰不能说明什么,它是个伪问题和错误问题,它使殖民主义和反知识分子潮流占据优势,它拒绝关注语言的多重场所。对语言清晰的要求其实是不懂得政治的重要性,例如,卡洛斯·托里斯为不同的杂志和读者群写文章,在不同的场所他面对的读者越多,他就越要反复斟酌变换他的语言,这样他就越能实现作为一个公共知识分子的责任。我喜欢读那些理论上较为复杂的著作,诸如霍米·比哈布哈(Homi Bhabha)、斯图尔特·霍尔(Stuart Hall)、南希·弗雷泽(Nancy Fraser)和朱迪思·巴特勒(Judith Butler)等人的著作。我无意加入那些坚持语言清晰的阵营,因为坚持语言清晰的作用是让人更愚蠢,尤其是在"呆子与

146

147

傻瓜"综合症在大众文化中似乎到处可见的时代。

问：一些自由主义知识分子认为左翼倾向于意识形态化，因而在立场和观点方面不容易妥协。能谈谈您的政治观点及您的联盟吗？

答：我在三种场合谈过我的政治观点。一是在大学以及在大学里进行的战斗；二是公共生活，通过我与全国各地民众的谈话以及参加全国数不清的会议；三是通过某些集体研究项目与他人合作过程。我政治观点的形成基于我作为教师、作者和公共知识分子的作用，所以，我很关注在生活中如何体现政治这个问题，其目的是形成、保障、推进、创造和拓展复杂的公共批判领域和范畴，希望有助于提高批判能力，推进人们可能参与其中的社会运动和政治行动，深化在非等级社会生活形态中的民主关系。这就是我的政治观点。

问：能否谈一下您的个人生平以及对权力和高等教育问题的看法？

答：我很快就明白了，为了自己不被大学同化，我必须要做点什么。大学是一个公共领域，我怎么可能既是其中一员又能保持一个反抗空间呢？在机构中工作，你得学会一只脚在内一只脚在外。如果两只脚都在内，你就被同化了；如果两只脚都在外，你就等于不愿意承担风险，放弃了反抗，放弃了对大学所代言的与更广阔范围社会中最商业、最反动利益联盟的斗争。当然，一些左派人士会认为，在大学或公立教育机构中工作不是什么重要的政治工作，这种观点完全是错误的和自私的。事实是，大学可以影响众多的人，而这些人对社会又会产生巨大的影响。

首先要做的不是放弃大学，而是要认真地把它当成斗争的战场，要尽力在这个领域进行谈判，拓展一切的可能性，掌握大学已经做的和比较它未来有可能做到的。换句话说，你要成为大学不平静的声音，但不要不平静到迷失自己的地步。所以，你应该建立联盟，与人们一起工作。你要了解政治工作的局限性，要不断地去冲破局限。如果你是批判的和冒风险的人，你应该知道什么是希望的，什么是不希望的。你应该在这些机构中分清保持自己的完整与认识局限之间的界线。

第二，正直。你要保持对自己政治位置的敏感，还要注意与周围人交往的策略。有时，你要问自己能否忍受这一切，问自己如何将大学的

148

政治工作与外面更广泛的社会联系起来,问自己是否为了生存牺牲了自身的政治完整。

第三,你似乎要避免单独做事。一旦你发现自己像个浪漫知识分子那样去做事,麻烦就来了。在理论上令我受益匪浅的爱德华·赛德(Edward Said)有时就落入类似的陷阱。他对政治工作的描绘是一幅孤立的、个人化的画面,是在理论和意识形态创作之地从集体斗争中脱离出来的画面。知识分子在人群中工作,得到他们的支持,从他们身上汲取营养。任何领域的文化工作者都要找到能够给予他们营养的群体,这个群体要能够滋养他们、激活他们、质疑他们并且在思想上、精神上和道德上对他们有所帮助。

第四,知识分子要在大学外建立一些社会关系。知识分子要跨越界限,要向别人学习,要对我们所讲授的、所代表的以及所从事的斗争有清醒的认识。最后,政治工作要有热情,要使自己与社会正义事业息息相关,要对自己的工作感到由衷的快乐。如果做不到这一点,我认为,任何关于政治的主张都无法为政治所带来的痛苦辩护,不管这种事业有多么高尚。我觉得,一旦精神死亡,无论政治上还是教育理论上已再无任何意义,不管你信仰什么。如果你政治上很出色,但在做人上极其卑劣,我觉得这个人就不可能有全身心的付出。我们常常会看到这种机会主义者的矛盾行为,他们的政治观点似乎很右,但又常常中伤左派;或者我们会看到有些人在出人头地问题上迷失了自己,或者除了自己的宣传机器外,不再与任何事情有关联。任何一个认真承担公共知识分子责任的人都要承担风险,要对自己的政治观点时刻保持警惕,要愿意接受那些小野心家的左翼人士的恶毒攻击,你还要对社区形成的概念以及与其他也在承担风险的人的联盟保持万分警惕。在我自己的学术生涯中,由于种种原因我有太长时间处于孤立之中,例如,被开除过、生活在偏僻的地方、工作中少有同事等。不管我得到怎样的关注、取得什么成绩,我都在身心上付出了巨大的代价。

问:在美国教育政策形成的过程中,我觉得有一种对手段合理性的依赖,这是技术统治论的角度。您怎样评判这种混合式的角度?我们在教育上能提供怎样的选择?

　　答：在我看来，似乎有一种理性选择与自由哲学相结合，这对于现代主义者的思想非常重要。我们应该有选择自己未来的自由。这种观点强调的是平等、正义和自由这些并非不相干的原则。但这种观点通常没有在更广泛的公共空间去进行梳理，所以，我们失去了那些道德标准。那些道德标准注重的不仅是属于个人成功后得到的自由概念，而且是涵盖社会的自由，包括人们在道德层面相互的义务。我们需要复兴公共生活、社会正义以及有着各种差异的社区之间的关系。

　　社会正义的原则应该清楚地表达民主的社区概念，而不是那种现代主义者的、有种族优越感的、把差异看做是民主和秩序的威胁的社区概念。差异应该成为谈判、沟通以及建设民主生活的基础，换句话说，理性选择的中心议题是我们如何对待差异以及如何与民主社区相协调。我们应如何剔除那种狭隘的、过分注重市场价值观念的选择，使之与赋予权力的形式相结合，要知道没有权力和正义的选择会受制于社会主体，那岂不是毫无意义？

　　目前美国的形势是市场经济占主导地位，绝对排斥公共和社会正义，这为最恶劣的野蛮主义铺平了道路。在手段合理性的外衣下，无视道德标准，不去区分消费主体（市场的承担者）和社会主体（那些积极工作拓展民主社区和社会公平原则的人）。当公民不拥有公众生活的话语权时，就无法与传统相融合，在传统中同情心和正义成为个人与集体生存法则。在我看来，这个问题在当前比历史上任何一个时期都更加显而易见。所以，问题不是我怎样看待合理选择，而是在复兴民主的公共生活更广泛的可能性中怎样看待合理选择的理论或手段。

　　问：您是否接受这样的后现代批判理论，即受制于合理性、自治和进步等观念的哲学角度将随着时间的推移而被遗弃？

　　答：我一直对围绕后现代主义的争论保持警惕。有这样一种趋势：要么把后现代主义看做是反政治的或反历史的，从而废除这种理论；要么就是认定后现代主义与现代主义错误地分裂从而成为反现代主义。我认为，有一些理论家使后现代主义政治化，我想到了一方诸如南希·弗雷泽、钱塔尔·莫菲（Chantal Mouffe）的女权主义者，另一方诸如斯坦利·阿诺维茨、道格·凯勒（Doug Kellner）的社会理论家。这些理论

151

家在现代主义和后现代主义之间没有一个明确界限。事实上,他们大多数人赞成后现代主义和过去 15 年里出现的新的文化批判形式之间的界限。社会批判在语言学、心理学、媒体研究和后殖民研究领域有某种形式的革命,这些领域与正在变化中的环境有关,与以欧洲为中心的、直线的、同类模式的文化和进步的传统叙述体的衰落有关。在我看来,这些情况并不表明对现代主义的拒绝,也不说明历史上有明确的分裂,而是新经济和文化条件的出现要求我们要重新审视现代主义的要旨以及在面对这些变化时分清需要接受哪些东西。现代主义的重点是社会正义、自由、解放和平等,我不想放弃现代主义的政治遗产。

152

但是,我想表达的是,现代主义的社会遗产和美学遗产要根据变化中的后现代主义环境进行重新思考。当然,除了逐步缩小的国家政权的影响以及以不同的方式塑造知识和权威关系的新信息技术的出现,还有一种可能性,即跨越国际界限的混合体来重新考量本体问题,并且不再将其与自由本身的自主概念相联。我们可以一直这样进行下去。现在,许多人在问这样的问题:"后现代主义批判如何有效地审视并拓展现代主义的可能性?"这就是围绕现代主义和后现代主义之间关系的争议以及合理性的中心问题。

显然,合理性不能回避。这对我来说没有意义。但依据霍洛考斯特(Holocaust)、古拉格(Gulag)和广岛的理论,合理性需要从现代主义对技术、效率和进步的迷醉中脱离出来而进行重新考量。在历史、发展、技术和科学合法化的过程中,我们要明白现代主义对合理性界定的局限性。普遍意义上的发展概念几乎从未怀疑过自身的政治性,当对这样的发展概念有启蒙要求时,合理性理论有哪些局限呢?

对我来说,后现代主义不管以哪种形式出现,都在思想和理论上非常刺激。在一些学科和理论领域都带来激烈的争论。我看到的是令人兴奋的事情,不能因为参与这样争论的条件是要么称自己是后现代主义者要么是现代主义者,就废止这件事。这种二进位制效果不好,走不了多远。这不过是一种取消过程或演练策略,用一种取代另一种的策略。这场争论所做的就是使人注意到旧的观点再也行不通,而需要形成新的话语。对左派来说,这说明 19 世纪马克思主义的中心因素,无

153

论是围绕压迫、身份、意识形态、神学还是媒体政治或其他，都要在变化了的历史和经济环境中进行重新思考。这并非否定马克思主义，只是希望接受其最有用的理论观点，而拒绝其不再适用的部分。

问：您怎么看待新右派和国会中共和党多数派的思想给教育带来的变化？

答：新右派的兴起无异于对公共生活和民主差异可能性的攻击。那些不能通过市场经济控制、屈从于宗教右翼思想的机制，都会被看做是对里根—布什变革期间新的世界秩序的威胁。我看到了共和党内的原教旨主义者对我们发起的攻击。首先，是对劳动力的攻击。随着大公司的发展对劳动力的需求在不断增加，劳动力的不断壮大对右翼来说意味着潜在的威胁。第二，是对儿童的攻击。这里上演着一场种族和阶级的战争，对孩子尤其是那些黑人孩子、拉美裔孩子和贫民家庭的孩子的投资，即使不是完全无效，看起来也很不切实际。儿童已成为敌人，在一个注重金钱高于注重儿童的社会，孩子会很轻易成为社会、经济和政治问题的替罪羊。第三，是对任何没有确定性的公共机构的打击。任何严肃对待社会责任、道德信誉、同情心和勇气的规则，都被看成是对新的世界秩序的威胁。第四，是对任何文化机构的巨大威胁。这里的文化机构专指有利于知识分子发展环境的机构，而知识分子是专指那些对未来社会提出批判的知识分子。这就是反政治运动的所有内容，它把社会批判看做是削减而不是促进民主。社会批判被看做是过度民主，对右翼共和党的思想不利，他们把差异和对话看做问题而不是用来孕育公共生活的源泉。为什么攻击公共广播系统、艺术基金和公立学校呢？因为这些是危险的地方，没有在私有阶层和宗教原教旨主义的严格控制之下，所以，我们渐渐地在失去这些公共领域。如果右翼在下一轮竞选中获胜，我们就会在"民主社会到底意味着什么"这个问题上真正产生危机了。这确实是关于民主自身的危机问题。一个非常严重的问题是，高等教育变成培训场所而被职业化。这是对知识分子的打击，是企图把大学变成公司。任何能够产生知识分子的教育场所都被囊括其中。我不想太过严厉或者宿命论，我们正生活在危险的时代，我希望美国人民能够站起来阻止对民主的挑战。

问：作为作家，您肯定有自己独特的方法。它是一种什么方法？

答：我进行大量的阅读，探索各种不同思想之间的关系，并在阅读中形成新的思想，通过阅读去挑战我最初的观点，或者引导我的新的研究方向。我在读物中找出最重要的部分，剪下来粘贴好。这样，我就可以以最有效、最简洁的方式进行阅读。例如，当我读一篇文章时，我在空白处插入我认为对文章非常重要的观点。这些速记下来的观点让我很快了解文章最重要的部分，我将标记过的观点进行复制，同时再一次阅读文章的精华部分，然后做笔记。我掌握了这种快速阅读的方法，使我容易理解那些复杂的关系。写作最困难的部分不是没有思想，而是如何找到确立问题、梳理观点的方法。这对我来说确实是个挑战，我很认真地面对这个挑战。如果没有找到研究的方向，不能厘清脉络，不知如何了结，就无法着手写作。

当你手头拥有大量信息并激情满怀时，信息在你的大脑中交汇冲撞并形成滚滚洪流。在这样的文化氛围中，将热情和信息有机地结合是一种政治行为。你无法摆脱阶级、种族和性别的烙印。例如，很多人似乎不喜欢这样的学者：表情太过活泼，说话时太多身体语言，嗓门太洪亮，等等。我的理解是：举止温和，声音低沉，有意克制自己的热情，这种表现正是没有生命、热情和欲望的中产阶级以及正在消亡的殖民阶级的表征。我常常认为，提出那种批评的人，是无意识地在庆祝一种在大学中已制度化了的文化资本，这是殖民遗产的一部分。这是基于阶级憎恨和阶级分化的认识，在许多方面不愿意承认不同的文化资本在不同的文化环境中是应该得到肯定的。所以，当人们对我说："我喜欢你所说的内容，但不喜欢你讲话的方式，"我常常说："瞧，这无关美学，这是关于阶级、关于文化资本的问题。在你们的文化中，压低声音、喜怒不形于色等也许是身份和教养的标志，但在我成长的环境中，活泼、大声说话才是得到认可的。"保罗·弗莱雷说话时热情洋溢，手舞足蹈，那可不是举止不雅。那实际上就是他的文化资本，是他在巴西工人阶级家庭长大过程中属于他的那种文化资本，以及不能把他的身心分割开来的那种信仰的力量。他活着，就是这样的。

问：您的学生在这个过程中所起的作用是什么？您怎样展望你和

研究生们的未来工作？

答:我的学生一直伴随我的学术生涯,是我前行的动力。我爱我的学生,他们的活力、开放的学习态度及对不同学术领域的涉猎,给我灵感和希望。他们不仅只是与我一同工作,而且更代表着对未来的视野。我无须关注他们对政治有何独到见解,我更关心的是他们的批判能力、捍卫自己立场的能力以及对社会和政治责任的敏感度。我教学的宗旨是尽力营造一种教育环境,让学生能够学会去管理自己而不是被管理,能够管理自己的生活以及学会如何与外面的社会共处。如果他们能够采取左派的进步立场,那很好。如果能够对他们自我形成的教育学观点提出质疑,并与道德规则结合起来,将他们的生活与除去工具性标准之外的部分联系起来,那我就更满意了。我撒下了种子,希望能使我的学生和国家受益并最终开花结果。这不是一个巨大的梦想,而是一个合适的梦想。这个梦想并非异想天开。

157

MAXINE GREENE

第七章
玛克辛·格林访谈录

问：玛克辛，您是如何成为一位大学教授的？

答：我小的时候，这似乎是世界上最不可能的事情。我是犹太人。我父亲虽然已开始挣钱，但一直很穷。他和我母亲都出生在这个国家。我父亲出身于一个德国阿尔萨斯家庭；我母亲出身于一个匈牙利家庭，她在德国人眼里无可奈何地只能属于"下等人"。我父亲刚读完小学三年级，我母亲（比他小好多）中学毕业。尽管我喜欢在假日里到外婆家参加那热闹的聚会，却不喜欢奶奶家饭桌上的清规戒律，但我父亲歧视

正统犹太人和东欧人的习俗，还是给我留下了一种印象。

父亲把我们送到一所圣公会私立学校去"接受同化"。一年左右以后，由于父亲钱不够用，我的两个弟弟和一个妹妹就只好转到一所公立学校去读书。我想，学校决定把我留下来是想要我做一个"标志性的犹太人"。我和另外一名学生在这所学校待了很长一段时间，他们要我一定不要忘记这种待遇。我最好的朋友不能邀请我到她家里做客，因为她祖母"不喜欢犹太人"，这一点我能理解。校长告诉我说，假如我不是犹太人，她本可以为我争取到去霍利奥克山学院读书的奖学金。我当

时竟然表示歉意,可现在想起来就感到可怕。当时,我甚至在被剥夺了用最高分数换来的告别演讲机会时,也没有感到特别生气,因为毕业典礼就在卫理公会教堂进行。那很"正常"。不过,我还是考上了巴纳德大学,那里为犹太女孩子规定的配额比大多数学校都好。父亲说我可以住在家里,但必须靠自己交学费。因为没有人看到女孩子上大学的意义,故而没有人表示特别关心。

我靠打临时工度过了大学时光。我最想当作家,并有幸能在校报和年鉴编辑部工作。大三以后,父亲决定把我送到欧洲为他"出公差"。他当时做的是人造珍珠生意,他派我去采购玻璃珠,这是在做珍珠时需要浸入"珍珠元素"的东西。我根本就没有搞清楚,因为他写的东西就像为我和我的大学朋友准备的一个寻宝游戏。

我几乎不知道那次旅行会改变我的一生——根本不是到法国、意大利和英国漫游。西班牙内战已经发生。一些年轻人志愿参加抗击西班牙境内佛朗哥法西斯军队的战斗,他们就在我们的船上。我爱上了其中的一个年轻人,这对于 18 岁的我来说,真是一个"高峰体验"。我迫不及待地要跟我的英雄到西班牙去,并亲自成为一个英雄,但谁也不知道我能做些什么,所以,我和我的大学朋友一起继续前行到英国去了。

161 按照我们的指南,下一站我们应该到马略尔卡去,所以,我们乘火车经过瑞士到热那亚去了。我正在看伊格那齐奥·西罗内(Ignazio Silone)写的《面包与红酒》(Bread and Wine)一书,却被边防警察给没收了。后来,我碰巧参加了马尔科尼(Marconi)的葬礼,真的看到了墨索里尼(Benito Mussolini)[①],并听到人们唱着"领袖! 领袖!",那种声音令我感到害怕。我特别想到西班牙去打那些家伙,但我显然不了解那意味着什么。我们循着指南试图到马略尔卡去,但又听说意大利军队在那里,那里成了一个战区。当时还不知道,意大利人是在帮助佛朗哥叛乱。当我得知这一消息,我想:"好啊,我要把他们的秘密泄露出去。"所以,我就给父亲发电报说:"不能到马略尔卡去了,意大利人已经控制

---

① 墨索里尼(1883—1945),意大利独裁者,意大利法西斯党党首。——译者注

了那个地方。"我不得不说,当一个警察把我带到警察局去时,我感到很自豪,我不得不在楼上的一个房间里等着那个警察徒劳地寻找一个会讲英语的人。我的朋友此时给美国驻热那亚领事馆打了电话,我挨了一顿骂之后被释放了。这一切都发生在不太英勇的两小时之内。我父亲发回了电报,我还记得电文内容是"不要摘下防毒面套(muzzle)"。电报抄写员还把"muzzle"抄错成"wuzzle"(混合)。

我们不能去西班牙,就到巴黎去了。我找到一个旅行社,旅行社的人是在为忠于共和政府的使馆而工作。我永远不会忘记他严厉地向我问道:"你是个积极分子吗?"我颤抖着、满怀希望地、坚定地点了点头。我以为我已经爱上了他。他的名字叫胡安·雷伊(Juan Rey),我称呼他"约翰尼",现在我还记得他那张脸。他给了我一份次要的工作,翻译使馆的文件。我还有机会去参观世界博览会,去看毕加索(Pablo Picasso)①油画《格尔尼卡》的首次展出,去面见投身于西班牙事业的杰出人物:路易斯·阿拉贡(Louis Aragon)②和康斯坦西亚·德拉·莫拉(Constancia dela Mora)。当然,我想尽可能多待一些时间。但作为一个始终负责任的女儿,我服从了父亲的命令,他在电报里要求我必须回家去完成学业。所以,我带着西班牙战争的宣传单和报纸等材料回家去了。回家之后,我就开始做声援西班牙共和政府的演讲,并且加入了当时的美国反法西斯联盟(American League Against Fascism),之后又加入了美国和平与民主联盟(American League for Peace and Democracy)。我们以早产的反法西斯主义者著称。我感到迫不及待,成了一名"积极分子"。我最大的失望是,当不来梅号轮船驶入海港以后,我却不能和大家一起爬上桅杆将那面纳粹旗帜用力扯下来。到那时为止,我已经拿到了足够的学分,并带着我的学位离开了巴纳德大学。我差点跟一名信仰共产主义的内科医生私奔。我也成为一名优秀的共产党员,因为我能够公开演讲、撰写文章,并能够解读该党的海内外精英所撰写的一些难以读懂的文本材料。我记得,自己此时曾奋不

---

①　毕加索(1881—1973),西班牙画家。法国现代画派主要代表。——译者注

②　阿拉贡(1897—1982),法国诗人、作家。——译者注

顾身地发动爱尔兰工人及其妻子们一起来处理那些可怕的和教条式的文字材料。

问: 您离开巴纳德大学后还做了什么事情?

答: 我嫁给了一个医生。我得整理他的办公室、接电话、做化验等。另外,我还去新学院修读了政治学课程。那里的教授都是一些从希特勒德国流放出来的社会民主人士。他们很保守,不肯给我撰写的关于"集体安全"的论文打成绩。他们认为,我的论文意识形态色彩太浓。第二年,巴塞罗那陷落。记得我当时看到报上的大标题,失声痛哭,以为世界到了末日。从许多方面看,世界真的到了末日——第二次世界大战爆发、大屠杀,诸如此类的事情。我生了一个小女孩。在我丈夫调去工作的一个训练营地的建议下,我发表了我的处女作。之后,他去了国外,我便回到家里去照顾孩子。

我决定做一名医生,便到纽约大学去修读医学预科课程,因为中途感染上重度肺炎只得退学。之后,我又尝试了多种工作,其中之一是为美国工党的《立法时事通讯》做编辑,那是一份报纸,宣讲价值控制政策等。我想,更重要的是我撰写的第一部并不成功的小说。这是一部历史小说,内容涉及杰斐逊之前的美国、法国大革命的影响、移民与镇压叛乱法案、对持异议者的监禁、民主党俱乐部。李特尔布朗出版公司认为他们喜欢这部小说,但因为这一时期又有一部小说问世,他们就认为我的小说太"激进"。我不了解,其实我本可以坚持将这部小说出版,结果受挫之后,便将之搁置一边。在以后的几年里,我又写了两部小说:一部是关于一位从事美学教育的黑白混血儿钢琴家;另一部是关于美国公共事业振兴署的一个艺术项目,有人让我以第一人称重写,但那样做不行。第三部小说晚了好一阵子,拖到了20世纪50年代。这部小说写的是一个女人,她的父亲有点像约翰·杜威(John Dewey)①,在佛蒙特州办了一所学校。这里涉及的问题是,他是不是非美活动委员会的命名人? 他是自杀还是因车祸而死? 我父亲在我开始写这部小说后

---

① 杜威(1859—1952),美国哲学家、教育家,实用主义教育思想创始人。——译者注

不久便自杀身亡,所以,我决不会再去写一部小说。

我需要声明,我的政治见解也逐渐发生了变化。你可能还记得,共产党把第二次世界大战称作一场"假战争",起初还反对这场战争。当我得知巴黎陷落的消息,并从电影上看到从巴黎市逃亡的路上情景,我再也不能把这场战争看做是假战争了。我发现,该党在美国工党的门后玩弄莫名其妙的游戏,这使我感到惴惴不安。我从未公开进行抨击。我常常为自己和自己的过去感到纳闷。不过,一部分冲动和一部分该党目的就足够了。那完全是意识形态、利用权威和危害个人。

战争结束了,我丈夫回到了家乡,并决定做一名心理分析家。他在一定程度上转向了教条式的弗洛伊德学说。我再也不能容忍他这样做,就跟他离婚了。之后不久,我又跟另一个男人结婚,并从布鲁克林搬迁到我第二个丈夫家居住的昆斯。我女儿很伤心。我向老师作了解释,她却劝我在我女儿上学迟到时给她带一个棒球拍去。我只好决定将她重新送回布鲁克林原来的学校去。

当时我想到,我也可以再一次回到学校去。我给市里的每一所学院和大学写信,询问我能不能成为某个班或某些班会的一名特殊学生——我的唯一准则是上午 10 点到下午 2 点。我想,幸运的是,纽约大学开设了一门教育史与教育哲学课程。第二个学期,我就应邀做了这门课程的助理,并突然在纽约大学执教大班课程,当时正值美国《退伍军人权力法案》(GI Bill)出台之时,学校对南方教师开放。我依然照着从别的课堂上抄来的笔记上课。不过,我想到,如果我能执教 150人,我就能申请一门博士学位课程——并且可以在无需向丈夫索要学费的情况下获得学位。5 年后,我拿到了教育哲学与教育史博士学位。只有在这个时候,我才意识到那样一个领域对于女人是多么的艰难。

的确,当我还是一名研究生的时候,我就开始出书了。大概是因为这个缘故,我找到了一份无需准备的工作:在新泽西州的蒙特克莱尔州立学院教世界文学。那是我一生中最富于教育意义的一段时光——自学从史诗开始的世界文学、阅读评论文章、超越所提出的问题并坚持教

164

授《莫比·迪克》(Moby Dick)一书。只是我不能设法应付上下班交通路程,也不能从那里搬出去,因为在蒙特克莱尔和克利夫顿,到处都有反犹太主义的残余分子。因此,我便重新回到纽约大学去干那份兼职教学工作。

然而,他们并没有让我继续执教教育哲学课程,原因是我已经表现出存在主义和杜威学说的倾向,而那里的新系主任是一位严格意义上的分析学者——一个来自越南的卡尔纳普(Rudolf Carnap)①信徒。他告诉我说,因为我文化水平太高而不适合留在该系。但我被英语教育系所接纳,他们可能还不知道我在大学并没有修读过文学课。

1962年,我在布鲁克林学院的教育基金会找到了一个职位。1963年是"向华盛顿挺进"之年,我也加入了这一示威活动。而且我还记得,这是那一年的首次反对越战的示威活动。另外,劳伦斯·克雷明(Lawrence Cremin)②突然打电话请我到哥伦比亚大学师范学院去教一门教育哲学课程。我赶到那里,幻想着很快能得到一个职位,但还是拖了一段时间。我在布鲁克林获得终身聘任资格以后,遇见了乔·肖本(Joe Shoben)。他是当时的《师范学院学报》编辑,我曾在上面发表过文章。他问我是否愿意在可能的情况下接管该学报,因为他要离开师范学院去干别的工作。由于他的推荐,我在师范学院接受了英语系的面试,我得知,这是因为哲学与社会科学系从未聘用过女教师。我认为,该系对我没有什么热情,因为我对被拒绝一份哲学工作记忆十分深刻。但是,克雷明从加利福尼亚打电话来对我说:"他们"想在莫宁塞德高地与我见面,而且我会接受他们给我的任何一种工作,等他休假回来后将做出决定。我想他的确这样做了,但却是大约五六年以后的事情。我1966年来到这里,当时我马上要成为教育哲学学会的会长。所以说,我已经提供了足够的证明。

---

① 卡尔纳普(1891—1970),美国哲学家、逻辑学家,逻辑实证主义和语义哲学的主要代表之一。原籍德国。——译者注

② 克雷明(1925—1990),美国教育史学家。曾任美国哥伦比亚大学师范学院院长(1974—1984)。——译者注

问：您是如何认识克雷明的？

答：应该说，在那以前我曾在一个宴会上见过他，也读过他的著作，我们有一些相互的朋友，而且我们住得很近，但我并不真正认识他。当我告诉他我暑假在夏威夷大学执教一个关于想象文学和教育史的研讨班时，他的确建议我撰写我的第一本著作《公立学校与私人见解》(The Public School and the Private Vision)，并把我介绍给兰登图书公司的一个编辑。很久以后，当我们成为较为亲密的同事时，我敢说我们成了一种朋友。虽然他为人善良和关心别人，但我不敢肯定他有很多朋友。问题是多年来我一直在英语系工作。如同当时身处巴纳德大学的帕特里西亚·格雷厄姆，我可以参加系里会议，并且每年在系里执教一门课程。作为哥伦比亚大学的一位妇女，我们不畏艰难，一定要挺过去。我想，帕特在该系最终变得宽容之前就离开了，所以，我才像一名新教授那样通过表决进入该系——恳请每个人的来信，包括学生等。这件事拖延了这么长时间，确实有点奇怪。既然我已经在自己的领域出版了著作，而且是教育哲学学会的会长，他们仍不愿把我安排在合适的院系。

数年后，当我成为一名任命克雷明为师范学院院长调查委员会的成员时，我们都要谈一谈对他的真实感受，我禁不住说出了大家似乎认为当然的事情——他至少是一个厌嫌女人的人。片刻宁静之后，一位最亲密的同事说道："那不是拉里，而是我。"考虑到我的过去和我特有的神经机能症，我想他的意思大概是，我的存在主义现象学、我的批判理论以及我的杜威主义风格不够缜密。我也经历了那一阶段，我的同事在这里的时候，我一直表现出一副对他真诚友好的面容。

问：您何时获得了终身职位？

答：因为是随之而来，我只等了两年左右时间。我相信，无论发生什么情况，那都是比较容易的。由于某种原因，完全可能是通过拉里的影响，因为他的权力很大，即使在他担任院长之前也是如此。我很清楚，在很大程度上正是由于他施加的影响，我才能在 1975 年前后主持

166

教育基金会威廉·F·罗素(William F. Russell)①讲座。

问:您是如何转向女权主义倾向的?

答:说起来很滑稽。在我处于社会边缘化的状态中,我并没有及时意识到性别问题。我以为是因为我的犹太人身份,接着是因为我的存在主义者身份,再后来是因为我比别人更加"激进"的事实。但是,各种排外行为蜂拥而来,我便开始理解它们在很大程度上跟性别问题有关。然而,我一直是反要素主义者。我很难厘清女权主义的任何具体的优点。我关心的显然是如何使我们的社会多一份同情和关爱,少一点利己主义、操纵他人行为和自我专注行为。但很难说,妇女就比男人更善于改变事物。如果关爱仅仅与母性有关,等待我们的将是艰难的岁月。

问:我相信男人同样有关爱。

答:那是当然的,而且许多男人都有同样的能力。这与环境、养育、甚至阶级有很大关系。

问:我这里有一段精妙的引语,是从您的《学习风景线》(Landscapes of Learning)中摘录下来的。您写道:您的兴趣在于使每个人尽可能按照自己的自由意志行事,并根据自己深思熟虑的偏好而不是根据某种外在因素从不同的方案中进行选择。

答:今天我还会这样说,因为大多数存在主义者都会这样说,杜威也曾这样说过。杜威在《民主主义与教育》一书中写道:自我并非预先存在的,它是在行动过程中创造出来的。他将自我与其所谓的"兴趣"等同起来。我想,我会将自我与追求一种行动计划——一种指向未来的行动计划等同起来。今天,我可能会强调过程中之自我的重要性,它处在性别、种族、阶级力量的交叉点上。我会更加慎重地指出,我们应当把自我理解为自主。更确切地说,正如萨特(Sartre)所言,自我始终是"参与"。

问:您声称自己是一个存在主义者,但是,您的《学习风景线》第15章一开头便是一条来自梅洛—庞蒂(Merleau-Ponty)的引语:"这个世界不是我所思想的世界,而是我所经历的世界。"这既可以被解读为存

---

① 罗素(1872—1970),英国哲学家、数学家、教育家。——译者注

在主义者的主张，也可以被解读为唯物主义者的主张。

答：我相信，这是一个存在主义者的反笛卡尔言论，它关心的是一种穿越世界的被体现的意识，这是一个视觉的、感知的、想象的、触摸的和认知的世界。

问：但是，您基本上接受这样一种理念，即物质性是界定自我的依据，而且没有别的世界概念可以被视为经验。

答：我并没有说，事物的物质性与意识之间存在着一种决定论或因果关系。我是说，我们不能撇开与现象世界或物质世界的联系去考虑意识——我们在这个世界上运动和穿越，我们在这个世界上行动。梅洛—庞蒂关于意识的一种解释，便是处在世界之中——而不是高于世界之上——从一种经历的有利位置去感知和解释。梅洛—庞蒂对我的吸引力，在于他对意识的兴趣引出一种跨学科研究，他对艺术的关心，他对非完整性的解读，他对自由的关注。当然，他曾经是一位马克思主义者。我可以感觉到，他身上依然保留着马克思主义的成分，也是对我有这么大吸引力的原因之一。

在关于自由的这一章《感知现象学》中，梅洛—庞蒂详尽地描述了当市民养成与农场工人团结的意识时社会意识如何发展的问题。他写道："阶级是一种既无需观察也无需测度的事物。如同形成的资本主义秩序，也如同革命，在被思索之前，它已经被当做一种使人着迷的存在、一种可能性、一种谜语和神话而经历了。……实际上，智力的工程和目标的确定只不过是完成一项存在的工程……"他论述了智力与这种经验之间的关系。而我不得不说，我对声称从未有过的遭遇（痛苦）表示担心——也对弗莱雷将之描述为"邪恶性慷慨"的东西、有时候又被资产阶级激进主义者表露的东西表示担心。

问：您的著作中最令我赏识的一点是一方面正视自主和自由，另一方面正视个性理念的勇敢企图。您从不屈服于将个性视为最重要原理加以强调的诱惑。

答：我努力不去那样做。起初——在我开始关注社会现象学并进一步研究萨特之前，我发现很难做到，因为我对存在主义有自己的理解。

168

梅洛—庞蒂重视意识向公众开放的方式,这也是我所喜欢的。读了萨特的作品,我为选择、行动以及各个真实自我等理念所折服。记得我在一次教育哲学会议上谈论起我的著作《自由的辩证法》(The Dialectic of Freedom)时,马赫杜·普拉卡什(Mahdu Prakash)对我提出了批评,原因是整个方法充满了挑衅、大男子主义和犹太人的腔调。她质问我,能不能静静地坐在这里让这些事情为大家所理解。当然,马赫杜是一个印度人——非常强调男女平等主义和整体论,并且热衷于生态学,我可以从她的视角加以理解,但这件事的确令我不安。

问:我注意到,在那本书里,您引用了杜威、舒茨(Schutz)、马库斯、德博瓦尔(Simone de Beauvoir)、福柯等人的著作,并提供了一些哲学段落。另一方面,书里又出现了看似有上百条来自小说家、诗人及其他想象艺术家的引语。

答:我知道,我知道。我一直改不掉那个毛病。我知道,那是无法忍受的。

问:不过,一个真正优秀的知识分子就应当是一个编织家。

答:也许我就是那样的人。

问:您把文学、艺术、美学、社会哲学都编织在一起了。那是一种有意识的尝试吗?

答:这一点我是清楚的。我发现,我的思维是发散的。我的经验中储备了大量的想象文学。对我来说,不从具体的艺术形式中找寻哲学论点、主张和抽象的例证是办不到了。我也在课堂上这样做——不管后果如何。在社会哲学和教育中,我们阅读阿伦特(Hanna Arendt)、哈贝马斯、福柯、阿多诺(Theodor Adorno)等人的著作——而且还要读唐·德里罗(Don DeLillo)的小说《白色噪音》(White Noise),目的是让学生有机会具体接触高度困惑的、工业技术高度发展的和消费型的社会。我相信,当此类事情成为你阅读小说之经验的目的时,你就会处于一种更加有利的地位,去提出有关经历过的社会现实问题。我对自由、变化中的自我和艺术的兴趣皆与此有关联。

最近,我看了一部从奥列弗·萨克(Oliver Sack)的著作《将妻子误认为一顶帽子的男人》(The Man Who Mistook His Wife for a Hat)改

169

编而来的剧本。四名演员扮演着神经错乱者的各种角色。一个患有特瑞综合症(Tourett's Syndrome)，这是一种迫使患者不停地讲一些猥亵言辞的疾病。演员的表演方式让观众觉得自己从病历构想中跳了出来。你会觉得，这种并发症是人类状况的一部分；你身上的某种成分能够辨识那种"顽固的性格特征"所具有的含义，即它的挑衅性和不一致性。艺术可以将武断的框架一扫而光，并让你与现实世界——也是你常常为之担心的现实世界——建立起联系。运用艺术作品来鼓励对具体作品进行反思性的和真实的处理，就是反对哲学普遍具有的抽象性和遥远性。我不想看到哲学变得容易、遥远和不痛不痒，我想看到哲学问题从深层产生。另一个例子是我在艺术与美国教育(部分地基于《公立学校与私人见解》和一些激发性理念)中运用的想象文学。美国的教育家和改革家往往情愿成为美国"梦"或幻觉的传播者，虔诚地成为许多人地位和职位的配置者。而我们的富有想象力的作家几乎总是倾向于做悲剧作家，他们常常对现行制度的不公正和痛苦做出深刻的剖析。例如，麦尔维尔(Herman Melville)①、马克·吐温(Mark Twain)②、拉尔夫·埃利森(Ralph Ellison)、托尼·莫里森(Toni Morrison)，不一而足。这是一个有趣的发现，我很久以前就想到了。在我的课堂上，我们阅读社会史、教育史、短篇小说和长篇小说，并对一些油画进行研究。想一想《哈克贝利·芬历险记》(The Adventures of Huckleberry Finn)中的问题。该书揭示了奴隶社会中一个小男孩的觉悟得到了提高，尽管他深深爱着吉姆，但却没有任何能力对奴隶制提出质疑。想一想有这样一本书，它被指定为艺术作品加以讲授，其目的在于对奴隶社会进行揭露，而在这本书中，对待吉姆的态度基本上是一种法西斯主义的态度。想一想那条汽船沿河而下并将木筏切成两半，河上的生活与河堤上的实利主义、虚假与暴力社会的生活之间形成了惊人的反差，这些都具有重要的象征意义。学生们开始思考各种无法回答的问题。如果只让他们阅读泰亚克(Tyack)、杜威甚至迈克尔·卡茨(Michael Katz)的

170

① 麦尔维尔(1819—1891)，美国作家。——译者注
② 马克·吐温(1835—1910)，美国作家。——译者注

171 著作,他们可能就接触不到这些问题。最近,我一直在特别强调那种不太稀奇的巧合:我们读过其自传的弗雷德里克·道格拉斯(Frederick Douglass)逃离奴隶制一事,几乎恰逢拉尔夫·瓦尔多·爱默生(Ralph Waldo Emerson)①谱写出对美国自由、独立和号称"美国学者"之可能性的神奇般赞歌之际,学生们也开始重构他们自己的历史理念。

问:请让我告诉您一件事。我这里有一本名为《教师即陌生人》(Teacher as Stranger)的书。

答:那是许多人最喜欢看的一本书。

问:事情是这样的,有人在图书馆到处张贴,第一条标语是:"无事生非";第二条标语是:"大片的引语用胶带粘在一起,希望说出一些意义深长的话语。"这些都是来自一位匿名读者的批评。为什么有人会以此种方式对这本好书做出反应?

答:应当说,这件事看上去不像是一种公开的批评,也没有明示多少人有此种感觉。我的朋友汤姆·格林(Tom Green)曾对该书做过评论,他说拣那些典故就像在印第安纳波利斯的高速道路上拣毂盖。我知道,该书中的引语太多了。有些人说,妇女有可能那样做,把自己藏在别人的想法后面。我所知道的是,我不会有意识地在某处停下来并且说什么,现在我不得不引用卡默斯(Albert Camus)等人的观点啦。我的大脑在那样运作;联想出现了,它们进入了我的写作。

问:也许,您那样做使人们觉得自己无知:他们认不出那些引语,而觉得自卑。

答:在课堂上,有人告诉我,我那样做会使人们全力以赴。但我的确就其发生的情况作了解释,并力求将我的思维模式向那些感兴趣的人公开。然而,你不得不承认,一般地说,我的散文并不比杰出的亨利·吉鲁(Henry Giroux)的散文"难懂"。亨利运用的过多的引语似乎就像台阶石,他很少将它们与自己明晰的评论联系起来。当然,他并没有通过运用文学和艺术而分散读者的注意力。这种做法是否让他的著作比我的著作更明晰呢?

172

---

① 爱默生(1803—1882),美国散文作家、诗人。——译者注

问：我听过您的讲课。突然引用一首诗，转而讲述一个故事，再回到哲学，一种经验的情境，一个远离您生活的故事，这些对您来说都是很自然的——您似乎一直在这样做。为什么不把它做好呢？

答：你很宽容。不过，那个匿名者还是会代表一些值得我考虑的人。说到这里，我不禁回忆起往事，希图找寻一些赞同的声音。有些人说——正如他们向所喜欢的老师说——我改变了他们的生活。菲利普·韦克斯勒(Philip Wexler)说，如果人们在20年前听到我的话，他们就会节省很多时间去工作。我想他的意思是，我几乎同时在现象学、马克思主义和批判理论上面绊倒了。

问：您在一些事情上还是走在了时间前面。以欲望问题为例，当后现代主义者开始讨论这个问题时，您比他们早了差不多15年。

答：甚至就在你说话的时候，我仍然觉得受教育程度不够，有点儿像个假冒者。回顾过去，我真希望自己是一位具有社会良心的、真正的学者。我是说，文科大学的一位学者。像我这种人所遇到的麻烦就是，我在学校待的时间很长，因而与关于学校、课程、领导等主题的期刊打交道很多。我觉得，没有时间去深入到自己选定的哲学和艺术领域——建立起通向实践的桥梁。我很想建立这样的桥梁。

问：不过，玛克辛，那就是一种苦恼，因为教育总是处在社会理论化与实践之间的十字路口。

答：一点不错。

问：所以我们永远不能捕获所有的经典著作，因为我们永远没有足够的时间；但是，如果我们一直待在实践的王国，恐怕就不能像我们所希望的那样去进行理论思考。不过，既然您谈到了艺术，请允许我稍微回顾一下。您有一句源于萨特的精妙引语，它涉及的是毕加索的油画《格尔尼卡》以及这幅油画是否曾让任何人皈依西班牙共和政府事业的问题。问题常常在于需要用无数的词语去表达确实必须要讲的话语。您的一条主张就涉及艺术怎样才能赋予经验以意义的问题。但是，我想知道，如果这种意义不能被转化为可以理解的语言，其含义何在？

答：这在很大程度上决定于艺术的形式。我在林肯中央学院工作了差不多20年，其间我们将教师和工场的实践艺术家聚在一起。这些

173

工场开展有表演和展览活动,也有你们真正讨论美学、艺术、想象、感知和学校革新的活动。在学年中,艺术家们走进学校,和教师们一起工作,为青年人接触进入他们学校的艺术作品做好准备。在学院中,教师们与阿尔文·艾利剧院的舞蹈家等人进行合作,为艾利节目表演做准备。以后,当他们目睹了这种节目,他们就掌握了对言外之意的理解方式。他们跟着节奏移动,以自己的身体体验舞蹈,这种参与涉及多个层面,而不仅仅是认知层面。这种现象发生在与一个剧本或剧本的一个场面有关的剧院人员身上,发生在音乐家、摄影师、画家和诗人身上。我们希望,想象得以释放,感知得以加强,关系得以加深。我倾向于相信,此类经验能够使人打破固定的、想当然的框架,看到经验中的其他可能性——并且我希望有时候被当做变革的推动因素,使世界按照他们所发现的看法向前发展。

问:您认为谁对您的哲学构成产生了最大影响?

答:我一直从不同的视角审视杜威,他的著作在不同时期对我产生了不同的影响,尤其是他关于自由、艺术和学习的著作。我不得不承认,虽然我往往会受到后现代主义的影响,我发现哈贝马斯的著作非常重要,具有道德和政治上的启蒙意义,尤其是他关于公共问题的思想。米歇尔·福柯、克里斯蒂娃(Kristeva)、简·弗拉克斯(Jane Flax)、桑德拉·哈丁(Sandra Harding)、G·B·麦迪逊(G. B. Madison)、撒赫拉·本哈比波(Sehla Behabib)、赫伯特·马库斯、理查德·卡尼(Richard Kearney)、沃尔夫冈·伊泽尔(Wolfgang Iser)、科内尔·韦斯特(Cornel West)、亨利·路易斯·盖茨(Henry Louis Gates),天哪!我还可以追溯到柏拉图(Plato)、索福克勒斯(Sophocles),追溯到莎士比亚(Shakespeare),肯定会追溯到麦尔维尔、陀思妥耶夫斯基(Dostoevsky)、博德莱尔(Baudelaire)、弗洛伊德、福楼拜(Flaubert)、弗吉尼亚·伍尔夫(Virginia Woolf)、伊丽莎白·毕晓普(Elizabeth Bishop)、奥克塔维奥·帕斯(Octavio Paz)、乔斯·路易斯·博杰斯(José Louis Borges)、阿德里安娜·里奇(Adrienne Rich)。不,我不能回答这一问题。我被吸引到那些敢于揭露和暴露黑暗的人,那些敢于深入到表层下面、打抱不平、乐于同别人一起在没有任何保证的情况下进行变革的人那里去。

问：我相信，目前正在发生的事情之一是我们失去了团结的架构。就您的大学教授职业而言，您能说您经常可以发现团结的证明吗？

答：很抱歉，我很少看到。利他主义，是的，有一些合作是突发性开展的，但在大学内部或在校内与校外之间几乎没有什么团结。当然，在民权运动和反战抗议活动期间，的确有一些时候，我们中间的一部分人走出校园，去做一些我们认为所有教师都应该做的事情。1968 年哥伦比亚大学抗议活动以后，师范学院开展了一场回应性活动，似乎有一阵子着实将一些群体意外地聚在了一起。我奇怪地想起了一位名叫马克·拉德（Mark Rudd）的学生领袖在师范学院的校园里演讲，想起了教师们从台阶的顶端和窗口处倾听他的演讲，好像又回想起 20 世纪 30 年代的情景。你也许能回忆起学生们抗议的话语（特别是关于"参与性民主"等话题的话语）很能让我们想起杜威和传统的进步主义。

问：难道哥伦比亚大学师范学院没有相当自由甚至平民主义的传统吗？

答：当然有。那是在 20 世纪 30 年代，在《社会新领域》（Social Frontier）的时代，在乔治·康茨（George Counts）、古德温·沃森（Goodwin Watson）、罗马·甘斯（Roma Gans）和西奥多·布拉梅尔德（Theodore Brameld）的时代，以及在一定程度上是杜威的时代。我认为，有些人是社会主义者，有些人是自由民主主义者，大多数人都是新政意义上的平民主义者，经历着被杜威称之为"保守党实业家"——诸如富兰克林·德兰诺·罗斯福——的苦恼。显然，非洲裔美国人发挥的作用——或者说他们遭受的排斥和苦难——很少得到承认。妇女遭受的压制也很少得到承认。接着便迎来了第二次世界大战、50 年代、安定时期；接着便是 60 年代，这时诸多的事业找到了表达的机会。有时候我在这里演讲时，我呼吁 30 年代的精神与 60 年代的精神结合起来。那将意味着一所师范学院与一个重要的社会承诺的结合，或者说我有这种信念。你在自己的学术生活中感受到团结一致吗？

问：就政治项目和智力项目而言，那些似乎感受到与我团结一致的人对我说：他们不明白我在干什么。所以，你经历了个人层面上的友谊和亲密；但就政治斗争来说，你发现自己被边缘化了。1990 年我来到加利福尼亚大学洛杉矶分校时,我的任命被认为是有争议的。当时,它是一个实证主义色彩很浓的机构。

答:是不是因为你是南美洲人,他们才接纳了你?

问:他们之所以接纳我是因为他们想增加其多样化成分。我的理论观点似乎加大了其混合性,我的种族身份可能发挥了作用。因此,我被接纳了;之后不久,一位老教授把我当作"学院的象征性批判理论家"介绍给另一位同事。我受到了伤害,认为这是贬低了我、贬损我的学者身份、让我感到被边缘化的一种方式。所以,无论什么样的团结一致都存在于个人层面。但是,我在与学生一起工作时的确感受到了团结一致。您在强调你们学院所代表的政治观点和认识论的存在方面采取了哪些措施?

答:太少了。年轻时,我积极参加不同的理事会,发表了大量关于公共空间和有必要培养"表达型公众"的言论,这是对世界各地的城市里正在发生的事情的公开能动的反应。但我并没有取得真正的成功,也许是因为没有在一个以小规模活动范围著称的大学里形成足够的网络或组织。我没有注意到有很多反应,甚至没有注意到对攻击儿童和接受福利的母亲的反应,除了在我们极少数人中间的反应。如今的原因都是学术性的:为什么有这么多的技术主义和技术学?为什么这么少对哲学和人文学科的关心?我曾试图建议,我们通过称之为"儿童的十年"来命名我们的主要关注点——但运气不佳。我的最后欢呼声可能是社会想象中心(Center for Social Imagination),我正竭尽全力使之正常运行。

问:我们换个话题吧。您跟保罗·弗莱雷的关系如何?您第一次和他相遇是在什么时候?

答:记得我第一次是在联合神学院听他演讲,大概是 20 多年前的事了。我从上研究生时就认识了迈尔斯·霍顿(Myles Horton)。后来,我将他们两人之间的一次谈话整理发表。我和保罗在纽约的一次社会主义学者会议上作演讲,我又在家里设宴招待过他。后来,他来听我的课,并向一大群学生作了演讲。再后来,就是他的生日聚会,我也在会上作了演讲,并有机会与他交谈和听取他的见解。我曾希望他能够到我们的社会想象中心年会上作演讲,但第一年,我们的年会与巴西的选举活动在时间上发生冲突,刚过去的这一年,他又生病了。我希望我们有机会再次见面。我和许多人一样,从他那里学到了很多东西。我认为,我们之间有许多共同之处。

问:那次新学院演讲以后,有人建议他必须简化他的话语,以便为人们所接受。那是平民主义活动,而不是学术工作。他很生气,而且在乘出租车回宾馆的路上保持缄默。他吹着口哨,然后看着我说:"卡洛斯,我可以像任何人那样做一名平民主义者,他们会喜欢的。但我表示拒绝。"他曾说过,人们要是看不懂他的著作,就应当准备一本词典。他就是不希望人们看到他的思想的简写本。

答:这对他有利。

问:回到您的著作上,我想提醒您,您写过关于所谓的早期女权主义的著作。

答:可能是在《学习风景线》一书中。

问:不错。我一直关注您的普遍的女权主义观,即在女权运动内部既不排除男人,也不排除持不同观点者。

答:即使现在,我的普遍的女权主义观也很难办。今年[1995 年],为了美国教育研究协会(AERA),我正在回应一位名叫乔纳松·西林(Jonathon Silin)的同性恋者写的一本书《性问题、死亡与儿童教育》(Sex, Death, and the Education of Children)。我努力想在想象中进入他的世界。我正在仔细考虑关于性别和性行为一些问题,并以某种新的方式辨识公共空间被构成一个异性空间的事实。有人让我思考一下,如何从隐蔽状态转为公开状态以及如何向幼儿介绍那种理念的问题。而我正在思考一年级教师的身份问题。

问:您怎么将这与关于"五花八门课程"的争论联系起来?

答:关于这件事,我讲了很多,还写了一篇文章,对理事会向原教旨主义者和右翼人士让步的方式表示愤慨。为什么儿童就不应该了解各种不同的家庭类型和各种不同的生活方式? 可是,后来我班上的一位妇女——一个新来的爱沙尼亚移民——表达了她对自己孩子在课堂上听了关于性问题讨论的苦闷。我不愿意做一个精英的自由主义者;我

177

178

对她的情况感到不安。这是一件复杂的事情。

问：这件事情极其复杂。您所提的问题涉及我们任何一个做父母的人是否愿意让自己的 5 岁孩子听到关于目前所界定的多重身份的谈话。然而，人们在不同的时期可以构建不同的身份。

答：是的，可以说，我那已故女儿的丈夫在她死后就从隐蔽状态转为公开状态。我常常纳闷：她了解了什么，她禁不住了解了什么，等等。

问：如果我们可以从个人政见转向当前的政治风景线，您将如何评价右翼的计划？

答：我的评价将涉及超级富人与基督教右翼人士——那些不愿分享也不在乎找寻一条正当理由与号称"基督徒"者建立联盟的人——的可怕结合，无论该词的含义如何。我想起了《哈克贝利·芬历险记》(The Adventures of Huckleberry)和那些星期天把枪挂在教堂墙上聆听关于兄弟般情谊的传道的家庭成员们。媒体形成了冲击，谈话秀开辟了一个假冒公共对话的对话栏目，这些都令我感到不安。我听说有人去上访，表达了一些难以调和的偏见，一些来自反动的谈话秀主持人的观点。"表达型公众"似乎变成一些倾听了辛普森案件审判全过程的人，他们对"自由主义"表示不满。我同样对就业率正在降低、工人阶级受到的侵害和工人阶级职业的消失表示严重的关切。我能够回想起人们在工厂里一起工作所找到的尊严；我还能够记得一些种族群体因为其工会会员资格和所从事的工作而融入社会大家庭中去。我不敢肯定，我们的关心是否应当涉及文化政治学和经济学。

虽然我们中间的大多数人都是后现代主义者，可以接受多样化的生活方式，但我们仍然可以感觉到与一些人的团结一致，这些人担心道德会受到削弱，他们需要得到尊重和发展解放教育学的机会。我们在学校里仍然有许多工作要做——不仅需要接受差别，而且需要了解青年人的文化。我们的确需要学习青年人的话语，同时又不能把我们知道必须传达的内容过分简单化。

问：您是否认为应该在知识分子发展批判性理论的工作与精心编制一个广为流传的故事之间进行调和呢？

答：我们必须要有调和。我们必须要有文化，必须要有诗歌，也必须要有街景戏剧。的确,我们必须要让儿童"提高"和"记述",在墙上作画,并相互解读图画的含义。艺术作为一种转化与调和的方式,将变得非常重要。正如保罗·弗莱雷在芝加哥所说的,他喜欢看墙上的图画,并让人们说出他们从中看到了什么。昨天,在我的小型研讨会上,我让人们作画和讲故事。但是,一个漂亮的小女孩说:"我不想记住,因为我记住以后,就会因记住海地而过于伤心。"她父亲就在海地,因为他不喜欢那里的寒冷天气。她说:"我可以用一支黑铅笔来画出我的沮丧心情吗?"这是个 14 岁的小女孩。如果我们有两小时的时间,我们就会进行异常热烈的政治讨论。别的孩子向她问道:"你父亲是不是为阿里斯蒂德(Aristide)效劳。阿里斯蒂德当上总统的时候,你感到高兴吗?"她回答说:"所以,我才不想记住。"我坚持思考,让儿童们写诗歌,让他们开口讲像保罗的农民那样的故事。结果,一段时间过后,一种语言诞生了,他们也可以听到相互的声音了。我并不认为,一个人放弃了批判性话语。保罗并没有那样做。然而,我们必须改变它,它必须是由懂得脚踏实地之含义的人们写出的语言。不错,也许我那样做会显得俗气,但我有这种信念。

180

　　我想讲一件关于妇女的事情。我经常引用的一本书就是《意外遭遇》(Accident),是关于切尔诺贝利核电站的。作者讲述了制止国家修建核电站的青年运动以及这些建造者们如何听不进他们的意见。她很想知道,核电站的建造者们是否了解洗盘、洗餐巾、熨餐巾都是什么滋味。她讲述了妇女生活无法逃脱的具体事务。它不是生物学,而是真实的,我们也都是那样的,都必须回家洗盘、洗碗。她说:"洗盘","洗盘","洗盘"。也许那就是有助于我们传播那个故事的一部分根据。

　　问:我所听到的论点之一是进步教育和杜威的方法以失败告终。它之所以失败是因为它不能提供教育平等,不能为工业界培养人才。而且从经验的理念来看,它仅仅涉及极其简单的经验。新右翼人士指出,你必须发起一场回到基础运动,在工业和教育之间建立起更加牢固的联系。

　　答:学校重建运动强调主动学习、难题和问题,甚至强调质性研究,这与杜威的思想极其接近。虽然未必是完全一样,但也是来自经验,注重问题的提出。我参观过布鲁克林的一个社区组织创办的一所学校。其次，就是技术，它将在不同学校之间建立联系，而且我们还将开展远程学习。我们的一些学校加入到哈莱姆黑人居住区，以便通过因特网的使用克服教育不平等的现象。我希望看到某种精明人的出现——一些人正在出现——将因特网和技术的人性化应用与主动学习的兴趣联系起来。我所看到的是一种新杜威主义。我知道，我自己可能有些古怪，但我是这样想的。杜威对多样化和多元文化融合论的关注并不很多。你知道，他曾经抱怨说，当每一个人都进入同一个罐中时，我们看到的就是平庸。但他的确没有谈论过多样性，也许我们可以从中学到某种东西。就公共教育而言，另一种可能性——我担心从一种意义上加以思考——是我们将建立学习中心以取代公立学校，儿童们可以到那里去学习一些技术。这将是对伊里奇话题的一种适应。这可能是因为，无论发生什么样的社会化过程，它都将发生在教堂或当地组织之中。

问：您认为多元文化课程应当是什么样子？

答：首先，谈论到多元文化融合论时，我首先谈论我自己，我设想它跟许多别的文化没什么两样。换句话说，我14岁那年，我对自己的文化毫不在乎。我就想走出去，做我自己。我想参加斗牛，后来由于种种原因，我似乎开始对我的来历和家园感兴趣。我一方面忠诚于自己的来历，另一方面为自己的来历感到骄傲，我就是在两者之间的张力中度过时光。上大学的时候，我修读了一门关于犹太人的文化贡献的课程，因为我根本不了解它们是什么。我不知道自己内化了多少，但我现在至少不会为自己的犹太人身份而道歉。这一点似乎是最重要的。我想消除的是多元文化融合论；我对课程中的做法表示憎恨。我把它叫做中国食谱法：这一周我们要上西班牙语，我们要上葡萄牙语。如此肤浅和不假思索地使用教材，只不过是在清单中多了一项而已。因此，我对此无法忍受。

问：有的多元文化融合论版本展示的是另一种形而上学的高级的认识次序。

答：那是另一种本质先于存在论。右翼人士憎恨多元文化融合论的理由部分地是侵略主义和沙文主义。对做一名美国人的含义进行的单方面解释,这有点像对美国风格采取的三 K 党处理方法。另一个理由是,他们害怕多样化的视角,而多元文化融合论坚持寻求多元化的观点,拒绝接受整体性和一致性。

新任[大学]校长希图将他所谓的"多元文化融合论"当做一项头等大事来抓。这有点令我感到恐惧。我无法想象,他们的"整个多元文化融合论中心"是什么意思。如果他们决意邀请贝尔·胡克斯(Bell Hooks)①和某一位刚从海地赶来在哈莱姆黑人居住区快乐地生活的诗人并让他们在这里发挥作用,是一回事;而让几位英语教授或哲学教授讲授多元文化融合论,又是另一回事。

但愿我清晰地回答了你提出的许多问题,但如果有人向我询问我的工作,我也不会感到害怕。

---

① 贝尔·胡克斯(1952—　　),美国当代黑人女权主义理论家、文化批评家、教育家、作家、诗人。——译者注

第八章
格洛利亚·拉德森—比林斯访谈录

GLORIA LADSON-BILLINGS

问:格洛利亚,请谈谈您的生平。

答:我是 20 世纪 50 年代和 60 年代在费城长大,那是一个非常有趣的地方,因为它是美国自由黑人的第一个定居点。所以,在黑人遇到的社会事件与那个特定地区的黑人历史遗产之间存在着一种有趣的张力。我被民权运动施了催眠术,那就是每一天在饭桌上的对话。在我童年时代发生的这一社会变革对我产生了巨大影响。

在小学里,实际上还存在种族隔离现象——诸如黑人社区、黑人学校。上初中之前,母亲把我们从社区学校转了出来,我进入一所兼收不同种族的学校,直接目睹了所发生的不平等现象。即使我是班上最聪明的学生,我也会看到一个白人青少年学生受奖,而我的贡献却被边缘化。1965 年我中学毕业——并有意决定上一所历史上著名的黑人学院。

我一直对历史着迷,并打算研究黑人历史。所以,我就与本杰明·夸尔斯(Benjamin Quarles)、托马斯·克里普斯(Thomas Cripps)和一个名叫彼得森(Peterson)的人等一起从事研究。彼得森对班级同学讲:

"去越南不是你们的事情。如果你们想打仗,就应该到非洲的争取解放的军队中去打。"他讲述了一个他在布隆迪工作时其教堂被炸掉的故事。他是荷兰归正会的一名牧师。

所以,这仿佛是黑人斗争的一次政治觉醒,不仅发生在美国,而且发生在全世界,并涉及规模更大的殖民主义结构,这种殖民主义——当然我并没有使用这样的言辞——是一种代表"美国文化"的霸权主义。我并不十分肯定我将如何利用这种魅力。我参加了一些基层活动和抗议游行。

我不仅具有这种理智的觉醒,而且也有机会参加家庭事务。在这个家庭中,我父亲为一家公司工作,干的是不与工会签订合同的体力劳动。那是一个很大的洗衣店,店老板在社区拥有许多房子,许多人在那里工作并住在他的这些房子里。他们挣的那一点点的钱又以房租的形式偿还给了老板。这是一种将自己灵魂归属于公司商店的观念。一方面你已经有了智力活动,另一方面你又有人民的现实生活斗争。我开始关心一个人如何能够制止此类处境的再生产,因为在这种处境中,人民处于那种无望和无助的状态,受到经济、社会和政治因素的限制。20世纪 60 年代后期,教学工作成为被人们视为可以发挥重要作用的事情之一。所以,我便开始为七、八年级的学生讲授美国史和世界史。

问:您上的是什么学院?

答:我上了位于巴尔的摩的摩根州立学院。对我来说,那是一种有意义的经验,因为我之前从未真正在南方生活过。请注意,它在费城以南只有 92 英里的地方,但是你一旦越过了梅森—狄克森线,你就到了南方。20 世纪 50 年代,在南方的城市里,黑人不准进入百货大楼试戴帽子,你必须把它买下来。巴尔的摩就是这样一个城市。作为一名黑人,在不同的倾向中长大,但又要继续目睹到处可见的苦难,这促使我把上学和接受教育视为参加斗争的一条可能的途径。

我的第一份教学工作是在南费城找到的。我的学生大部分都是白种人,但确实也有一些用校车载送的黑人学生,这又是一个变革时刻。我开始认识到,白人、少数民族和工人阶级儿童并没有坐在同一条船上,而是同样在社会上处于一种从属地位。我从未想到这种现象,因为

185

133

界限的存在方式,你会将贫穷与黑人联系起来,将富裕与白人联系起来。如果你肯看一下诸如赫恩斯坦(Hernstein)和默里(Marray)的作品以及黑人对贫穷遗传物的谴责等,你将发现那种现象照样发生。但这些作品谴责的是贫穷的白人。那便是我早期就开始看到的现象——这些贫穷的白人也在非常相似的暴虐体制下进行着斗争。

几年后,我对教学工作的官僚制度感到失望,便决定到研究生院去深造。坦率地说,研究生院是怎么回事我并不真正知道。我只知道,它是下一个要做的事情。我最后横穿整个国土去了华盛顿大学。对我来说,那是一段痛苦而难忘的经历,因为我第一次进入一个周围大多数人在大部分时间内都是白人的环境。我是说,我经常与白人打交道,但我并没有回家去,而是跟白人一起住在一个社区里。

另一种痛苦而难忘的原因是,我在西雅图遇到的黑人——许多来自最南方——基本上都是该大学通过资助计划、赞助性行动和机会均等等等行动计划招收进来的学生。大学"招收"这样的人便可以接受补助,因此,它们会到全国各地招收这样的学生,这些学生中的许多人都没有上大学的心理准备。大学从前门把学生招来,学生又从后门出去,从而形成一种"旋转门"现象。但是,这些学生一度生活在一种隔离的环境中,我习惯于询问黑人的那些事情——音乐、哪里有吃饭的好地方等——他们的确都不知道,因此,即使生活中最熟悉的事情我也只能依靠白人帮忙。所以,这一点对我来说是非常痛苦和难忘的。我拿这件事情跟吉姆·班克斯(Jim Banks)开玩笑,因为吉姆作为一名助理教授,有可能已在那里待了一两年了。他总是说:"哎呀,我记不住你。"我便说:"不对,因为你整天忙于跑终身聘用的事情。"说到这里,我们就哈哈大笑。

我的研究方向是社会学科教育。我们需要在教育学院以外选修几门社会科学。我和一位地理学专业的朋友共同选择了地理学。我们一起上了许多节课。我永远不会忘记,1971年,我们需要完成一个研究性学习项目。我们就决定考察中国地理。

那段时间,华盛顿大学到处都是中央情报局的工作人员。我们选定了研究性学习项目以后,教授提出要见我们。每人都选了一个项目。

但是,我们就必须去见教授,因而便对我们开始了为什么要研究中国的很多审问。当时,我们到了那里,我猜想,由于这些大个子黑人的存在,黑豹党人运动正在建立国际联系,所以,我们在那个时候竟然选择所谓的"红色中国"作为调查场所,这难免造成一种恐慌气氛。我以为,我们确定那个选题的确有点出于闹着玩的感觉。那些经历真让人无所适从。

在当时的大众文化中兴起了黑人宣传影片。在西雅图,我经常可以遇到这些年轻黑人,他们会经常看到这类东西——欺骗,贩毒——"啊,黑人就是这个样子。"我听了就会说:"不,黑人不是这个样子!""他们在纽约就是这个样子。""哎呀,不对,不是这样。那只是好莱坞的说法。"所以,我开始将宏观的体制看做与黑人儿童教育失败有一种同谋关系。当然,不仅是黑人儿童,而且是全体儿童都在接受一种错误的教育。

我离开西雅图,回到了费城,回到了为期 11 个周的漫长而激烈的工人罢工中间,但我不会越过罢工纠察线的。那是我的工人阶级教养的一部分,你是不会那样做的。他们在物色一位社会学科视导员,而我当时正巧拿到了社会学科教育硕士学位,结果证明我似乎就是最合适的人选。不过那是一份全称为"社会学科科学合作者"的怪诞工作。我现在成了一个合作者,我很紧张——我说:"听我说,我有社会学科的背景,但却没有科学的背景。"你也知道官僚们的那一套,人们说:"不必为科学焦虑。"但是,我的确为科学感到焦虑。工作的名称是社会学科/科学,因此,我仿佛竭尽全力去研究科学教育,而且我的确理顺了一些事情,以便为我所督导的那些科学教师提供帮助。

我于 1975 年或 1976 年得到那份社会学科工作,当时还发生了两件事情。一件事是美国建国 200 周年庆典。但愿你能想象出在 200 周年庆典期间没有任何一个比费城更疯狂的地方,我是说费城人就是为此事而活着。因此,我做了大量的填充式采集活动,有点像填空,1776年黑人的状况如何? 1776 年妇女的角色是什么?

我走到一座被称为"克利夫登"的房子,那是德国城战斗的战场,他们试图将之加入国家保护登记簿中。我在克利夫登用了午餐。我和管

135

理员路易斯（Louis）进行着这样的对话，并一起吃着螃蟹。他对我说："你知道吧，这也是乔治·华盛顿（George Washington）①的内科医生本杰明·丘（Benjamin Chew）的休假住所。"我边吃，他边说："你知道吧，这些盘子都是马萨·华盛顿（Martha Washington）送给丘太太的。"我不能再吃了。因为我想，如果我打碎了这个盘子……马萨·华盛顿……我还不能跑到吉姆贝尔斯去买个盘子。所以说，那里还保留着一种完整的历史感。

当时，我带着一位黑人妇女，她是我的一位好友。她问道："丘先生家有奴隶吗？"那个家伙似乎围着它跳舞，并说："哦，没有，我想他家的确没有奴隶，他可能雇有几个佣人……""哎呀，我想你是搞错了，我认为当时他家里有奴隶。""哎，没有。"所以，他们相互之间争来争去。结果证明，这位黑人妇女将其费城的家史追溯到 18 世纪，而且她的少女时的名字就叫丘。她是上述丘家族中的一员，的确了解当时是有奴隶的。我的意思是，做这样的一份工作似乎是有乐趣的。

发生的另一件事是能源危机，他们正在寻求能源教育，因为一些主要的公用事业公司发现其用户对能源一无所知。

因此，我最终为中年级编制了这种能源课程，但我并没有从科学的视角来编写。还有一位中学教师，他是严格地从物理和化学的视角进行编写的，不过最终却被他们弃置一边。倒是我编写的课程被他们采用了，因为它基于的前提是：所有年轻人都将是能源消费者，而不是工程师或物理学家。这件事进展迅速，我四处奔波举办这些能源研讨班。虽然我了解得不是太多，但我还是在举办这类研讨班。

我们那个地区出现了预算紧缩，我最终还是难以为继。我保留着最起码的资历，因此，我又回去教学了，这份工作我干得很顺。不过，我所开发的课程却不能由自己掌控了。我发现，我不能继续掌控的原因是我不具备高级文凭——我没有博士学位。我无法摆脱这一困境，也不能更加独立，这成了我回研究生院学习的驱动因素。而且，我知道我要到西海岸去，将连续遭遇三个难忍的冬季。我开始关注哈佛大学，但

---

① 乔治·华盛顿（1732—1799），美国第一任总统（1789—1797）。——译者注

我想到"那里也很冷,甚至比费城还要冷。就考虑斯坦福大学和加利福尼亚大学伯克莱分校吧"。我想我与加利福尼亚大学伯克莱分校更亲近,因为那里有不少我的大学朋友;而且20世纪60年代的所有学生罢课更加接近于我的个性类型。但是,加利福尼亚大学伯克莱分校当时完全陷入混乱状态。实际上,那段时间恰逢他们在谈论解散教育学院的时候。斯坦福大学秩序很好。在斯坦福大学,有一个全面负责的人,也就是说,那个人专门负责这件事情。因此,斯坦福大学给我发来了这方面的全部信息,一切都显得有次序、有组织,他们向我提供了一个奖学金名额,我便接受了。

我于1978年去了斯坦福大学。我在那里有一个向我提供10年信息的"窗口",发挥着教师的作用,唯一的例外当然是我在西雅图度过的那年。这次,我以不同的方式去研究生院。我入读斯坦福大学时带着一种意识,即这不是一个为我准备的地方。我所做的首要事情之一,就是对这一机构的历史进行研究。我对这一机构了解得越多,我就越想说:"我是这里的一个干涉他人事务者。这个机构并不是为我而设立的。我需要弄清楚的问题是:我如何才能得到这所大学应当为我提供的东西,同时又不会因为它不能真正满足我的全部需要而感到失望。"

我想,在工作了一阵子以后,再去上学显得很有乐趣。它恰恰像你在读书似的。但是,我还是决定不住在校园里面。当时,我有个10岁的儿子,我必须创设一种如同家里的环境。我搬到了东帕罗阿尔托,这对我来说是一个最合适的住处,因为这样一来我既可以保持加入黑人和棕色人的实际斗争,又可以在研究生院读书。我非常积极地投身于帕罗阿尔托的社区行动主义活动中。我同乔伊斯·金(Joyce King)及其他一些家长一起工作。我们成立了一个"家长积极行动"小组。我们还联络了一些拉丁美洲人学生家长,他们以翻译的角色和我们一起工作。那是我生活中激动人心的一部分。

我从西雅图回到费城以后,就在波多黎各社区工作。我教波多黎各黑人孩子,所以,有趣的是拉丁美洲人变得纯一的方式,与任何一个非白色人种者极为相似。他们曾经请我现场试验一些内容全部涉及波多黎各人的书本。孩子们读着这些书本,书中有关于"胡安(Juan)有墨西哥煎玉米卷和辣椒肉馅玉米卷饼"的故事,我的学生们说:"这是什么?"你知道孩子们在说什么:"这是什么屁话?"

课程发挥作用的方式对我是有吸引力的。但当我试图联系这一点时——如同一个人把自己视为牢牢根植于一种特定文化、关心社会结构的形式和学校教育的社会目的——我再一次认为课程首先提供了一个思考变革的机会。但是,教育学院这个地方并不能帮我形成这种想法。

我副修人类学时得到了一点关于某种可能性的暗示。方法论对我有很大的诱惑力,因为我说:"这的确是在谈论你必须根植于文化之中,你不能站在它的外面来做出这些判断。"这产生了一点效果。当我进而谈到西尔维娅·温特(Sylvia Wynter)的话题时,我好像被一吨砖头砸中似的。她开始谈论种族社会建构、性别社会建构以及我们的社会制度产生此类意义的存在方式。所以,我最后和西尔维娅一起修读了一些课程。它们虽然的确使我产生了某种幻觉,但也为我提供了一条构思这些问题之架构的新途径。

问:温特的这次谈话是否让您对身份认同政治学有了一种综合的认识呢?

答:有人确实对我说过,这个校园就有这样的人,即你可以与之进行此类对话并且不会被视为发狂。这就像杜波依斯(Du Bois)的双重意识概念。你经常在质问自己。有这样一种观点,世上没有人能够以你的方式看待世界。

我父亲是一位他们在20世纪40年代经常说的一个有种族意识的人。虽然他没有接受过正规教育,但他身上却有一种极其坚强的品格。他很善于分析,热衷于政治,积极致力于帮助你解读世界的理念。我们是在电视时代成长起来的。我记得,我们看过的最早的一个节目就是《超人历险记》(Adventures of Superman)。我父亲经常会说:"你们看这个。你们真的相信白人会飞吗?"我们在看节目时,常常会进行这种查究,就像他在对我们说:"想一想,这个对你们有什么影响?想一想,它在对你们说些什么?"《森林中的罗摩》(Roma of the Jungle)是一部经常播放的电视连续剧,所以,你可以看到森林中的这些白人探险者,黑

191

人却总是显得野蛮凶猛。因此,父亲不断告诫我们要学会分析,"那种描述对你们有什么影响?作为其结果,你们是如何看待自己的?"所以,我总是进行这样的思考。

进入一所实行种族隔离的小学,令人高兴的一面是你能够以不太被防备的方式谈论种族问题。因为我们的老师经常会对我们说一些事情,例如,"本次旅行我们要到城里的约翰·沃纳梅克百货公司去看喷泉。当我们到了那里,就必须遵守规矩。因为如果你不遵守规矩,人们不会说:'看那些讨厌的孩子。'他们会说:'看那些讨厌的黑人孩子。'"所以,我们总是能够意识到自己在社会上的身份,以及社会对我们并没有很高的期望值这一事实。但是,我们确实有这种老师。我是说,我认为我们的老师曾让我们接受了极其坚实的基础训练,这种训练与我的父母和我成长的社区联系起来了。

对我来说,斯坦福大学的这段经历并不像华盛顿大学那么令人痛苦而难忘,因为我好像终于明白了我不属于那里这一事实。我不得不寻找一位导师。斯坦福大学有许多优秀的人——我不是在抨击斯坦福大学——但曾让我产生智力兴趣的人却不多。

我最后在那里撰写毕业论文,题目是关于八年级中公民权与价值观的人种志研究。我和他们在东帕罗阿尔托一起度过了一年的时间。这些孩子塑造自己公民身份的方式极为有趣,因为他们没有把自己看作美国公民。他们帮我弄懂了一个事实:我也没有把自己当做美国公民。

几年前,我曾经在二月份离开这里前往布法罗。我在奥海尔坐上飞机,摇着头说:"我多么疯狂啊,我要离开威斯康星州首府麦迪逊市到布法罗去啦!而且是在二月份啊!"坐在我旁边的那位妇女开始发笑,并说:"哎呀,我从加利福尼亚来,也要到布法罗去。"又说:"我对此感到欣喜若狂。"所以,我们开始了这次交谈。她碰巧是个白人,给我讲了她如何喜欢布法罗。现在,她住在加利福尼亚,但她是在布法罗长大的,一有机会就往那里去。原来她就住在我非常熟悉的洛斯盖托斯。她对我说:"哎呀,你现在不了解它了,它变化很大呢。"我说:"哦,真的吗?"她说:"是的,所有这些亚洲人都迁过去了。他们并不是你我这样的美

192

国人。"

当来自纽约州立大学水牛城分校的那位妇女在机场接我上车时，我对她说："我是一名美国人。"她说："你在说什么呢，格洛利亚？"我说："是的，我是一名美国人！我熬了45年才成为一名美国人。当然，我是以亚洲移民为代价而成为一名美国人的。但我就是一名美国人！"这是我第一次能够回忆起有人直接对我说：我是一名美国人。这使我想起了我的一位大学同班同学。她获得了富布赖特奖学金，去了法国。我和她就通过书信保持联系。当时由于越南战争的原因，法国的反美情绪很高。不用说，他们本人曾到过越南，但你知道，这并非意味着我们应该到那里去。她说学校举行这样的游行示威，学生们向美国人掷西红柿。她还说："他们还用西红柿砸我。"她又说："我简直不敢相信！我对他们说：'你们为什么要拿西红柿砸我呀？！'"所以，在毕业论文中，我从这些孩子们身上找到一种感觉，即他们并没有觉得自己是美国人，这种感觉并不奇怪，因为我们年轻的时候也没有觉得自己是美国人。

在撰写毕业论文期间，除了人种志研究以外，我其实还进行着国家教育发展评估的活动——他们那时经常进行公民身份的测试，信不信由你。但是，我主持着对学生进行的测试。我对每个学生进行面试，询问他们为什么选择他们选定的答案。这件工作很有趣味。其中一个问题是关于孩子们是不是收听收音机里的新闻广播、看电视新闻或者看报纸。许多孩子都收听新闻广播。当我问他们"在目前的新闻广播中最重要的新闻是什么"时——那一年是1980年，我们正处在伊朗人质危机期间——孩子们的回答是"亚特兰大儿童谋杀案"。所以，我对部分孩子们说："没有人选择伊朗人质危机，这很有意思。"在那座教学楼的另一边，一位教师正在把这些黄彩带绕在树干上。好几名儿童对我说："我不知道她为什么把那些黄彩带绕在那里，因为伊朗人把所有的黑人都释放了。"这是确实的。当他们起初制造人质危机时，他们把所有人质都关到了大使馆，然后又把其中所有的黑人释放了。所以，对孩子们来说，他们的人种身份、他们的人种和种族身份是第一件事情。

从事这样的资料收集工作也是很有意思的，因为那一年是总统选举之年。他们非常担心里根/布什对黑人意味着什么。公民身份测试题中,有一道题是要求考生说出所有内阁官员的名字。你必须说出参议员、国会议员和所有内阁官员的名字。所有儿童都把内阁官员的名字答错了。有趣的是,孩子们都学过这些内容。这是八年级课程内容的一部分,但他们没有记住它。在 75 个孩子中,有一个孩子答对了国务卿的名字——这个名字是亚历山大·黑格(Alexander Haig)①。我问他:"你怎么会知道国务卿是谁?"他答道:"啊,我爷爷说,亚历山大·黑格是一个屁眼。"不过,来自该研究的结论是:一个人首先要有种族归属感,然后才能与公民身份建立联系。在学校里发生的部分行为是对种族地位的否认、对种族差别的否认。他们自以为,我们"都是美国人"。

教育学问题比课程实质问题更能引起我的好奇心。就在我离开斯坦福大学到圣克拉拉市我的第一个教学职位报到期间,我对教育学概念越发感到了好奇。

我有过几次读书的经历。我还在大量阅读可以被视为社区行动主义之类的文献。这些文献不仅仅是学术性的。我也读过詹姆斯·伯格斯(James Boggs)的著作——他是一位劳工组织者。乔伊斯·金把我引荐给他。我敢说,如果有必要对伯格斯归类的话,他更是一位标准的马克思主义者,尽管他没有接受过学校教育。不过,后来我又重新翻阅了父亲总是谈论的许多事件的材料。我想,年轻一代总是倾向于对上年纪的人所说的话打折扣。现在,我的孩子们回家后就会问我有没有马尔科姆·艾克斯(Malcolm X)的自传!你说怪不怪,我成了马尔科姆·艾克斯的自传了!而当我尽力给他们讲述这本自传时,他们又对此不感兴趣。

因此,我重新阅读了我父亲为我讲述的许多事件。我阅读了加维(Garvey)的一些作品。我重新阅读了《黑人接受的有害教育》(The Mis-education of Negro)一书,这是我在目前的课程中使用的一本书。我重新阅读了杜波依斯的《黑人的心灵》(Souls of Black Folk)。我阅读了黑人学者的作品。在 1969—1970 年间,我还阅读了《世界受苦的人》

---

① 亚历山大·黑格(1925—2010),美国国务卿(1981—1982)。——译者注

(Wretched of the Earth)。这是一部描写心灵顿悟的文学作品:"啊!这就是它!"虽然它在方法的处理上更多地属于心理分析,但它开始帮助我将一些分散的知识片断加以整理,涉及有差别的生活机遇以及黑人与白人、穷人与富人、女人与男人的不同经历。所以,这些东西已开始缓慢而稳步地走向具体化。

我们再来关注一下似乎每周都有人遇害的历史时期。我上大学本科的一周后,马尔科姆·艾克斯遇刺。我毕业的前一个月,马丁·路德·金又遇刺。我的大学经历被这两次痛心而难忘的经历所困扰。此外,还发生了一系列的种族暴乱。发生了这么多的事件,再加上越南战争和女权运动。所以说,那是一个激动人心而又十分危险的时期。

作为 20 世纪 60 年代的一个儿童,我时常担心的一件事情就是埃米特·蒂尔(Emmett Till)和那名凶手,而这种担心似乎是无缘无故的。我猜测他对一位白人妇女讲了一番话——据说他说的话和做的事有各种各样的版本。事实是,他们接受了审讯,但没有受到处罚。因为我没有在南方长大,发生这种事情实在令我难以置信。《喷流杂志》(Jet Magazine)刊登了埃米特·蒂尔残缺不全的尸体——这是一张可怕的照片,因为他的尸体已经膨胀和变形,看上去很像个妖怪。我经常做关于埃米特·蒂尔的噩梦。这并不是因为那张照片很丑陋,而是因为一名 14 岁儿童竟然在夜间被拖出来,以及我们黑人所处的情形。它帮助我认识了我父亲所做的某些事情。

例如,我们家在度假时很艰难。我只是认为,我父亲固执和平庸。但我父亲非常担心的是:"我不能领着我的家人去住宾馆,这很危险。我可能难以维护我的尊严。"我父亲过于担心上路,因为"拉着孩子们把车停在路边时,我自己就会觉得很丢脸"。

上大学时,我经常利用《喷流杂志》上刊登的那幅埃米特·蒂尔的照片,凡是不了解埃米特·蒂尔的人我一概不与之约会。我就是这样对那些事情吵吵嚷嚷地说个不停。我会到图书馆找出那本期刊,对人们说:"你们了解埃米特·蒂尔吗?"我不想跟不了解埃米特·蒂尔的人混在一起,因为他如此象征着我们所处的境遇。

所有这些事情开始使我产生了一种对更加变革的教育学的兴趣。

我上小学时遇到了优秀的老师,我还具备一种被称之为提倡流动性的东西。我是个爱整洁的小学生。我的头发梳得很整齐,我的作业能按时完成。所以,我想,我具备了"取得成功的那个人"的要素。我没有感觉到"我们所有人都能取得成功"。我的一些同班同学不像我那么整洁,但我知道他们很聪明,我开始为这一事实感到纳闷。我了解学校的规章制度,我母亲在这方面很擅长。所以,她对我们起了推动作用。在某些方面,教师形成和参与一种教育学的力量对我产生着越来越大的吸引力。

问:您的著作《梦想保持者》(Dreamkeepers)希冀表明课程政治学 196
和教育学的动态以及揭示谁是真正创造优秀成绩的有责任心的教师。但是,对于那些为了社会变革和迁移学习——尽管存在着有害的社会倾向——而成功地保持着我们幻想的教师而言,他们的底线是什么?

答:在对这些资料进行重新考察的过程中出现了三种要素。一是学校教育事业的整个概念。对于这些教师来说,存在着一种底线。他们待在学校里的目的并不仅仅是能和孩子们愉快地相处,大家手拉手唱着"我们将会克服"的歌曲,谈论着常见的斗争。孩子们必须学习知识。教师们都是一些对学业成绩可能意味着什么有广泛见解的女性。那不仅是你的标准化考试成绩,而是你乐意叙写你自己的故事,叙写你自己的社区,并穿越于不同的语言群体之间。因此,这是我看到的一种现象。我用来表示这种现象的隐喻是三条腿的凳子,如果你抽掉任何一条腿,凳子就不能发挥作用。

另一条"腿"是我称之为文化能力的东西。我指的是,一种牢牢根植于自己原有文化同时又能学有所成的能力。在这一点上,不存在社会的支持——社会将这两种事情区分开来。在它看来,要么你是聪明的人,要么你是真正的黑人。你不可能兼而有之。你不可能是一个聪明的黑人。你不可能是一个聪明的刚从南方来的人。教师尽力而为的就是使孩子们理解,这并不是一种截然相反的程式。这种螺旋式下降的确是一种异常现象。

教师们所做的第三件事情就是帮助发展我称之为"社会政治批判"的东西。只是聪明和具有黑人的牢固根基还不够。你必须能够提出以下问题:"学校怎么不为每一个人而工作?即使你知道那里的人很聪明,学校却好像要对他的能力进行严格的检验,这是怎么回事?"所以,这三个问题——学业成绩、文化竞争力和社会政治批判——为文化教育学的三足鼎立提供服务。

它不是人们所寻求的策略。它不是整个语言与读音法之间没有结果的争论。那都是一些干扰。主要的问题是:你相信儿童是聪明的吗?你相信他们能学到知识吗?你相信他们会给学习情境增添一些有价值的东西吗?你相信他们有必要发展一种批判语言,以便我们不会一直再现我们已有的东西?一篇批判性文章就是首先要理解这个制度是不公平的。它不属于英才教育。这些教师将自己理解为政治人物,已经成为一种手段。

作为一个学生/学者,我自己在本研究中所遇到的诸多事情之一也是我对种族的理论化过程的日益强烈的兴趣——这是一个新的研究思路,也许是一个平行的研究思路,我还没有完全弄清楚。我已经完成一篇关于批判种族理论的文章,而且我很可能会为唐娜·戴勒(Donna Deyhle)写一篇关于人类学和教育问题的文章。因为种族的理论化程度如此之低和如此不明确,以至于就连那些左翼人士也很难应付这一难题。

问:我完全同意。来自左翼的人们,特别是马克思主义者,已经进入种族领域,就像进入一个布雷区。显然,在美国这个国家,考虑到其种族结构的奇特性,种族与阶级之间的交互作用是极其复杂的。

答:不过,更让我着迷的——这似乎也是现代的一种象征——是种族不断形成和再形成的方式。你可以到麦迪逊的西边去,那里都是白人,但你将会看到朝后戴着帽子、鞋带没有系好的白人小孩子,他们穿的是沙奎尔·奥尼尔(Shaquille O'Neal)[1]和迈克尔·乔丹(Michael Jordan)[2]品牌的紧身套衫和夹克以及他们的收音耳机和耳饰。他们以

---

① 沙奎尔·奥尼尔(1972—),美国著名 NBA 中锋球员。——译者注
② 迈克尔·乔丹(1963—),美国 NBA 及世界篮坛最有影响的超级球星。——译者注

爱尔兰少数民族成员在 19 世纪末 20 世纪初遮掩黑色的方式"遮掩着"黑色。他们喜欢黑色的"乐趣"而无需承担责任。当然，因为他们可以在任何时候脱离那一状态——摘掉耳饰、摘掉金链子——重新成为白人。

所以，这里存在着乔伊斯·金称之为"概念白色"和"概念黑色"的东西，它使得克拉伦斯·托马斯（Clarence Thomas）成为白人。我常常说我要躲开这一现象，但我认为它是一个完美的例子。1980 年，我和西尔维娅·温特一起在听一门课，她谈起了这一想象性社会意义的概念，而种族就是这样一种东西。不错，人们还可以利用一些生物特征，这成为托尼·莫里森（Toni Morrison）一直谈论的话题——其社会意义要强大得多。

1980 年，西尔维娅·温特曾说到："你知道，因为 O·J·辛普森（O. J. Simpson）①是一个白人。"这话是她在 16 年前说的！她说："他怎么能有别的办法把赫兹车卖给我们呢？他所具备的其他素质足以使社会原谅他的肤色。他是男性，他是个运动员。"她似乎只是把这些东西挑选了出来。我所看到的社会上的人们在关于 O·J·辛普森事件的骚乱中所表现出来的狂怒和气愤不仅仅是杀人案，而且因为我们给予他作为白人的可敬的地位。而且，他已经回复到这一地位。这就好比他们在谈论从居留地领出去并送到寄宿学校的印第安人一样。表达的方式是，如果他们回到居留地，他们就会说："他们回到了毛毯中。"辛普森回去了，回到了黑色之中。这是一种当众侮辱。

所以，既存在着概念白色，又存在着概念黑色，以及它们相互打延长加时赛的方式。你可以说，科林·鲍威尔（Colin Powell）②是一个白人。科林·鲍威尔不会把自己称为白人。但是，军人又不一样，在排着整齐的长队中，我们会原谅一个军人的肤色，同时我们会利用它。人们

①　辛普森（1948—　　），美式橄榄球运动员，其杀妻（1994 年）成为当时美国最为轰动的案件，当时被无罪释放。——译者注

②　科林·鲍威尔（1937—　　），美国国务卿（2001—2005）。美国历史上第一位黑人国务卿。——译者注

会说："好啊,我会投票支持科林·鲍威尔。我没有什么偏见。"因为你看到的科林·鲍威尔是一种概念白色,这有点像在打这种语言密码和白与黑的意义与象征之间的延长加时赛,不是一般的分类,而是象征的分类。

问:但是,我们可以用象征取代解释。例如,当我在加利福尼亚大学洛杉矶分校得到这份工作时,我就在跟当时的确比我资历高的典型的白人保守派教授展开竞争。后来,我从内部得知,当做出对我有利的决定时,一位知名的伯克莱分校教授——现已退休——说:"哦,所发生的事情是艾克斯不具备适当的种族地位。"这是不想对我们面临的复杂性做出解释的一种回避。当有色人种赢得一种学术地位时,那是因为采取了积极的行动,而不是因为他们比其他候选人更加胜任、更有才能或者更有成果。

答:是的。我相信,资本主义需要种族主义。种族主义并没有那么古老。现在,的确还存在着封建主义的等级制度,还存在着完整的等级制度。但是,奴隶制无疑先于种族主义而存在。种族主义在创造和形成白色人种方面经历了一个漫长的过程。我想,我的学生感到吃惊的事情之一就是当我说到白色人种是形成的。人们刚到这个国家时还不是白人。他们来的时候是英国人和苏格兰爱尔兰人,然而是什么事情把他们拉在了一起?因为他们没有共同的经历。我是说,一个德国汉堡包与一个法国农民没有共同的经历,不存在共同的经历。但他们的确具有一种共同的类别,形成这一类别的目的是将他们界定为无资格实行奴役。

问:当然,是在不同的等级制度下。您也可以将种族和阶级的论点延伸到性别方面。在父权制与种族制之间存在着复杂的关系。批判种族理论不是作为一种研究学校的理论而出现,而是一种研究监狱和美国司法制度下有色人种受到怎样对待的理论。从研究监狱制度下种族歧视的初始直觉知识过渡到研究中小学和大学有色人种状况之间的飞跃,需要付出什么代价呢?

答:如此说来,你首先必须了解法律是如何构建社会关系的,他们是坐牢、工作还是上学。问题是法律与教育之间是一种什么样的关系。

我们可以考察 17 世纪以来的任何与儿童上学法律要求有关的事情——从马萨诸塞州的《老恶魔撒旦法》（Old Deluder Satan Act）①讲："啊，儿童不得不进入学校学习读圣经，"——直到布朗（Brown）、福迪塞斯（Fordices）和与学校教育有关的各种决定。

批判种族理论对我的吸引力和我重视学校教育的理由在于：它涉及种族与财产的关系，而财产是学校里的首要问题。我们声称我们需要一种平等的学校教育制度，但我们却根据财产的价值资助学校教育。如果财产价值降低，你的学校就将沦为差校；如果财产价值得到高度重视，你的学校就会变得得天独厚。这本身就是不公平的。课程是财产的一种形式。因此，对所谓的非洲中心课程的狂怒就涉及谁拥有对课程财产的权利。所以，我认为，教育中的批判种族理论是一个开始探究的极好地方。财产隐喻用在教育领域恰到好处。关于学校教育的一切事情皆与财产有关，无论是知识的、社会的和文化的，还是关于不动产的。

问：您的与权力有关的经历如何，尤其是在美国的精英式公立院校？您在提高批判学者在大学中的地位的可能性方面做了些什么工作？

答：事情是这样的，我认为，大学跟美国文化中的许多东西没什么两样。就是说，它们提供着这些可能性的空间，或许我可以使用这一词语，我们有时候确实需要利用这一点。我们正处在一个特殊的历史交汇处，"多样化"问题正在给大学带来一种紧迫感，从它们雇佣的人员，到它们提供的产品，再到它们与所在社区的关系。所以，不幸的是，我所提出的问题都是一些"时髦的"问题。不过，它们与我进入圣克拉拉市时提出的那些问题并没有什么两样，尽管圣克拉拉市对它们并非都如此感到兴奋。

我在圣克拉拉市所能做的事情似乎就是向行政办公室游行示威，要求得到一份大学使命声明的复印件，从而将我的问题重新转移到它

---

① 《老恶魔撒旦法》，即《马萨诸塞州 1647 年学校法》，美国殖民地时期马萨诸塞州 1647 年颁布的强迫教育法令。——译者注

201 们身上。那是个耶稣会会士机构，所以，我早已明白，我所寻找的东西就在那里。那里有一种社会正义使命。现在，我明白了，在圣克拉拉这样的地方，人们在谈论社会正义时，他们是在萨尔瓦多进行谈论。他们的谈话并没有涉及与圣克拉拉毗连的加利福尼亚州的圣何塞。所以，在这里，一所院校里几乎所有的学生都是白人；园林工人是拉丁美洲人，还有的是日本人；看门人是黑人和拉丁美洲人；此外还有看不到的东西。它甚至看不到它与其社会目的和专门使命之间出现了可怕的矛盾。所以，在那里，我不得不变得更具前摄力并且说："我所做的事情与你所声称相信的完全一致。"生活在美国的奇迹之一就是，他们已经编写了这些具有难以置信的正义和平等空间的文献资料来讨论——我不敢肯定那就是所谓的农民头脑中所想的东西。

问：杰斐逊的美国宪法序言……

答：是的！但它就在那里。在许多方面，那就是民权运动的运作方式。它的运行并没有超出法律的范围。它借用了犹太教—基督教的信条，也借用了民主的信条。

彼得·麦克拉伦（Peter Mclaren）谈到了所产生的公司多元文化主义。公司方面已经发现这是一个赚钱的机会。我可以把它出让给任何人。我可以放入沙奎尔·奥尼尔，我可以让每个人朝那里奔跑。埃迪·墨菲（Eddie Murphy）进入电影（任何电影）之中，里面塞满了人。所以，围绕着多样化的存在并没有多少紧张气氛，我的工作也开始向前推进，进一步围绕一些批判性问题而展开。大门开了。我还没有天真到竟然相信大门会保持敞开。它还会重新关闭起来。不过，然后我不得不重新返回和复旧，"好啊，那么院校的使命是什么？院校的使命又如何与明确的国家使命相一致？"所以，我仍然在民主主义的框架中工作。我没有必要在资本主义的框架中工作。我的一部分工作就是，帮助学生们分清民主主义和资本主义。我们的讲授方式好像让人们觉得他们在我们的大学前教育中是完全一样的。因此，当你对资本主义提出批判时，儿童们会感到迷惑不解。

202 因此，大学是一个独一无二的地方。由于终身职位制度的存在，这的确使得你能够进行这种对话。我认为，我们中的一些人将自己称为批判者,这些人必须履行的另一个责任就是:我们必须成为优秀教师,因为那是大多数学生接触我们的途径——通过我们的教学法,而不仅仅通过我们的学识。不幸的是,大学越来越变成被动的消费者,因此,你需要能说出下面话语的学生:"我可能不会同意她的观点,可是天哪,是她强迫我思考这些事情的。我们争论到底,但我还是尊敬她。"那类事情是我们作为批判性教师所必须履行的责任。我们不能回到办公室后说:"啊呀,我无法对付这些学生。"但是,我认为,大学已经将自身描述为一个你可以进行那种对话的地方。现在,也许大学特地将自身描述为美国的那种地方,因为有这样一种信仰,即不过分可能出自大学,并将破坏其结构。人们并没有因为大学教授变得如此有权力而杀掉他们。因此,我们没有掌握很大权力的观点对我们发挥作用有利。我更相信,我们的确有一些权力,正是这种权力的使用才使我们所从事的工作成为重要的工作。

第九章
亨利·莱文访谈录

HENRY LEVIN

问：亨利，请描述一下您的生涯道路，行吗？

答：我生长在一个好争论的家庭，但并不是一个知识分子家庭。我们总是争论。我父亲甚至瞧不起知识分子，认为他们从来不干工作，都是些懒汉。我母亲进行大量的知识性阅读，她的学历比我父亲高得多——她有硕士学位，而我父亲只是一个中学毕业生。20 世纪 50 年代的名著讨论是一场备受人们欢迎的运动，我母亲就是这个运动的一分子。这个运动在全国各地组织人们参加名著讨论，有自己的领导者，有正规的会议。我母亲的生活中有这种需要，纵然她有 6 个孩子，而且不得不干一些兼职工作。我父亲认为，那是无关紧要的。另一方面，我父亲拥有月俱乐部（the month club）中的每一本书。他购置了每一种重要的百科辞典，例如，《美国百科全书》、《大英百科全书》、《世界百科全书》等，因此，我们家到处都是书籍、杂志、报纸，尽管他瞧不起大学、知识分子等。我上大学的唯一可能性就是学习一门实用的知识——商业。这就是我父亲在感情上或经济上所能支付得起的。因此，我上了纽约大学商学院。一开始学习，我就发现商学课程极其乏味，而文科课程却使我感到非常兴奋。所幸的是，纽约大学要求学生必须达到文科大约 60％计算学分的学习量，才能获得商学学位。这对于大约 40 年前的商学院来说是一件反常的事情。这种偏重文科教育的做法让我感到愤怒。当然，当学习结束以后，我更加独立了。我想，也许我愿意改行。我想到了文学，但我缺乏足够的语言功底。我想到了心理学，但我知道我将不得不进行大量的本科学习。我曾抱有参加奥运会的意图。我当过田径运动队和依靠奖学金的跨国运动队的领队，而且还是一名国家级长跑运动员。我也准备在那时结婚，并有许多牙医工作要做，所以，我需要退学和出去工作一阵子。

毕业以后，我工作了两年。我不得不因其他职责而放弃跑步。我到一家保险公司上班，但两个月后又辞职不干了。然后，我又到纽约的萨克斯第五大道上班，想了解一下零售业是怎么回事。可以说，因为我在那里是一名年轻经理，便有机会了解到公司中的生活状况。我能够观察到 10 年或 20 年后如果我成功时的生活状况。大量的饮酒，大量的商业和购置腐败，这是我不愿意看到的。我一面工作，一面申请上研究生。两年后，我又回到大学攻读经济学。

我上了新泽西州的拉特格斯大学。由于我申请得太晚而没有拿到奖学金，所以，只得住在家里，但一年内我就争取到了奖学金，随即又搬回到大学去住。我遇到一位名叫 C·哈里·卡恩（C. Harry Kahn）的财政学教授，他知名度很高，对工作一丝不苟。我非常喜欢他的标准，并开始与他一起工作。最后，我写了一篇论文，不是关于教育的，而是关于如何应对公共利益的需要。我在坚持那份工作的同时，还不得不自给自足。当时，我已结婚，并且有了孩子。所以，我在撰写这篇论文的同时，又找到一份为期一年的工作。我开始为纽约市一个财政委员会从事纽约市销售税的经济分析。这大约是 1965 年的事情。我的导师迪克·内茨尔（Dick Netzer）在财政领域享有很高的知名度。所幸的是，他对我的工作印象很深。1966 年，我到就业市场应聘时，卡恩和内茨尔都为我提供了支持。密执安大学、布朗大学和华盛顿布鲁金斯大学都给我发来了邀请函。而我似乎对布鲁金斯大学最感兴趣，因为他们询问我是否喜欢在教育、卫生等社会领域工作。而我真正感兴趣的就是那一方面。当时，布鲁金斯大学的确是一个非常重要的活动中心，因为那正是"伟大社会"的时代，它与民主党政府关系紧密。的确，我到达布鲁金斯大学的那年秋季恰逢它 50 周年校庆之际，约翰逊总统发表了基调性讲话，我坐的地方离他只有 10 英尺。

我开始从事教育工作，并发生了一系列的事情。我的上司乔·佩奇曼（Joe Pechman）是财政领域知名度很高的经济学家。他告诉我说，教育经济学是一个新领域，需要发展。所以，我应该做我想做的任何事情。我做了两件事情：第一，我在华盛顿特区的一所黑人初中学校找到一份当社会课程代课教师的工作。我把支付工资的支票给了布鲁金斯大学，每天我从早教到半下午的课，然后在布鲁金斯大学度过其余的时间。其实，这份工作我干了好几个月。第二，我从读物上看到了关于《科尔曼报告》（Coleman Report）的报道，当时我的想法是，能够发现一个关于教育机会公平的重要报告和争论是多么有意思啊。他们采用的是我所熟悉的统计方法，所以，我搞到这份报告的复印本，可是让我非常吃惊的是，这份报告做得很不地道，写得很差，而且我认为它本质上是错误的。我从该报告的发起者原美国教育办公室搞到了数据磁带。那时大概是 1967 年元月，我被哈佛大学的约翰·邓洛普（John Dunlop）引荐给萨姆·鲍尔斯。邓洛普是一位重要的哈佛大学经济学家，在一个总统顾问委员会供职。所以，他来到华盛顿与我碰面并告诉我说，他在哈佛大学有一位年轻教师对我所研究的问题感兴趣，或许我们应当见上一面。几周以后，我接到萨姆·鲍尔斯打来的电话。我们面谈了《科尔曼报告》，并一致认为它存在着错误。所以，我们决定写一篇文章。与此同时，我运用科尔曼的数据分析教师，并试图解读教师市场和教师行为。我运用了其中的一部分数据，所以，我对这些数据如何生成了如指掌。

我和萨姆写了一篇文章。由于我们年轻，不懂得尊重人，因此，我们觉得写这篇文章很开心。例如，文章中有一部分是关于《科尔曼报告》的自相矛盾之处。我们声称，任何一种发现都有一种相等和相反的没有被发现的东西，这符合热力学规律。即使我们的态度很严肃，但我们的文章还是带有这样的讽刺口味。我们把这篇文章发送到多人手中,从而引起了广泛的注意,包括《华盛顿邮报》、《纽约时报》和原《华盛顿星报》等报纸的新闻报道。后来,许多大学教师与我们取得联系,我们开始变得声名远扬。我开始接收来自其他大学的邀请,要我考虑到那里去。与此同时,越南战争也开始升级,所以,我的私人生活变得日益复杂起来。我与布鲁金斯大学的马丁·卡努瓦等人一起,发起了一个"关心为了和平之公民"(Concerned Citizens for Peace)组织。每到周末,我们就去不同的街坊邻里——起初人数很多——然后,我们再挨家挨户向人们询问诸如他们的态度如何、他们对战争有什么了解、他们是否愿意参加会议一起讨论这场战争等问题。我们决定在政治上将他们组织起来,以接管华盛顿的那些管区、寻找反战候选人。教学、反战活动、研究以及我妻子身怀第二个孩子,这些都使我的生活变得很困难。我的前妻病得很重,已不能真正照顾孩子或工作。我们还面临着经济问题。最重要的是,华盛顿对我来说正在变得非常困难,因为它与战争的牵连和同谋关系,以及我的布鲁金斯大学同事对林登·约翰逊总统的积极支持,所以,有了这些主动提供的就业机会,我开始对这些大学校园进行考察。1967年10月,我访问了斯坦福大学;之后不久,他们便主动向我发出邀请。1967年11月或12月,我就已经知道我将于1968年夏天在斯坦福大学工作。

问:作为一名助理教授,没有终身职务吗?

答:是的,作为一名助理教授,没有终身职务。所以,从教育上看,发生了三件事情。一是我即将完成论述教师的手稿。我就要完成这部从未发表的论述教师的巨作。它是一部跟书一样厚的手稿,布鲁金斯大学已准予发表。可是,一旦我到了斯坦福大学,我太专注于别的事情,以至于连修改书稿的事情也没有放在心上。1968年,社会事态正在加剧,对我来说,这个时候一心想着修改书稿,岂不显得技术专家政治论的色彩太浓了。

所以,让我们回到1967年年底。我和萨姆的著作正在引起广泛的注意。我们把它投到了《哈佛教育评论》,但从未听到来自他们的消息。最后,萨姆打电话向他们询问。他们并没有提出任何技术性批评,他们只是害怕发表它——在他们看来,两个不知名的人挑战一个大名人,而且《哈佛教育评论》杂志也没有任何人能够从技术上对这篇文章做出评价。然后,我们又将它投到《科学杂志》,他们拒绝发表而且没有说出任何理由。之后,我们又将它投到《人力资源杂志》,它于 1968 年 1 月发表了——这是对《科尔曼报告》的第一个技术性评论。有趣的是,虽然它初次发表如此艰难,但此后几年它在外地的重印次数至少多达 36次。

208

　　二是我 1968 年 1 月在一份名为《星期六文学评论》的知识性杂志上发表了一篇文章。这份杂志现在已不存在,但在当时它却是一种如同《时代杂志》一样非常有名的知识性刊物,涉及艺术、文化、教育等一系列问题。我们开始备受关注。但同时,我对社区管理学校非常感兴趣。我坚信,导致教育失败的核心原因是权力缺位,包括少数民族权力缺位、社区权力缺位。所以,我中止了代课教师的工作,把时间花费在考察项目,研究华盛顿特区一所社区管理的学校。这件事促使我回到布鲁金斯大学向我的上司提出申请:"这件事很重要,我可以召集一次专题会议吗?"我的上司乔·佩奇曼意外地同意了。之所以意外,是因为这件事离开了经济学领域,而我当时就属于经济学研究部。他们那里设有政府研究部、国际研究部及其他研究部。我属于经济学研究部,而我的上司却要我召集一次社区管理的学校会议。

　　我们召集了一次激动人心的专题会议。与会代表中有:"黑人权力"拥护者、美国各地的社区管理运动代表、理论家、政治学家、经济学家、记者。布鲁金斯大学素以较为传统的活动而著称,这次会议对它来说是一次非常反常的专题会议。1970 年,我出版了我的第一部著作,以这次会议为基础,书名就叫做《学校的社区管理》(Community Control of Schools)。我来到斯坦福大学时,我妻子已经怀上了第三个孩子。运动在进行着,抗议活动也在进行着,我卷入到整个活动之中,并把它当做我早期反战活动的一种延续。故而我以助理教授身份来到斯坦福大学。系主任汤姆·詹姆斯几乎是这样对我说的:"做你这个经济学家应该做的事情。"他给了我自由活动的空间,所以,我的工作便跨越数个领域,重点放在教育资助方面,特别资助贫困人口和市中心的儿童。我对一些成本效益分析进行了研究,对社区管理学校进行了研究:我们如何进行学校改革,尤其是谁来控制这种权力。这使我开始面临若干相关的问题。

1969 年,参议员沃尔特·蒙代尔(Walter Mondale)主持参议院教育机会均等特别委员会的工作。他要求我做一些对不适当教育的成本做出估计的工作。这件事与经济学有关,但也与民主、公正和平等的基本问题有关。20 世纪 70 年代初,我就在研究这一问题,一直到 1973 年。1973 年,从这些运动中,从所发生的一切事情和我自己的经历中,我得出了这样的结论:我们必须把经济民主加进我们所有的经济机构之中。我有幸以工业民主的经济要求为由从原国家教育研究院得到一笔资助。那是时代的一个象征,因为我怀疑如今我们还能不能得到这样一笔资助。马丁·卡努瓦和其他一些人都参与了。

问:您在斯坦福大学任职以后,马丁也在那里任职吗?

答:不错。我 1968 年 6 月到达斯坦福大学;马丁 1969 年 1 月份到达那里,做的是国际工作。因此,到 1973 年为止,我们已经建立了一个叫做"经济研究中心"(Center for Economic Studies)的机构,从事这一重要的工业民主研究工作,研究的问题包括欧洲的经济民主、工人接管工厂、联合决策、工人合作机构等。在研究工人合作机构方面,我还得到了国家心理健康研究院的支持。所以,我和马丁便深深卷入到工业民主的研究工作中去。这项工作把我们引入不同的方向:1980 年前后,马丁与德里克·希勒(Derek Shearer)和拉斯·朗博格(Russ Rumberger)合作出版了一部名为《经济民主》(Economic Democracy)的著作;1984 年,我和鲍勃·杰卡尔(Bob Jackall)合作出版了一部名为《美国的工人合作机构》(Worker Cooperatives in America)的著作。而后,我们之间的合作重点关注我们与鲍尔斯和金蒂斯研究工作之间的困境。我们不理解从鲍尔斯和金蒂斯以及若干欧洲作者的结构主义模式中所发现的经济决定论。1978 年,马丁与尼科斯·普兰查斯(Nicos Poulantzas)在法国度过了一个长假。他回到斯坦福大学打算揭示为何普兰查斯也发生了变化。我在翻阅那些传统著作,即来自赫希(Paul Hirsch)、早期的普兰查斯、奥尔蒂塞(Louis Althusser)等人的全部著作。我认为,这部著作非常机械,即意识形态上的国家机器的概念,我还发现了其中的许多问题。我并没有把学校视为完全是对工场的模仿,我和马丁得出的结论是:这部著作的整体性错误是从未考虑到国家。也就是说,如果你翻阅这本著作,从国家被全部包括的程度上来看,它要么就是一个资本主义国家,要么就是没有被包括进去。我们的观点是:在那些民主资本主义政府的国度里,实际上存在着一种必须认真对待的民主推动力。有时候它甚至成为头等大事,有时候它又让位于资本主义动力,但它们是两种完全不同的动力。只有在特定的条件下,这两种动力才能够暂时发生重叠,尤其是当经济迅猛增长的时候。但是,有史以来,这两种动力一直处于冲突状态,一直存在着一种潜在的斗争。既然学校处于民主资本主义国家,那种斗争必然会降临到学校。这就是理解学校中各种斗争的途径。我们当时的确读过迈克尔·阿普尔的著作,我们也读过亨利·吉鲁的著作,还读过包罗·威利斯(Paul Willis)的著作。

问:20世纪70年代中期至末期,关于再生产理论的大讨论是一次全方位的讨论。尚未达到的是从教育的政治经济视角对社会和文化再生产理论所作的系统评论。

答:不错。20世纪70年代中期,我和马丁开始撰写《资本主义国家的学校教育与工作》(Schooling and Work in the Capitalist State)一书。我们的著作不寻常,因为我们比大多数其他理论家感觉到多得多的不确定因素。我们带着一种人种论成分看待这些动力可能再次降临学校的方式,因为我们有一个和我们一起工作的团队。我从1976年开始撰写,并于1978年在提交给巴黎联合国教科文组织国际教育计划研究所的一篇论文中发表了我的第一版本。当马丁出版了关于被肢解的劳动力市场的著作时,我出版了关于工业民主的著作。该著作的标题好像是"工业民主的教育计划",但我对它并不满意,它遗漏了一些东西。我谈论的是其中的动力,但我在其中没有得到的是民主和资本主义国家的详情。1979年,马丁休假回来时,他对这个国家有了深入的了解。后来,事情开始变得明朗了。该书直到1985年才出版,因为我们仍然有大量的工作要做,以便对它加以理解。所以,这本书从1973年到1985

年一直处于构思或酝酿阶段。

现在,问题非常简单。我们看到了一种完全不同于民主资本主义国家的专制资本主义国家。当时,大多数理论家都没有看到。对我们来说,阿根廷与美国完全不同,南非与美国完全不同。关键在于斗争在什么地方出现,它如何以一种特别的文化和政治形式出现。如果你仅仅把庇隆主义者说成是工会主义者,或者把他们说成是来自右翼,那你就不能理解他们。这没有任何意义。所以,你必须了解具体的社会和政治形成方式,以便运用我们所采用的论点。

当你把它们应用到美国时,人们就会意识到它们必须以不同的方式应用到其他社会。我们在书中同样留下了一些空间,没有具体涉及女性或少数民族。我们营造了更大的画面,虽然我们觉得我们能够在那种环境中处理好更小的画面。我们也没有被威利斯、吉鲁和阿普尔的文化抵抗理论所说服,纵然我们两人对他们都很友好并引用了他们的观点。所以,我们认为,如果那就是所谓的抵抗,它是缺乏英雄气概的,并且不能取胜。它不是群众性的,他们所谈论的抵抗是极其有限和极其脆弱的。

问:但是,这种类比是从再生产过渡到矛盾的,而且最初的抵抗概念试图从某种意义上把这场斗争的社会力量概念整合在一起。

答:我们看到它被整合到外界社会——即更大的民主动力——的斗争中去。我们列举了女权运动的例子,它没有从学校开始,而是从外界社会开始的,但后来,学校成了它的传播媒介之一。南非的情况也是如此。南非掀起了反对种族隔离制度的非国大运动,通过这个运动,你可以在学生和学校中间进行动员。但是,课堂抵抗并不是变革的主要力量,而是一个辅助部分,力量很小。只有当你在更大的民主动力中策划并完成这种动员时,你才能得到它。你可以聚焦学校及其表现形式,但这会导致一种有点夸张的重要意义。"看,女权运动的确发端于学校,改变了社会。"我认为,这种观点得不到任何历史上的支持。如果你看到了女权运动的动力,如果你看到了全国妇女组织的成立以及社会和政治的形成方式,教育制度和学生显然是追随者,而不是领导者。所以,这是一个很大的区别。

212

问：您和马丁的著作中的假设之一是，民主运动和商业运动之间正在发生的斗争。你们在书中并没有谈论非民主性的社会运动，例如，原教旨主义运动。那是因为这一点现在变得比十年前更加明显，还是因为你和马丁总是把商界和民主运动之间的对峙看作是社会变革辩证法的主要要素呢？

答：我们谈论民主运动时，并没有认为每个人都会站在同一立场。我们甚至谈到了资本的不同派别。有些资本家赞成职业教育，另一些资本家则反对职业教育。这不同于过分简单化的资本主义国家，因为在一个资本主义国家里，你不会有分离的资本。你有操纵一切的大资本或垄断资本。我们的观点是，在任何一次动员中，参与者越多，反对者就越多。当前，我们看到大部分的反对力量源于资本。但是，资本将会从右翼人士中得到支持者，包括宗教右翼。我们想描绘的是大型画面。一个人所能做到的，就是展示宗教右翼在这场斗争的双方享有怎样的代表性。一方面，他们感到自己应当享有宗教权利，这种权利赋予他们资本主义以外的某种东西，例如，许多人会限制星期日商业活动；另一方面，他们非常拥护私有化过程，赞成利用政府支持对他们有利的私有化，在某种意义上站在资本的这一立场。我们认为，在少数民族斗争和妇女斗争中，同样的事情也能够办到。但我们的意图是展示这两种主要动力。这就是正在玩的大型游戏，你一旦使任何一个派别筋疲力尽，它就变得更加错综复杂，不管它是一个阶级派别或文化派别，还是任何一个你想称呼的派别。可以说，无论如何，那是我与左翼之间的一个问题。他们相互之间并不友好，我想，我们需要做的一部分工作就是变得公平，变得相互友好。一些左翼的知识性争论比我们从右翼看到的争论激烈得多。我们觉得，我们已经在 20 世纪 80 年代初期所讨论的话题上迈出了一步。我们赏识鲍尔斯和金蒂斯所做的事情，我们赏识迈克尔·阿普尔关于文化的研究，我们赏识威利斯关于人种志的研究，以及雷切尔·夏普（Rachel Sharp）等人的工作，我们尤其赏识他们为建立与阶级斗争的联系所做的努力。但是，我们的确觉得我们向前迈出了重要一步，我们构建了一个重要的解释框架；在这个框架中，你可以对细节问题提出批评意见，但至少你可以检验它，你可以尝试它,你可以从历史的角度利用它去观察某些现象。

我在自己的著作中所看到的是,民主从一开始就贯穿于其中。所以,当我 1966—1968 年回到布鲁金斯大学看到我感兴趣的现象时,它便是一种民主化的知识。这就是我和萨姆·鲍尔斯介入其中的理由,因为这份有很多页的报告技术成分很高,有很多几乎难以破解的材料,告诉人们学校应该是什么样子,而且这份报告是错误的。我们想对它展开攻击并告诉世人:"不,你们可以与它争论,虽然它以统计数据做支撑而使你感到无力。"学校的社区管理现象也是如此,它是一场需要关注和探讨的极度民主化的社会运动。

问:您对《科尔曼报告》的批评建立在技术基础之上。您对如何分析统计数据很内行。然而,有一种推理方式认为,数据同样是社会建构的产物。

答:那当然。

问:您是如何应对人们对你的著作中使用的过于经验性的数据所提出的批评的?

答:我总是依赖于各种形式的实践。一切"经验"都带有偏见,因为它是被一种人体机器所感知、测量和记录下来的。经验性的工作可以成为人种志,可以成为历史。

参与实践的途径很多,其中数字是从事实践的简化形式。我从来没有严格地依赖于数字。例如,我们和拉塞尔·朗伯格(Russell Rumberger)一起在工场所做的工作就具有浓厚的人种志色彩,我们不得不学会如何进行这种工作。我对我们的速成学校运动所做的研究工作主要是质性研究。当我介入社区管理学校的问题时,我便走出去到那些运动所涉及的学校里开展工作。对我来说,那就是实践,那就是经验。它是经验性的,它就是经验。所以,我从来没有说过,获得这种经验的唯一方式就是通过统计资料和数字。但是,如果有人以社会建构的方式使用统计资料和数字来支配某一方向的争论,那么即使在该框架之内,一个人也应当考虑结果,而不是忽视它们。我想说的是,你以这样一种方式做这件事情,以便创造那些结果。我想把这一点告诉世人。这并不意味着我们打算在那些数字的基础上解决更大的争论。赞

214

159

同学校整合的观点跟一场词汇测验中多出 2 分成绩没有任何关系，它们与我们所期望的社会本质有关。因此，我的一切工作都有这种民主信念。它也把理论与实践结合起来。我真的很赏识理论，但不是以将之置于真空为代价。我与欧洲理论家们之间有很多分歧。他们认为，即使把自己关在一个办公室里，你也能通过理论研究和思辨模板了解在教育界发生的各种各样的实践活动。

问：请让我重提一下您的工作如何具有民主主义特征的话题。

答：谈到速成学校运动（我在斯坦福大学就进行的一场学校改革运动）——1997 年我们在 40 个州已有上千所学校，贯穿于我的工作并始终成为我全神贯注的一个主题就是民主主义概念。我们在全国各地建立了一些中心，所以，我们并不需要控制它。我们和他们一起工作并向他们学习。他们也向我们学习。我们一起工作。但它建立在一种哲学、价值观和理念的基础之上，而这些又是在民主的基础上形成的。我们身上的杜威哲学色彩很浓，你也知道那是另一回事。我们并不为身上具有杜威哲学色彩而道歉。我认为，杜威思想中有错误的地方，但我又认为杜威的民主主义见解比大多数批判理论家多得多。

民主主义想当然地认为人具有能动作用。我们的确相信人的能动作用，不过作为一种斗争。如果我们不相信人的能动作用，我们就不会有速成学校，因为我们正是在那些学校里接受了这样的事实：通过社会运动，以及学校所在地的社区直至地区性的和全国性的组织的力量，我们就能够使美国教育发生变革。我确实相信这一点。

问：从本质上说，您的研究项目的形成是您应付美国教育社会环境的传记方法的一部分，也是您希图改造社会的途径以及民主主义概念

本身。因此，它并不是一个真正在桌子上默默设计、计划和执行的过程。它是一个更为错综复杂的过程，然而又是在一种界定明晰的理论和经验方法中"营巢而居"。

答：我认为，我将卷入棘手的理论问题，在这个意义上，它是一个更加直接的目标。例如，很多人都喜欢问这样的问题："你在速成学校方面所做的工作怎么能和你与卡努瓦的著作相一致呢？"我告诉他们，因为我相信社会运动，无论是在各个社区的层面上还是在更高的层面上

都是如此。现在,我们主要是在社区的层面上开展工作。不过,因为我们能够用胶水和水泥把砖头砌在一起,我们正在掀起地区性的速成学校运动;而且,我希望最终会集结在一起。现在,我们可能会失败,但眼下我们正在学习,我们做得很好。我们所运用的学习理论,在我看来,也是民主主义必须提供的最好理论,因为我们所做的一切事情都属于结构主义。我们相信,人类从他们的经验中建构自己的理解。你可以迫使我记住这样或那样的五条原则,但问题的实际是熟记和能够说出所有的皇帝都是谁,这类事情就不属于理解。它是一种非常表层的知识,它不是理解。理解是把经验拿过来进行独自的分析,这也非常接近葛兰西的知识生产理解。我想说,这种方法与弗莱雷的通过经验、通过生活中的重要事情而进行的有机性知识建构也是相符合的。我们的速成学校和我们的私人教师都是以那种方式训练出来的。他们应当从事具有重要价值和思想的活动。他们开始以自己的经验对这些活动进行分析、评价和对待。所以,"速成学校项目"为我提供了从事所有这些事情的机会,这些事情我以前确实没有做过,跟我们的私人教师一起或者独自开展各个层面的学习。我们自己的工作人员在指导委员会的指导下以民主的方式一起工作,这个指导委员会包括所有成员,其中所有的成员都做笔记。我们采用的是创新方法和问题解决方法,这些方法已植根于我们学校的办学过程中。所以,这就是我所说的民主主义。我们遇到难题,我们会努力去思考它,使它概念化,并试图解释它。为了我们大部分问题的解决,不管是一所学校的问题,还是我们的工作人员的问题,我们都会形成小组或骨干队伍。我们的骨干队伍就是我们学校里的专家小组。对我们来说,学校就是专业知识的中心。这就是我们的一种价值观。我们的骨干队伍必须亲自解决问题。他们可以利用来自任何方面的专业知识,但要由他们来做出决定。当他们游离于专业知识之外时,他们就不会有专业知识来告诉他们该做些什么事情;他们获得了专业知识,就不再需要那些专家了,所以,他们现在要具备专业知识。

例如,一个追求更多的家长参与的骨干必须首先对其含义作出解释。每人都有自己的版本。所以,我们教给他们的第一件事情,就是他

217

们最好是非常了解他们相信的家长参与是什么,而不是仅仅将之简化为召集更多的人参加学校的会议。家长/家庭的教育参与在家里指什么? 在学校里指什么? 在社区里又指什么? 等等。

其次,他们应该说:"我们为什么在这些方面没有参与呢?"他们必须形成假设。我们称之为必须接受检验的、可选择的解释。他们必须从事研究和收集资料。他们必须查明为什么孩子们不把家庭作业带回来、为什么家长们不愿意参加夜校、为什么家长们不愿意参加家长—教师协会等各种问题。当学校骨干队伍从事这样的研究时,他们就有了权力,因为一旦他们理解了,他们接着就可以说:"我们打算采取什么措施与家长们一起改变这一现象呢?"他们接着就必须创新,必须刮起头脑风暴。他们从学校内部寻找自己的信息来源,然后又向校外寻找指导。他们拿出一个行动计划,并得到所在社区的许可。他们是更大的学校集体的一部分。五个人不能决定做这类事情,而必须要整个学校参与进去。整个学校要对此负责。

218

现在可以说,那是戏中之戏。外面的戏就是我们希望的世界,人们在其中有权解释自己的处境,有权理解它,有权具备创造自己梦想的能力,也有权走近这一梦想。我们相信,只有当学校做到了这一点,它才能使儿童们参与其中。一个自尊心很低的教师又怎么能理解需要何种代价去提高儿童的自尊心? 所以,这一切都是前后一致的。但我从自己的生活中发现,我无法谈论它,我写不出关于它的论文。我只得去做它,只得去验证它。我必须学习,故而我从理论的视角进入实践的视角。所有这些事情都来自于理论的视角,但接下来我们会验证它们。我们与学校做着同样的事情,我们与儿童做着同样的事情。所以,一直是来来去去。但必须注意,这件事是如何建立在我们关于工人合作机构和工业民主之前期研究的基础之上。

问:您说的这段话很有见地。但30年前你们是怎样开始在斯坦福那样一所大学环境中尝试这些十分激进的思想的呢?

答:这么说吧,我必须对你说实话,卡洛斯。我从未在意过是否在这里获得终身职务。对我来说,能够追求对我很有意义的思想是更重要的,既包括反战活动,也包括留长发。我的头发垂到肩膀下面。你明白吗,我之所以进入学术界而离开工商界,就是因为我想要自由。所以,如果你进入学术界后,又为终身职务感到担心害怕,你就没有了自由。你就和工商界的人一样,变成了一个奴隶。所以,我曾想过,如果我在这里得不到终身职务的话,那我就到别处去找一份工作,而且我要学会调整,无论走到别的任何地方,我都能适应。我真的从来没有对终身职务的决定想得很多。

另外,我一直刻苦地工作着。我一直在发表和出版论著。所以,我想,如果他们看到了我的多产能力,还仍然不授予我终身职务,那么这对我来说就不再是个好地方。我知道,我是个高产作家,而且至少我的一部分工作是具有独创性的。如果他们不要我的话,那我就应该找寻一个要我的地方。

问:把自由看做一种驱动力量,希冀说出一些关于民主主义教育实践的有创见的话语,这是您学术界工作的一个标志。然而,许多人会问这样的问题:您如何在保持同样的强度和效率以及政治承诺的同时,还能做出高质量的工作?

答:我从没有单纯地重复用新的数据验证老的假设,这是大量的经济资料所涉及的对象。我总是做一些对我有意义的事情,而且我也不想放弃它。所以,如果你有那种感觉,你就不会对终身任职的决定有太多的担心,因为如果你担心太多,你要做的事情看上去就跟大家没什么两样了。另一点你必须记住的是,这是一个你可以因种种理由而变得非常勇敢的时期。第一个理由是,学术市场的前景依然相当理想,因此,我感觉到还有别的工作等待着我;第二个理由是,大学的理念正在发生变化。那还是学生抗议的时代。所以,我处在一个十分有利于做不同事情的情境中。没有人曾经批评过我。我的系主任从未走过来对我说"你在做坏事",或者"我不喜欢你做的工作",等等。

我总是发现在某种意义上自己不像个陌生人。那时候,我们有很多"马克思主义者"学生,加有引号的马克思主义者。我们有很多来自富裕家庭的、持有马克思主义观点的学生。但是,他们会因为我在自己的著作中没有使用足够的马克思术语、马克思主义的框架以及关于阶级斗争、阶级宗派的谈话等而批评我。另一方面,你会遇到一些跟我在

219

一起感到不踏实的人,因为我的工作不太符合常规,甚至它不在正统的马克思主义框架之内。我只是认为,生活中最重要的事情就是要自由,如果我为了别人而相信这一点,我也应当为自己而相信它。

问:这是一个迷人的回答。请让我在访谈结束时探讨一下一个学术界不太常见的过程的动力,即与一位同事的长期合作。您已经形成了与马丁·卡努瓦和拉塞尔·朗伯格等人长期合作的模式。请告诉我,合作工作如何能够出现在资本主义大学的环境之中,同时又在追求一种激进主义的议程?

答:我始终发现,合作是一件非常积极的事情。有时候,它很难做到,这与其说是因为知识上的差别,还不如说是因为个性上的差别。我与马丁的合作对我们双方都很难办,因为马丁做事非常利索,而我做起事来却慢吞吞的。和马丁在一起时,我们就计划合写一篇文章;这个是马丁的份儿,这个是我的份儿。那将是周五的事情。到了周一,马丁会把他那部分交给我,而我才刚刚开始写我的那部分,甚至三四周以后,马丁不停地问我的那部分在哪里。现在的部分问题是我需要非常认真地阅读原始资料,以求得理解它们。

如果你单单是让我写一页我的想法,我很快就能完成。可是,如果你让我修改某个东西,提炼它,把它与别人所做的事情联系起来,我必须要看他们的工作,我必须考虑它,我必须对它进行反思,我必须纠正它。我所谈的这一切就是我的方式,我生产学术成就的方式比马丁的慢得多。

原先,马丁在其关于资本主义的著作中的工具主义色彩比我的更明显。马丁会同意该论点的全部动力,但总是资本胜出;而我却不能同意这一点。所以,我总是忠诚的反对派,强调学校比工场更公平。为什么妇女在学校里的待遇更好呢?为什么残疾人在这里受到的待遇比文明社会更好呢?马丁借助于他对国家的研究最终同意了那一点,而我认为那一点成为书中有趣的一部分。直到该书出版,学校动力和资本主义动力之间的相似关系被每个人看做是理解学校已做的工作的唯一途径。我们说:"不,我们处在一个民主资本主义国家,而民主资本主义国家不同于集权资本主义国家,不同学校之间也存在着差别。所以,不管怎样,我们的合作对于我们双方一直很有价值。"从程序的视角看,它一直是艰苦的,因为马丁是一个很麻利的研究者,他做事情很快。一旦他行动起来,就会着手处理他那部分并把它写完。它们都是些好的想法。我必须把资料彻底查阅一边,对它们进行真正的反思和理解,然后才能把它们写成文字,有时候这样做要花费相当长的时间。

JEANNIE OAKES

第十章
珍妮·奥克斯访谈录

问：珍妮，您能简单概述一下您的家庭经历、研究和职业生涯吗？

答：要想知道你的生活中哪一部分最为重要，是格外困难的。你如何将它挑选出来和拼在一起以达到你现在的状况呢？成长在 20 世纪

50 年代一个新型中产阶级家庭里，对我的影响是巨大的。那个时候，大多数接受过大学教育的女孩子只需建立重要的联系和找一个理想的丈夫，除此以外，什么事情都不应该去做。做一个空中小组被视为与接受大学教育有同样的优势，因为那也是一条可以遇见为你提供向上流动机会之要人的途径。在我看来，这种事情是非常正常和正确的，虽然我喜爱上学。但是我也是一个四女之家的大女儿。我常常以一种最恭维的方式说：我就是我父亲从来没有的儿子。所以，即使是 50 年代，我父亲也是把我当做他的继承人，他可能会把关于谈判制度和以智取胜的全部学问传递给我。他教导我说，我可以和应该去做我想做的任何事情。也许是因为我们家没有男孩子，他认为我能够像他那样去解决问题和处理复杂事情。

我最不想做的工作就是当一名中小学教师。那些最有抱负的女中学生曾考虑过做一名教师，我却认为那简直是再平常不过的工作了。

所以,我上大学时就想着将来坚决不做中小学教师。我并不是一个真正的叛逆分子,我也真想"做有益的事情",过我接受卫理公会培养的理想生活。但是,我也想做一些冒险的事情。

在大学里,我的专业是美国文学,因为那是我所喜爱的专业。我从小就是个热心的读者。我八九岁的时候,公共图书馆有一条规定:你一次只能借出 7 本书。我住在一个离图书馆 1.5 英里的非常僻静的郊区城镇。我就步行到图书馆,借出我的 7 本书,在回去的路上打开最上面的那本,一直读到回家。一两天后,我又到图书馆再借出 7 本书。要获得一个阅读方面的大学学位,这种想法简直就是想象中的事情。我想,那就是利用大学获得学分,去做你最喜爱做的事情。我就是像我父亲所教导的那样在运用和兑现我的智慧,而且我认为自己是个有点异乎寻常的人。

结果证明,我比自己想象的要常规得多。我 18 岁结婚,那是我上大二的那年夏天。我怀着孕度过了大三,我的大女儿在课程结业考试那一周诞生。我周五下午参加了一门课程结业考试,周六上午生下利萨(Lisa),而且我参加了 3 次肄业考试。那是 60 年代初期的事情了,当时看到一个怀孕 9 个月的妇女走在一所州立重点大学的走廊上,这种场面并不是那么常见。那一整年,学生和教职员们总是有点紧张,担心我随时都会把孩子生下来。我和本班同学一起完成了学位,可是毕业的时候,我已经有一个爱哭的一岁孩子,而且我的第二次怀孕招致严重的晨吐反应。后来,我带着我 83 岁的祖母、我的丈夫、我一岁的孩子和我的恶心反应到我祖母最喜欢的冰淇淋小店,庆祝我获得文学学士学位。

从许多方面来说,我都是 20 世纪 50 年代的产物。我断定,如果我想对孩子们的生活产生重要影响,我最好待在家里,而不出去工作。当时,工作似乎会危及我的价值观。故而,我又回到学校去攻读美国研究的硕士学位,然后获得了我的教学资格证书。我一边在家里搞研究,一边照顾小孩。我还深深卷入反对越南战争的活动和民权运动。那么,就像其他那些曾经是我的中学同班同学的有抱负——很普通——的女孩子一样,我认定,对我来说要做的唯一适当的事情就是从事教学工

225

作。我从事教学与一直坚持教学的那些妇女一样，都是出于同一些过时的理由——我的孩子们每天放学回家后，我想跟他们待在一起。但是，我也渐渐地相信，教学可以成为一种强有力的社会激进主义形式。

我在洛杉矶郊区的初中和高中里教了7年书。渐渐地，我发现自己对教育思想和学校工作创新感兴趣的程度较之亲自教学要高得多。因此，为了保持我的兴趣，我每年都开发新课程和教学策略。那是20世纪70年代的事情了，当时人们对于革新是非常宽容的。可是，每当我开发了一门课程并设计好如何在课堂上实施的时候，我就开始厌烦了。尽管人们对教师理念的普遍漠视使我感到非常失望，但我还是积极参与推进全校变革的活动中。所以，我又一次回到了学校。我连续教了一年半的书，然后决定成为一名全脱产博士生，从事一个研究项目。我辞去了学区的职务。在我辞职的时候，我的主管人说："我真的希望你肯坐下来给我写封信，就我们的各所学校应当如何形成特色的问题谈谈你的想法，提出你的建议。我知道，博士生有很多想法。"我很生气！我在本学区从事教学的7年里，我有很多关于如何形成特色的想法。但基本上可以说，没有人——别说是主管人——愿意听我讲一些必须要讲的话。现在，我成了博士生，我的知识地位也跟着改变了！我从没有写那封信，我也从没有给他提出任何想法。

问：您是如何选择你的研究项目的？

答：我来到加利福尼亚大学洛杉矶分校时，对当时系主任约翰·古德莱德（John Goodlad）①的工作很感兴趣。那时候，他已经撰写了关于不分年级上课的小学的著作，并因此而十分出名。但更重要的是，他已经在研究学校变革。他的新作就是关于一个探究过程，其特点是：教师参与对话和反思，尝试新的教学实践，而后再集中起来对那些实践进行反思。它与我的学校经验发生了共鸣。因此，我决定专门研究约翰·古德莱德的教学内容，以便有机会与他交往和进行思想交流。在我博士学位课程的第一门课上，一位相当有名的教授让我们每个人解释一下我们为什么进入加利福尼亚大学洛杉矶分校和为什么选择"学校教

---

① 古德莱德（1920—　　），美国教育家。——译者注

育课程与研究"专业。我很天真,就说出了真相。我之所以到这里来,是因为我想和约翰·古德莱德一起搞研究,并选择了他所从事的专业。这位教授冲着我发笑并说:"你这个可怜和天真的东西,你恐怕永远也见不到约翰·古德莱德,别说是有机会和他一起搞研究了。"我感到如此的羞愧和尴尬,以至于我回家后差一点没有返校。我吃不准那位教授的刻毒言辞是不是比我确信我根本就不配更加糟糕。但不管怎么说,我还是返校了。诚然,古德莱德并没有在上任何课程。但是,我确实遇见了他。实际上,几个月后,我就应邀以研究助理的身份加入到他的项目中去。我终于跟他进行了多次交往,而他终于成了我的毕业论文研究的主要导师和赞助人。

227

　　我怎么会有兴趣把按学生成绩和能力分班作为调查学校在社会分层和社会再生产中的作用的切入点呢?作为一名教师,我有过按学生成绩和能力分班的经历。我第一年在中学任教的时候,我就有几个七年级尖子英语班、一个基础性七年级英语班和一个七年级普通英语班。每天在这些不同的环境中,我也变成了不同的教师,这对我来说是一件令人吃惊的事情。我始终没有解决如何做一个对低层班和高层班来说一样好的教师这一问题。我不明白那一点。作为一个教师,我不能把结构问题、文化问题和个人不足问题区分开来。我的确不理解那三种东西如此交织在一起,以至于使我对自己在学校里所能做出的成就感到非常不满。

　　我永远不会忘记任教的第一天。我的第六节课在教室里开始了。学生们来自7个不同的"提供生源"的小学(因此不熟悉大部分同班同学),他们互相张望着,并且说:"啊,我们进了笨蛋班了!"那是我当教师所遇到的最深刻的经历之一。我不敢相信,这些孩子在上学的第一天就知道那一点。回忆起来我才发现,他们一整天都是一起在低层班的数学、科学和社会学等课程中度过的,然后才来上我的课。但他们当时就知道了。我任教的第二年,我们的英语课取消了按学生成绩和能力分班的做法,我和我的学生一起升入八年级。我可以看到,同样的学生出现在混合能力的环境之中。我为我身上和我学生身上的不同点而感到惊奇。当时,我已是一个二年级教师了,我无疑学到了很多东西。学

228

生们也升了一级,也许他们成熟了很多。但是,差别是巨大的。我那份关于按学生成绩和能力分班问题的清单也越来越长了。

当我加入古德莱德的学校教育研究后,我意识到,他那惊人的数据库——分布在 13 个社区的约 39 所学校——可以为我提供一个更加系统地探索我的问题的极佳机会。我特别感兴趣的是,那些学校中涉及按学生成绩和能力分班的教学实践。我并没有带着研究按学生成绩或能力分班这一意图入读研究生院。我认为,我的愿望是做一名教师教育者,就如何使教师培训更富有创新性进行研究。但结果证明,我自己在实践中的问题变得迫切得多。正是那些问题渗透在我的研究之中。

问:您结束那段工作以后,就到兰德公司任职了吗?

答:是的,干了 4 到 5 年。兰德公司为我提供了从事政策研究、与决策人建立联系和出版著作的一系列不平凡的经历。我学到了很多关于教育研究与写作的政治方面的知识。当我回到加利福尼亚大学洛杉矶分校时,已经比离开时聪明了很多。

问:当您获得美国教育研究协会颁发的雷蒙德·B·卡特尔早期生涯计划性研究奖的时候,您曾就如何获得这一奖项发表了引人注目的评论;同一周,您又得知自己将要做外祖母。您能给我谈谈您当时的想法吗?

答:这个奖项是如此激动人心,而且它的到来恰逢我女儿的第一次怀孕,似乎在我的生活环境中完美无缺。卡特尔奖是授予那些获得博士学位后十年里在计划性研究方面取得成就的人们。它是一个很高的褒奖。以往的大多数获奖者都相当年轻,而且都是男士。在我女儿告诉我说我就要做外祖母的同一周,我领受了这一奖项,这简直就像是我和我自己的生涯发展轨迹的象征。它象征着我们这一代的妇女,也象征着我们的生涯道路是多么的不同。我依然觉得它是令人愉快和满意的。它给我的感觉,简直就像是两个象征物或两项成就,指明了我在自己一生中的那一时刻所处的位置。

问:您对种族隔离的研究是以按学生成绩或能力分班现象为切入点的。是什么因素促使您的这项研究取得如此成功?

答:把我的研究工作看做是"成功的",我是不容易做到的。你知道,有些人我是非常尊重的,他们不会那样描述我的研究工作。有时候我担心的是,我做出了太多的妥协,而且我所使用的语言和范畴将我锁入主流意识形态中去。我现在的加利福尼亚大学洛杉矶分校同事彼得·麦克拉伦几年前写了一篇《保持按学生成绩或能力分班》(Keeping Track)的评论文章。他指出,我那过时的自由主义完全没有达到目的。现在,我们是朋友了,他对此感到有点难过。但是,这样一些针对我工作的评论文章对我来说的确很重要。我已经决定写一些让教育家和决策人熟悉的关于学校组织、意识形态和政治学的著作文章。我在此过程中尽力不放弃那些思想。但有时候,我并不清楚领悟和被同化之间存在的区别。我并不总是知道其分界线何在。然而,也许正是我的妥协,才使我的研究工作受人喜欢。我并不是说,我不会再次做出同样的选择。作为我这样的人,它也许就是对我永远有意义的唯一选择。但在我看来,它与其说是一种成功,还不如说是一种选择。

问:但是,它是一个成功的选择。您设法在学术界、基金会和政府代理机构之间的极其艰难的河流中航行,不仅一直非常成功,而且开创了一种相关度很高、特别在教师中间被广泛阅览的项目。这是不是您的研究工作有如此影响的原因之一? 开展复杂的研究工作并用普通的语言进行传播,是您的一项能力吗?

答:我从来没有感觉到自己的行为将会产生什么后果,你能理解这一点是很重要的。也就是说,我并不是以一种战略的方式进行的。我没有问过自己:"如果我选择了这一主题,将会发生什么后果?"或者"如果我选择了这种工作,将会发生什么后果?"我当中学教师是因为我已经做了母亲,然后我就对它感兴趣了。我读研究生是出于一种失望,并不是因为我有什么宏伟设想。

我选择按成绩或能力分班作为一个问题,是因为它是我经常关心的一件事情。它并不是我做出的一个决定,因为在我看来,它是一个可以触动人们或具有影响力的主题。我希望选定一个我真正关心并且能够坚持 2 年的毕业论文题目。我很少知道,一个毕业论文选题最好是你乐意坚持更长时间的一个问题。我是一个英语教师,所以,我尽力写清楚,选用恰当的语言以保持可信度且具有发言权。

230

　　我到兰德公司任职，那是因为当时我除了有两个女儿，还有两个继子，他们住在洛杉矶。我断定，如果我们打算成为一个亲密家庭，我博士毕业后就不能寻找一个全国性的职业。我从未计划以教授身份回到加利福尼亚大学洛杉矶分校。只是因为已故的利·伯斯坦教授（Leigh Burstein）说服了我——他决不会放弃这件事情。我开始犹豫了。在那些将要成为我同事的人中，有很多人都是我原来的老师，这让我背上了很大的包袱。不过结果证明，这并不是一件难办的事情。

　　关于什么会提高我个人生活的质量、参与什么样的活动能给我带来知识上的满足和兴趣等问题，我的大多数选择都是凭直觉行事——也是我愿意做的。对我来说，那些选择常常既是理智的选择，也是道德的选择。

　　当前，我在研究种族混合学校，他们希图取消按学生成绩或能力分班的做法。其中的一个研究结果对我的生活和职业生涯以及我所研究的学校进行了大量描述。迄今为止，那一研究结果的表达方式还十分粗糙，有点像"到那里去就是一半的乐趣"。这句话的意思是，对于那些参加斗争以创设公平环境的教育家来说，这种斗争不仅对他们而且对那所学校的学生都是一种丰富的和有影响的经历。他们集体的话语水平，他们的学生知道他们自己正在谈论为正义而战这一事实，使得那些学校成为比不这样做的其他学校更好的地方。

　　我找过一些学校管理者和教师谈话，他们说"取消按学生成绩或能力分班"是他们在其职业生涯中努力去做的最艰难的事情，然而他们都表示不会犹豫再次做出这种努力。他们似乎在说，即使他们不能实现所追求的目标，他们的生活也因为有过这样的尝试而变得更好。我对自己的工作也有这样的感觉——我喜欢它，并觉得我是在做有意义的事情。带薪思考对人们有意义的问题，不负众望地写出你对那些问题的想法——还有什么工作比这更好的呢？因此，当我就毕业论文选题或关于学生与研究人员应如何花费他们的时间等问题提出建议时，我就让那些询问者去做他们真正喜欢做的事情。他们认为，作为人类值得做的事情，不管能不能出名，也不管能否影响任何事情。从某种意义上说，这是一种不寻常的存在主义立场。我认为，这就是忠告，因为即

231

使你一无所获,你认为你需要这样做,你就可能最终找到自己的幸福。这没有什么关系,因为这样做本身——不管其目标何在——就是一件快乐的事情。当然,我是带着事后的认识说这番话的,不过我仍然相信,它对青年学者来说不失为忠告。

问:如果您过多地围绕审慎的决定来计划自己的生活内容,而它们又不见效,这将是一个很大的限制。所以,只管凭直觉行事。这是一个十分好的忠告。现在,您已经完成了许多与基金机构签约的研究项目。我整个一生与之斗争的事情之一,就是创设一种语言以协调我的理论和方法的关系,并且照顾某一基金机构的利益。这一点您是怎么做的?

答:我认为,要想得到资助,你必须协助基金会看到你的研究工作能够为他们的利益提供服务。为了恪守你自己的学术水平,你还需要帮助他们认识到,他们思考某个问题的方式可以重新制订,以便对他们更有帮助。这是我在兰德公司获得的学问之一。在兰德公司,一个重要的机构传说就是,兰德公司的研究人员总是告诉"顾客"他们提出的问题不合适,并进而告诉他们应该提出的问题。从某种意义上说,这种做法似乎很傲慢,但实际上它颇为见效。例如,有一次我从国家科学基金会得到数目可观的一笔钱,因为他们对青年人从事数学、自然科学和工程领域的职业表示关切。他们想发现在国家技术"管道"上出现的"裂缝"。我当然对这一问题没有特别的兴趣。但我极有兴趣的是,了解学校里不同种族群体和社会阶级群体之间在学习机会上的分配不公。我想更好地了解学校中不利于低收入有色人种儿童的入学机会和成绩的结构性质和文化标准。我首先关注的是学校中使种族歧视的意识形态继续存在的操作和组织方式。对我来说,在数学和科学的环境中研究这些问题具有十分重要的意义。我向国家科学基金会建议,如果他们对阻碍少数民族和低收入家庭学生的数学和科学学习机会的因素有更多的了解,他们就能了解数学和科学管道上出现的裂缝。然而,我也知道,国家科学基金会的工作人员也对文化在创造和保持民主机构方面的能力表示关心。因此,我努力探索一种可以为这些多样化的利益提供服务的方法。其结果便是一份题为《不断增加的不公平:种族、社会阶级和数学与科学学习机会的影响》的兰德报告。我认为,我

232

们的问题在那份工作中得到了有效的解决,这是我和国家科学基金会的共同感觉。

当然,这使我们又回到了语言方面的选择,以及使我们的想法在主流圈内所做的貌似有理甚至有理性的努力。例如,我也许不会在对国家科学基金会提出的建议中使用"垄断"一词,但那是我做出的一项决定,以便弄明白如何以对各种各样的人合情合理的方式谈论不平等和不公平的分配。如果我认为"垄断"一词对我所谈论的内容是必不可少的,我就会使用它,但如果我想要得到资助,我会设法换一种方式来组织它。然而,最终,无论你如何写它、如何表达它,总会有人对你说:"你不应该那样做。"当每个人都鼓励你把你的想法说得更符合"主流的"口味时,总会有你同样尊重的其他人对你说你放弃了你所相信的东西。因此,我只在乎表达自己的想法时我所感觉到的愉快程度。我打算按照我所感觉的程度去作出工具的、政治的和战略的表现,并依然保持我的正直一面。那个方法对每个人来说可能是不同的。

此外,私人基金会比很多人想象的要开放得多。许多私人基金会都有社会责任感极强的项目官员,尤其是联邦政府削减了社会项目经费的时候。他们经常可以利用自己的慷慨捐赠来帮助影响社会,而这一点政府是做不到的。了解这一点和了解如何以一种并不使人害怕的方式表达你的想法,是需要花费时间的。在起草提议时,包括毕业论文提议和资助提议,你的一部分工作就是帮助有关决策人很有信心地做出决定:你和你所表达的思想是一种有利的资源投资。

问:我同意您的观点。您追求清晰、高雅和简明的书写方式与您在研究方面的成功有密切联系,并且为您提供了一些深入到许多人中去的手段。

答:这与我的写作风格和说话风格有很大关系。我是一位英语教师,经验的清晰性对我来说是最重要的。我们加利福尼亚大学洛杉矶分校的同事德博拉·施蒂佩克(Deborah Stipek)教导她的学生说,他们写的一切东西必须通过"祖母的测试"(grandmother test)。这就是说,不管你写的是什么题材,不管你的想法多么成熟,也不管你的分析多么复杂,你都要能够把文本拿给你祖母看,而她应当能够理解它。我真的喜欢这一点,我自己一直坚持德博拉的标准。人们一般来说都很聪明,但他们并不总是了解你在做什么。我认为,让别人理解我们的思想,是我们研究人员和教师的一部分责任。

所以,这对于你记述自己工作的方式有重要意义。例如,我总想把我的结论放在第一段落里。这很难办,但我力图不要使人们看我的著作就像看一部神秘小说,他们只得一路搜集线索,而我直到最后才揭示我的结论。我们可以采用各种各样的简单策略。

问:您能概述一下迄今您对学术成就的贡献吗?

答:好的,当你写了一本书,很多很多的人告诉你他们已经读过了,并且对他们的生活产生了影响,这无疑是一件愉悦的事情。因此,我感到,我所做的最实在的贡献就是写了一本对人们的生活产生了影响的书。它也带来了一种负担,这就是超越做一个仅仅因写了唯一的一本书而出名的人。自《保持按学生成绩或能力分班》一书出版以来,我做过大量的工作。但现在,我想写一本与《保持按学生成绩或能力分班》享有同样多读者的书,它还可以证明我的思想的成长。

最让我满意的事情是,当人们告诉我说,由于读了我的书,他们的思维方式不同了。我喜欢听到这样的话,胜似听到他们说"我们根据你所说的在我们学校推行改革"。当然,我认为那是不寻常的恭维之辞,而且我希望学校会为了低收入的有色人种儿童和其他被认为不聪明儿童的利益而发生剧烈变化。不过,我的偏好是让学校发生的变革成为人们不同思维方式的结果,而不是他们遵守关于学校职责的某种新规定的结果。因此,当人们告诉我说,我写的著作使他们能以完全不同的方式去进行这样的思考:学校如何做出关于学生智力的决定?学校针对学生之间的差异有何作为?或者告诉我说,他们越来越意识到将学校视为无形的和中立的结构——这是十分动人和十分称赞的话语。

问:您著作中的一个重要部分是关于理论与实践之间的联系的讨论。在您的 X 中心的新工作中,您使这一点非常明朗化。您是如何达到您的生涯中的这一阶段而对那些问题表示关注的?请您详细谈谈那些论点。

答:在我上研究生时所读过的书中有一本书是我非常重视的,那就

235

是杜威的《教育科学的来源》(The Sources of a Science Education)。对我有驱动作用的思想,便是杜威关于优秀的学术成就从实践问题中发展而来的概念。也许杜威对我来说有非常大的影响力,因为作为一个实践者,所谓研究就是允许实践者把自己的工作做得更好或更加仔细的思想对我来说无疑是具有重大的意义。这和我听得更多的说法——理论渗透于实践——形成对立。我相信那也是正确的。但这个等式的另一边,即实践必须渗透于理论,完全是同样重要的。也许这是一种轻信,但我非常惊奇地了解到,在教育研究方面有很多人只是口口声声赞同杜威的说法,但并没有以一种充满活力的实践或永远与实践相联系的方式开展研究工作。我认为,这在一定程度上,归咎于奖励制度——倘若你写的著作能够为实践者所接受和经过实践者可能遇到的媒体将之出版,你就是在冒险。在职业声誉、学术发展以及所有那些类似的事情中都存在着一定的冒险。

加利福尼亚大学洛杉矶分校的 X 中心的确是我所喜欢的研究方式的一种逻辑延伸——我的研究始终与实践相联系,并把实践者当做我的著作的基本读者群。我的加利福尼亚大学洛杉矶分校的同事一再向我强调既要从事个人研究又要开展机构工作的必要性。不仅个人的研究需要与实践者建立联系,而且诸如教育与信息科学研究生院等机构也需要与实践者建立更加互相依存的关系。因此,我们的理念是 X 中心将成为开展这项工作的场所。该中心既属于教育与信息科学研究生院的全体教师,也属于实践者们。教师培训、职前教师教育、教师与学校管理人员不间断的专业发展——它们似乎都是开展这项工作的沃土,因为那些领域里的各种活动正是实践者的首要问题和乐于探究该过程的研究人员的首要问题的交汇点。我们努力围绕社会正义的项目将大学、中小学和社区联系起来,这就是一种对"大学的社会角色并非价值中立"的说法做出清晰解释的工作;我们的著作展示着我们关于世界的基本信念、我们的政治立场以及我们对大学应当如何为实现特定的目标而努力的坚定信念。

问:对社会正义的关注又一次将您的著作置于略带批判性的教育传统之中。为了拓展或增加人们接触这些批判性教育传统的机会并在诸如大学的机构环境中进行,您做了些什么工作?

答: 我应该谈一谈我做学校教师和学龄儿童母亲时的一次经历。我有意迁居到帕萨迪纳市,因为时任校长雷·科蒂内斯(Ray Cortines)和帕萨迪纳社区对一项废除种族隔离的法院判决所采取的措施给我留下了非常深刻的印象。它被用来动员整个社区参与一项调查并使该市的全体儿童和家庭努力承担起为所有人提供更多机会的集体责任。我想成为那项实验的一分子。然而,通过那次经历我了解到,作为一名白人新教徒妇女,我有机会参加各种对话,谈论我自己和我孩子在学校废除种族隔离方面的实际经历,以及它对我们的生活和我孩子的教育所产生的重大影响。我学会了如何帮助人们进行批判性思维,尽管当时我还不知道学术意义上的批判性思维意味着什么。我与为自己孩子感到焦虑的其他家长建立了人际联系,而关于我自己和我孩子经历的谈话似乎产生着很大影响。在那些谈话中,我们谈论着"评论文章",却不带有往往与评论文章相关的学术和政治言辞。我认为,在这些极其困难的环境中,我学会了如何在有关社会正义问题的公共政策环境中进行推理严密的争论,这比我在学术界所学到的要多得多。

经验把我深深地塑造成一位大学教师和学者,结果是,即使在我接受了批判传统时,我还能经常保持一种更加主流的和自由的话语。我以一种激动和兴奋的心情开始阅读批判传统方面的书籍,并从批判的立场去思考问题。但是,可以这么说,我从未想过要做一个俱乐部成员。我意识到,我将继续做一位具有个人经历的、美国社会中上层的白人儿童母亲。我可以与人们建立个人联系,并以一种有助于同不熟悉批判传统的人们建立联系的话语从批判的视角进行谈话。所以,我觉得,我慎重地选择了走一条似乎难以理解的道路。对于这条道路,主流的自由主义者感到紧张,因为他们觉得我有点出格;而批判传统方面的人士却常常摇头,他们觉得我简直是不懂。但是,这是一种慎重的选择——并不是因为它是一种令人感到安慰的选择,而是因为它是一种我将继续做出的选择。

问: 我和您都是加利福尼亚大学洛杉矶分校的管理人员。如果加利福尼亚大学洛杉矶分校能够被列入财富500强名单,我们将处于235

237

左右的位置。这所大学的经济营业额可以使它与大型国际公司相媲美,这是一个惊人的发现。如果加利福尼亚大学洛杉矶分校是一家公司,我作为一个管理人员,就将成为一个合股人,这又是一个更加惊人的发现。我知道,这不是一家典型的有限公司,但如果情况就是这样,那将会出现许多权力问题,它们为任何一个中等正规机构所特有,也是本地区日常生活中的一个组成部分。就您的学术生涯和您在"公司"中的特殊地位而言,您是如何体验与权力的联系的呢?

答:从某种层面上讲,我忽视了权力问题,而只是努力去做一些值得我做的事情,我不会因为不得不花费时间去做这些事情而感到后悔。从另一种层面上讲,我能够充分意识到权力问题,并能够妥善地加以解决。我拥有权力和使用权力并能够与可能拥有更多权力的人们一起工作。也许这又使我想起了我父亲对我的养育,他教导我要以商谈取胜,要永远将权力问题视为一种游戏。每当我想起我的父亲,想起他给我这个大学一年级学生讲述如何利用教务办公室的申请程序并根据我的喜好变换我的大学课程计划时,我就看到了他眼里闪出的愉悦神情。那是当时——也许现在——许多大一学生不了解的一件事情。但是,我从这次教训中记取的与其说是我获得的好处,还不如说是那种愉悦的神情。它并不涉及有支配一些人的权力,而是涉及有做事能力、能完成心想之事以及探索如何做事的方法。所以,我认为我非常懂得那种权力。

不过,坦率地说,当人们把我当做一个有权力的人来对待——意即我有某种支配他们的权力或者能对他们产生某种影响——的时候,这对我永远是一种震惊。它总是让我感到吃惊。接着,我便不得不为自己是多么的天真而发笑,因为我处在一所大学里,而且目前我处在一个人们"为我工作"的职位上,这是当然的。我身边有一个人,她称我为"老板",而这总让我丧失警惕,我很想笑,它就好像是本周的笑料。就连学生们把我当做比他们更有权力的人来对待,也会让我吃惊。我确实与那种权力之间没有密切的关系。我猜想,我也不太留意那些想使用支配我的权力的人,因为它不是为我估算。然而,我很尊重别人,非常羡慕那些有办事能力和有呼风唤雨之术的人。

所以,你明白,在很多方面,我还是那个生长在加利福尼亚州南部郊区、去卫理公会教堂祷告的小女孩。我真诚地相信,人们都想生活得更好,他们更喜欢行"善"而不是有权力。当我与教师及学校管理人员交谈时,当我与学生们交谈时,我所谈论的事情触及他们灵魂中的一个核心部分,希望儿童的状况得到改善,希望这个国家更加公平和宽容,正是在这个时候,我感到自己最为成功、最有权力。甚至当我们作为一个民族、一种文化并以反公平和反宽容的方式表现自己的时候,它似乎也有一种意欲达到我们所能达到之境界的渴求。人们渴望一种东西来表达希望,唤起我们改善生活的愿望和努力。这基本上就是我希望我的著作所能做到的事情。

GEOFF WHITTY

第十一章
杰夫·惠迪访谈录

问：您怎么会从事教育和教育研究呢？

答：我从事教育可追溯至 20 世纪 60 年代中期在剑桥大学读本科
的时候。大学生活是一段激动人心的时光，我非常积极地投身于大学
校园内和全国各地的左翼学生运动。当然，那是反对越南战争游行时
期，也是拒绝规则时期。针对当时的国际形势，我们组织了学生抗议活
动，但我们也进行了一系列的"宣讲会"。此外，我们组织了一所他择性
大学，其中有当时的左翼学者，引人注目的是来自《新左翼评论》的佩
里·安德森(Perry Anderson)和罗宾·布拉克伯恩(Robin Blackburn)
等人，他们到这里来开设讲座或举行研讨会。我们读着马克思和恩格
斯等人的著作，这确实为我提供了一种见解，即我们通过牛桥[牛津和
剑桥大学]系统被正式传授的知识带有意识形态上的偏见，并掩盖了许
多历史真相。因此，对我来说，那是一种政治教育和认识论教育。

离开剑桥大学以后，我想做一名政治上见多识广的中学教师。我
猜测，当时我们表现出一种难以置信的乐观，即这个世界将会有所不
同。随着我在伦敦大学接受教师培训，我的政治教育得到了强化，因为

伦敦举行了多次大规模的学生政治抗议活动。但也正是在那个时候，我开始接触了巴兹尔·伯恩斯坦（Basil Bernstein）和迈克尔·F·D·扬（Michael F. D. Young）的思想——以及后来成为《知识与控制》（Knowledge and Control）的多篇论文。20世纪60年代后期，他们正着手研究那些思想，从某种意义上说，我见证了这些思想的产生过程。

我于1968—1969年在伦敦大学教育学院开始接受中学教师培训。但由于我深受这所学校的影响，以至于做中学教师时，我又利用晚上时间回到学校从事研究生学习。直到70年代初，我才花了一年时间在那里脱产学习。因此，那一时期，我一边在中学里教学，一边对教育社会学的一些重要思想进行研究。那一阶段，我的政治见解处在一种日常生活政治学时期。我们在学校里做的大量工作都是跟课程和教学改革有关。当然，正是在那一时期，新教育社会学已经深入到其现象学阶段。

作为一名研究生，我成为努力推进更加唯物主义分析的少数人之一。那时，我开始与迈克尔·F·D·扬合作写书，我们推动着这种分析向前发展，所采用的方式既可以从理论上对现象学方面的理想主义提出质疑，同时对我而言它又暗示着一种不同的政治主张。它不仅仅是课程改革——民主主义教学法等——的政治主张，而且是一种涉及教师同盟和再一次涉及更加传统的政治领域之行动的政治主张。所以，在20世纪70年代中期的那个时候，我开始回到工党阵营，这与其说是出于对其特定的社会民主政策的一种责任，不如说是因为意识到在工党之外几乎没有取得什么成就，而且在英国工人阶级在选举方面依然对工党做出了巨大承诺。60年代，我与之有某种牵连的那类次要党派并没有对我产生任何影响。因此，70年代中期，我在从事教育政治学几年以后，又一次积极地加入到工党阵营中去。

70年代中期以后，我认为，我在理论和实践层面同时卷入到教育政治学中去。但是，在某种意义上，它们都是一些形成性经历。大约在1975年，迈克尔·阿普尔给我写信，说是读了我写的一篇关于重要的教育变革的论文，我们就开始交换论文。应当说，1973年，我在巴思大学担任一个职务，那是我在大学环境里的第一个职务。迈克尔得到了我

243

的这篇论文,同时送给我很多他的著作。我和迈克尔·扬发表了迈克尔[阿普尔]关于伊里奇的一篇论文,我想这篇论文被编入我们编写的一本名为《社会、国家和学校教育》(Society, State and Schooling)的书里。这本书于 1976 年或 1977 年出版。我就是在那时第一次与美国的批判学者建立了联系。

1979—1980 年,我以访问教授的身份来到麦迪逊的威斯康星大学,当时迈克尔·阿普尔正在休长假,不过他还待在这里。我主要在他的班级授课,而且有一个学期的时间跟他及其学生交流。在这种环境中,我接触了亨利·吉鲁和琼·安约恩(Jean Anyon)等人,并开始与美国的批判作家进行更加广泛的联系。之后,我又回到了巴思大学,并于 9 个月后转入伦敦大学国王学院,讲授城市教育课程。那是一段极其激动人心的时光,因为它恰逢伦敦教师变得高度政治化时期。

他们正要开始对撒切尔的政策做出反应,而且在那一时期——我在那里的时间是 1980 至 1984 年——我们成立了一个左翼委员会,即大伦敦委员会,它曾经在一段时间内执政,这个执政的委员会也许是英国历史上最为左翼的地方政府。由于它的所作所为,它被撒切尔政府所废除。

问:对我们很多人来说,大伦敦委员会的解散是世界上规模更大的新自由运动的指向标。不过,让我回到您在城市环境中的教学上来。您主要是给职前教师授课吗?

答:不,主要是在职教师。我在城市教育课程中所讲授的硕士课程,在我的前任杰拉尔德·格雷斯(Gerald Grace)执教的时候就已经以一门批判性课程而著称。因此,许多在伦敦学校工作的左翼教师到这里来听这门课,这是我所体验过的最鼓舞人心的教学经历。我们忙于研究批判文学,同时又以一种极其有效的方式将之与我们的日常实践联系起来。那种氛围的确很惊奇,我很想把它重新营造出来。我得到的最好称赞是来自一位女权主义教师,她说这是她与一个包括男人在内的女权主义组织最接近的一次经历。后来,国王学院与另一所学院合并,我对学院管理等不再抱什么幻想了。我去了布里斯托尔多科技术学院,即现在的西英格兰大学。我到那里担任了 5 年教育学院院长,这使我迎来了建立一所志趣相投者学院的最佳时机。我们开发了一系列的新课程,我们的确是第一次发展研究,因为它并不是一所习惯于搞研究的院校。我把自己累垮了。到了 5 年,我想辞去院长职务,为自己的"电瓶"充电,但多科技术学院的校长并不愿意我辞职。但是,我离开那里回到了伦敦大学,去了哥尔斯密学院,在那里待了 2 年;然后到了教育学院,接替卡尔·曼海姆教席上的巴兹尔·伯恩斯坦——目前我在那里已干了 12 个月了。

245

问:如今您的理论立场是什么? 在您介入的争论中所涉及的知识问题是什么?

答:在我走上卡尔·曼海姆教席之前的 5 年里,我的兴趣发生了变化,学校课程社会学曾经是 20 世纪 80 年代中期出版的《社会学与学校知识》(Sociology and School Knowledge)一书的核心,可我的兴趣却转向了教育政策社会学,用社会学研究去质问关于教育政策如何使学校和儿童受益的一些主张。80 年代末 90 年代初,工党就利用了大量的社会学研究反对保守党的一些政策。我要维护那种工作以及《国立教育与私立教育》(State and Private Education)[与托尼·爱德华(Tony Edwards)和约翰·菲茨(John Fitz)合著]等著作,从那种意义上来说,它们在那一传统中是同样重要的。不过,我认为我会承认,那些书的理论化程度不高。走上卡尔·曼海姆教席使我有机会重新思考一些较大的社会学问题,这些问题在一个时期曾经被忽视了,因为这个时期对公立教育进行政治攻击的紧迫性使得一种不同的工作成为当务之急。我着手要做的事情就是,重新参加关于更加宏观的社会学问题的讨论,试图将它们与解读教育政策方面所发生的事件联系起来。我的主要理论项目便是试图解读现代性理论和后现代性理论在多大程度上能够帮助理解教育政策方面所发生的各种变化,以及与此相关的政治反应的适当或不适当。我在一篇论文中写道:"当代教育政策:它是一种后现代现象吗?"我承认后现代性理论在理解那些变化中的一些重要性,提防在接受一种不正当的话语时走得太远,因为这种话语在某些意义上被用来使教育政治学的分裂合法化——在英国,撒切尔和梅杰政府攻击教育与工会方面集体主义条款的传统形式,从而助长了教育政治学的

246

分裂。当时流行的理论传统正在磨掉我们需要以集体的方式同那些攻击作斗争的记忆。因此，诉诸身份认同政治学的极端形式就会导致学术理论成为这个问题的一部分。

问：社会主体去中心的概念为处理民主政治中的个人权利所采用的统一战略政治行动制造了困境。您也能为此提供论证吗？

答：我同意钱塔尔·穆夫（Chantal Mouffe）的观点，即一个人需要一种政治，使他可以创造统一和团体，而无须否认特殊性，所以，一个人需要接受大量的后结构主义和后现代主义著作的深刻见解，而无须招致可能与之相伴的集体性的权力丧失。大量的英国著作曾经与无可辩驳的阶级叙事联系在一起。与大量的美国作品相比，由于存在着与阶级政治学相联系的阶级分析传统，我们甚至在承认种族和性别的特殊性方面也晚了一步。所以，我不仅要承认20世纪80年代、90年代各种变化的重要性，而且要声明70年代的变化使英国人的工作更适合于当今社会中社会团结的变化本质。但是，我们现在所处的危险是不承认斗争的压迫需要集体的行动，我们需要找寻新的途径，既要构建学术理论，也要建立集体联系，以便我们去开展那个项目。

与福柯的一次访谈使我感触很深，他谈到了政党和工会如何成为探索适合于那个时代的新的民主理念的苗床。而目前我们的处境是，右翼人士解构了那些集体联系的形式。我们不得不找寻各种途径，既要重构那些集体联系的形式，又要开发新的形式。各主要政党已接受了过多的右翼议程，而传统的左翼人士则倾向于主张重构集体主义的传统形式。他们都没有充分认识到，斗争并不是基于一个核心问题，而是基于一系列问题。重要的项目是找寻一些途径，将那些具体的斗争与那些承认压迫是在地方、国家和全球范围内形成的斗争联系起来。这一大堆的问题其实是一个问题：学术理论与政治实践需要紧紧地扭在一起。当前，大量的著作转向两个阵营：一些人采用了后结构主义/后现代主义批判，以至于丧失了政治斗争的力量；而像柯林尼科斯（Collinicos）等另一些人则主张重新发现阶级斗争——这很重要，但不是重复其先前的方式。我们批判教育理论领域的一些人夹在这两种立场之间，觉得很不自在。那时，我确实就是这样理解我的处境的。

问：当今，在考察种族与女权运动的批判理论方面的问题之一是，努力寻找一种能围绕教育中的阶级、种族和性别分析的单一理论。一种答案是从文化研究的视角考察大众文化的诸种问题。这一答案深受伯明翰文化研究小组尤其是斯图亚特·霍尔(Stuart Hall)的影响。就您如何摆脱这两种立场的困境而言，您认为他们是在解决您力图阻止的问题吗？

答：伯明翰文化研究小组的工作对我产生了深刻影响。实际上，正是这个小组很早就认识到需要把那些问题包含在内。虽然它作为一个协作性学术项目已被解散了，但我敢肯定，该项目的相关人员仍然在继续这项工作。我不甚清楚的是，这个小组本身是否能够或应当被看做是在推动这种思考向前发展。我认为，从某些方面来说，如果更多的人都在解决那些问题，境况就会变得健康得多，你也无须再问：伯明翰推出的最新著作是什么？

问：还有一种传统在英国非常突出，在美国也一定很突出，那就是理性选择理论(rational choice theory)。其原则之一是，各个人都是有理性的，他们进行分析过程唯一需要的是适时接受正确的信息。左翼阵营中的许多人由于种种原因对理性选择理论感到不安。您的立场呢？

答：事情是这样的，现时我的大量研究是考察在理性选择理论广泛影响下的政策实施情况。我这样做是因为我考虑到，理论是镌刻在政策中的，而不是把理性选择理论当做一种学术话语去大写特写。它们两者有联系，但并非完全一样，因为镌刻在当代教育政策中的理性选择理论可以为各种其他考虑所调和。

英国有一批政策社会学家，他们更多地考察人们如何在实际上做出关于学校教育的决定。这项工作大概与美国的艾米·斯图亚特·威尔斯(Amy Stuart Wells)等人目前所做的工作有着极为密切的关系。它指出，做出决定这一事实与理性选择理论的各种学说和政策相差甚远，因为后者依赖于理性选择理论。处于严重不利地位的人们有使决策者意想不到的其他优先考虑的事情。有一种理念认为，代用券政策将带给贫民的裨益甚至比带给在该制度以外生活得相当好的人们的裨

248

益更多。但这一理念没有顾及这些群体的信息缺失。许多决策者认为,决定可以通过更好的信息流得到弥补,但他们没有顾及教育方面的政策环境。例如,很多表示喜欢自己孩子接受私立教育的群体都有别的考虑——这与市中心的整个文化和生活急需有关——这意味着,当实际上需要做出教育决定时,他们却不会真正做出那种选择。目前,经验研究的重要作用之一是揭穿理性选择理论的实用性。真正的当务之急是证明这些政策对贫民产生的实效,因为这些争论现在表现得非常激烈。在英国,刚刚发表了一篇论文,试图劝说工党支持在教育系统内加大对选择的利用力度,并阐述了这些政策在美国是如何取得成功的,以此证明这一主张的合理性。所用的证据往往只是美国支持选择的人的言辞主张。因此,具备一些反证是很重要的。正如右翼阵营拥有其国际性网络一样,左翼阵营也必须开展交流,不仅包括理论文章的交流,而且也包括可以在这些斗争中加以利用的经验研究的交流。

问:长期在实证主义边缘工作的那些人一直对统计学产生怀疑,认为它可能是政治工程的一部分。您谈到了坚定的反实证主义思路,这种思路认为任何数据都只不过是一种社会文本。由此,我发现,您将经验分析作为左翼在发展理论之外的另一项任务,这绝对是充满了吸引力。

答:应当说,我看到了左翼技术统治论的处事方法的危险性。从某些方面来说,人们指责我的就是这一问题。实证主义研究经常采用操作性方法,在这一点上,我同意你的观点。不过,我会以两种方式来捍卫经验分析,尽管这两种捍卫方式之间可能存在着一些张力:其一,一些重要的权力关系模式只能通过考察全球范围的人口流动和资金流动才能加以掌控,无论多么不适当。甚至在国家层面上,左翼一直处于不利地位,实际上在能够证明当今社会正在发生的大众化程度方面,左翼的政治算术分析传统中的工作已出现下降。重要的是,要使这项工作与人种志工作齐头并进,这可以帮助人们认识到这些发展如何在文化层面上发生。其二,这些研究是一种政治资源,没有必要将之设想为天然的实证主义。它们可以被设想为另一种讲故事的方式,即一种不同的透镜。在右翼仍然大量利用实证研究的地方,左翼为什么要拒绝接受资源呢？不过,它使用的方式不应当仅仅成为技术统治论之处事方法的镜像,这一点是应当避免的。一些人把经验研究视为不纯洁的或不如理论研究,这使我在政治上深感失望。可以说,发展有理论见识的经验研究是一项知识工程,它贯穿于我们一直在谈论的 25 年的学术工作。

问:有人议论到,由于您始终坚持阶级和阶级斗争,由于您认为左翼应当以某种方式组织起来——尽管存在着一些内部矛盾,您的分析忽略了身份认同政治学的关键发展,尤其是性别和种族问题。这种批评真的是针对您的研究工作的新方向吗？

答:这是对于 70 年代中期我与迈克尔·扬一起从事的研究工作的一种合理的批评,其实我还因为自己工作的实质和话语的性质而遭到女权主义作家的猛烈抨击。考虑到我的身份和我的位置,要删除我的工作的那些特点完全是不可能的。后来,我参与到那些群体的工作中去,这不仅提炼了我的理论观点和我从事的经验分析,而且也提高了我对政治学的认识。特别是过去几年,我在艾滋病毒和艾滋病教育方面做了大量的工作,这使我对性问题有了更好的理解,而这些问题直到 5 年前还从来没有在我的工作中出现过。我认为,我的工作是通过我的经历而发展的,但我绝对不能否认我的来历。我认为,这是对我的工作也是对许多美国批判作家的工作的合理批评,因为虽然我们的分析涉及身份认同政治学的诸种问题,但我们还没有将它们加以整合。一个人不能仅仅以将它们加入现存理论的方式来整合它们,这是应当避免的。因此,理论层面的问题与我以前谈到的关于共性与个性的政治问题相平行,而我们都在与之作斗争。如何以一些减少——而非增加——压迫影响的方式,将压迫与这些不同的反抗形式联系起来？对于这一问题,我们必须以某种方式进行考察。

问:您最近的一篇题为《公民还是消费者?》(Citizens or Consumers?)的论文表明,大规模和强制性的公立教育使整个教育界从培养公民转向培养消费者。教育家们继续谈论公民的权利与义务,可是我们越来越多地发现培养消费者和选择权利的理念。人们继续谈论人力资本形成方式和人力资本培训,但许多消费者费用的新自由政策、

251

去中心化和私有化进程往往游离于任何一种组织化团结的意义之外，从而淡化了国家的角色。在公民培训及教育理念与消费者权利之间发生了一种变化。因为消费主义构成了另一种同质化途径，所以，我们在促进一种自认为是同质性的人口教育方面一直重复着一个基本错误。最初的错误是将公民说成一个统一的身份，忽视了其差异性。新自由主义者就是将公民说成一个统一的身份而忽视了差异性概念。

答：其差异在于：虽然人们将公民说成一个统一的方面，但理论（其实还有政策）则要求他们以个人身份表现自己；因此，所失去的东西是任何一种集体性概念。一个人需要在其话语中镌刻集体主义概念，使它不同于原子化的消费者，或者不同于同质化的公民。这种集体主义承认我们前面所谈论的共性和差异。

252

问：您指的是福利国家的团结原则吗？

答：除非这种团结原则是以同质性为基础的。

问：在福利国家之前，我们还可以谈到工人阶级的团结或公民身份的高贵。福利国家希望破除那种团结，并在自由——所有公民概念的基础上建立一种不同的民族团结王国。当我们不能为那种团结提供一个有组织的核心时，有没有可能建立一个以差异性为力量源泉的集体？

答：这无疑涉及了创设一个新的公共领域。其环境要比传统的、民族的和政治生活的环境实现更大程度上的去中心，因为社会生活和媒体等事物的本质发生了各种变化。那便是挑战的一部分。我们必须探索一种有助于形成不同于福利国家建立的同质性团结形式的集体的政治评判和代表形式。倘若我们不能发现它，我们就会使右翼人士的议程合法化，它对于那些高度集权化的官僚主义改革提出了十分公正的批评。

问：您使用的是"集体"、"集体思想"和"集体行动"等术语，而不是"共同体"。在西方思维中，个体与共同体之间存在着一种张力，它超越了整个政治理论和政治哲学。因此，我发现您的概念选择很有吸引力。我们必须承认，在新自由主义中，其主要目标在于不去构建任何组织化团结的意义。

答：许多先前的左翼人士现在都在说我们绝不能使用"集体主义"

一词,而且在某个层面上,我以为我也喜欢寻找另一个术语来使用。但是,我不会在这一环境中使用"共同体"一词,因为它具有"共同体主义"的内涵,根据我的理解,共同体主义在美国已产生很大影响,而且正在英国发展起来。我将之视为一场可能极其反动的运动。它并不是一场我要支持的运动。

问:您自己的传记颇具吸引力,因为您除了致力于经验研究、应用理论和理论发展以外,您曾经还是一位高级行政人员。现在,您也许占有着整个英国甚至欧洲最有名望的教席。权力问题、行政问题、大学行政中批判知识分子的角色问题每天都会使您和我这样的人处于各种两难境地。您能反思一下作为一名左翼人士在应对大学日常交往中的经验吗?

答:我不曾提及 20 世纪 70 年代和 80 年代初期我担任英国地方参议员的事情。作为一名左翼知识分子和一名代表地方选民的工党的积极成员,我不得不在那种环境中进行那些判断和面临那些问题。我把那种经验带入我作为大学管理人员和行政人员的角色之中。在那种环境中,一个人每天都在追逐小惠小利,或者至少限制面临的各种损失,特别是在右翼意识形态和财政保护时期。我认为,一个人常以相当微观的措辞进行判断,而总是希望坚持在更加广泛的分析中做出什么是得与失的判断。我作为一个管理者所得到的称赞是,我能够看到在工作不同部分之间的关系。我想,这一点的确得益于从事大学以外的政治学研究和成为一名社会理论家。我并不是在说,成为一名社会理论家就可以使一个身为政治家或行政人员的人有什么优越性,而是说一个人会有超越琐事的不同视角。

现在,回到你提出的关于权力的问题。这一点包括两个要素:其一是关于一个人如何在他喜欢的条件下通过机构的权力关系;其二——如果我可以使用不时髦的语言——是关于一个身为管理者的人如何亲自行使权力,这是我发现更加难办的一个要素。我发现,很难代表和领导我的同事们进行商谈,大学事务理解起来和亲自处理起来——要比行使权力的要求容易得多,这几乎必然以别人为代价而使某些同事处于不利地位。在这一点上,我学得很痛苦,尤其是关于性别和性行为问题上;正如我前面所说的,对此我认为我有点漠然和迟钝,而且很可能在某种程度上依然如此。但是,我认为我是在学习!

问:颇有讽刺意味的是,您身为卡尔·曼海姆教席的占有者,与其说认同曼海姆的独立的和完全自主的知识分子观,不如说认同葛兰西的与共同体相联系的知识分子观。您把您的大学管理者角色看做一条途径,来为您坚信的各种事业开辟更多的空间,以便更多的人与有组织的知识分子并肩参与进来。我可以这样领悟吗?

答:我当然宁可成为一名安东尼奥·葛兰西派的教育社会学教授,也不愿成为一名卡尔·曼海姆教席的教授——虽然我正在进行一个讲座来纪念曼海姆去世50周年。我承认,在当前背景下,曼海姆的工作在许多方面都值得重新重视。不过,就共同体和有组织的知识分子而言,一个具有高度现代性的有组织的知识分子的概念显然将会与本世纪早期存在的那种概念有所不同。如果一个人的共同体概念完全不加掩饰——这正是英国选举政治学中的正式代表的基础——那么它就是相对简单的,但它对于少数民族又是极其有害的。因此,一个人不得不提出这样的问题:我们所说的"共同体"是什么意思? 我与之展开斗争,质问道:我作为一名中产阶级的男性白人如何在多数压制少数的情境中发挥政治家角色或管理者角色? 我是在谈论权力关系,在某些情况下,这些权力关系存在于少数能够通过霸权行使对多数的支配权的地方。

问:我的下一个问题由两部分组成。首先,在拉丁美洲,一些知识分子来自武装反对现存制度的传统,他们现在显然疏远了左翼政治学。英国在多大程度上存在着一个一些不满成员疏远左翼而转向新自由主义的类似过程呢? 其次,我们声称,我们正在努力追求一个将使"少数民族"的权利得到加强的议程,这个议程追求的目标将是建立社会正义和实现知识民主化;同时,我们正在极具等级制的机构中工作,这些是作为管理者的您和我每天必须应对的问题。此外,在过去20年中,这些机构一直游离于大学自治的立场之外,而转向满足商业界的需要和愿望。

答:左翼知识分子迅速转向右翼的例子的确存在,特别有趣的是,

255

一些 20 世纪 60 年代或 70 年代以阿尔都塞的分析风格为核心的知识分子。然而,右翼自由意志论和左翼自由意志论一直存在。有趣的是,走进一些无政府主义者的书店里,发现一些新自由主义的主要著作与左翼的著作并排而放。不过令我更加困窘的是,在保守党所代表的右翼真正处于危机并已失去撒切尔政府时代的普遍合法性的情形中工党内部所发生的事情。现在,工党认可的是选举上更受欢迎的政策,因为它们并不过分极端。如果与保守党实行将为公众所拒绝的政策相比,这样做可以更加成功地保持保守性反应。在采用与右翼议程相一致的个人和政治政策方面,我实际上已接近于脱离工党。有人曾劝我不要脱离工党,而且我也不是唯一一个希望留下来为党内民主社会主义的生存而战斗的人。

　　你的另一个问题是关于大学内部的分离现象,的确,你又是对的,在英国存在着那些问题。我所体验——我指的是更加强烈地体验——它们的地方,就是我在哥尔德史密斯学院度过的两年半,在那里一个人可以真正看到正在继续的那种斗争。哥尔德史密斯学院起初是一些家长式捐助者创立的一个院校,但却致力于为地方社区服务。它拥有一个历史悠久的成人教育传统,20 世纪 80 年代后期,由于试图争当更加传统的研究型大学而使得成人教育处于危机。由于它追求更高的"学术尊严"和保证研究资金,因而面临着失去与其社区之间各种联系的真正危险。在这所学院中,斗争仍在继续着。我看到那些大学没有与努力推进它们的社区保持有机的联系;而且我发现,非常令人沮丧的是,这种联系在具有最强大的国家和国际势力的大学里是最脆弱的。所以,最好的研究资源是被置于距离最需要它们的社区最远地方的那些资源。

　　问:由于您作为一名教师——激进主义者的个人政治轨迹,而且由于英国的社会民主传统,您处在一种极好的情境来开始这种批判工作。对您来说,信奉一种新马克思主义观点要比没有社会民主传统做后盾的美国人更加容易。此外,您的研究工作能够利用卡尔·曼海姆的教育研究、T·H·马歇尔(T. H. Marshall)的社会阶级与公民研究以及C·B·麦克弗森(C. B. MacPherson)的民主主义研究。这些传统对于

256

美国第一代批判知识分子来说并非现成易得,部分地因为美国的旧左翼和新左翼之间出现的历史断层,以及美国的左翼与不同的社会运动之间存在的差距。当您把社会民主传统在美国的缺失考虑进去,这一情境就使那些处在您的学术发展阶段、具有类似政治义务的人们处于一种不利地位。由于英国的社会民主传统,相对于您的美国同事的经历,您的工作在多大程度上适合于您?

答:劳工运动以及社会科学方面的社会民主写作传统背景,的确使我的处境不同于我在美国遇到的许多批判作家。我同样认为,我在一所精英大学接受的教育为我提供了接触重要资源的机会,其价值我到现在仍能发现。在跟美国的同事们谈话的时候,我有时发现,正是那种背景的缺失或那种背景的极其有限的形式把我们相互区分开来。不过,我与美国批判知识分子的接触将我带入原本不大可能进入的工作领域,那些领域不仅包括北美和南美作家的著作,而且包括欧洲作家的著作,在美国和英国之间,这些作家所采用的工作方式是不同的。法兰克福学派是一个在英国被边缘化的工作范例,除了极少数实例之外。从某种意义上说,我对它的发现出于与北美知识分子的接触。所以,我不想赋予我自己的背景以什么特权,因为我自己的背景在某种意义上既打开了经历,也关闭了经历。

我确实认为,一个人能够如何辨识以政治知识分子的身份所从事的那些政治斗争,那么在这个问题上存在着很大区别。有时候,我发现,很难在美国大学的一些左翼学者的著作和开展校外斗争之间建立任何联系。现在,与仍然植根于文化精英主义的英国大学相比,其部分原因可能与美国大学的规模,以及它们信奉更多方面的社会与文化多样性有关。所以,我不希望就参与共同体的适当方式做出评判。但是,寻找参与被压迫的共同体的各种途径是重要的,因为大学在社会、文化和地理方面与左翼知识分子希望与之建立关系的共同体保持着一定的距离,在这种环境下寻找上述途径是特别困难的。有人认为,既然政治学普遍存在,因此,对于一名左翼知识分子而言,仅在大学里面开展政治斗争就足够了。采取这种立场会使我感到不愉快。我甚至不会采用这样的立场:以大学为界限,研究大学内部的批判教育学就足够了。

问:作为一位从您刚刚表达的背景中汲取思想的批判知识分子,您作为管理者、学者和教师在为人们成为批判知识分子开辟其他途径方面做了些什么事情呢?

答:我和其他人一起所从事的一件事情,就是为长期以来被剥夺了高等教育机会的人开发预科课程。在布里斯托尔多科技术学院,我们成了与教师教育有关的预科课程开发的重要角色之一。另一件事情是把一些原本进不到教师队伍中的人招收到教师队伍中来。最近,一位原先的同事曾对我说,他对自己能够成为一名大学教授感到有点奇怪,因为他来自一个他所认为的卑微背景。不过,我对自己在那方面的失败也进行了反思。正如我在前面提到过,在布里斯托尔多科技术学院,我们招收了大量的新教师,其中很多人与传统教师颇为不同,有相当数量的新教师现在继续在别的大学占有着教授职位和教席。那些人几乎都是白人,在这一点上,我没有按照原本所喜欢的方式取得成功。在这一点上,我的工作并没有结束,我希望凭借过去五年所学到的知识,能够以一种对更广泛的人更加敏感的方式继续那一工作,这些人长期以来被排除在任何职位之外,除了大学里面的边缘职位。我同意为那些成功和失败承担一定程度的个人责任,但我并没有把那些失败看做是单纯的个人失败。如果没有比我们现在所能达到的更多的协作和集体行动,那么它们就不能被改变。我要回到无疑变得唠叨和乏味的主题,即我们目前处在一种成就被个人化和原子化的情境,我们必须回归传统,使人们相互联合起来,为了相互的利益——而不是为了自己的利益——而斗争。

问:您十分善辩地谈到了您作为管理人员和行政人员的角色。一位左翼批判知识分子在一所重点大学的教学特质是什么? 这样一位知识分子的研究特质又是什么?

答:我确实谈到了在国王学院讲授城市教育课程的事情。对我来说,那是我教学工作的顶点,也就是说,我能够将政治工程和理论工程非常清晰地联系起来。这样做困难较大,部分地因为教师工作的紧张和变化莫测的政治气候。我感到,如今我的教学工作与我的政治工程不太一致。我要将它与研究联系起来,因为我打算让我的学生——他们仍然主要是实习教师和行政人员——接触理论和研究的各个方面，这可以为他们提供一种新的视角，它不同于从官方知识中得到的视角，也不同于他们在日常生活中的体验。我并非坚持"高等教育教学应当仅仅验证教师在日常生活中的所作所为"的观点。他们为什么希望进入高等教育领域？这就是我关注"反思性实践"概念的某些形式的缘由。这可以导致"任何人皆有反思能力"之观点的形成。尽管这一点在最小意义上是真实的，但我们都需要开发批判性反思的工具和资源。我就是这样看待自己的工作的。

问：考虑一下大学和劳动力市场发生的变化以及经济、文化、政治和技术的全球化进程，看一看社会运动在地方、地区、国家和国际层面的作用。您是如何将这些相互关联的问题群整合到您的工作中的？您对世界范围内新自由主义实验的未来的实际感觉是什么？

答：好的，近来我一直在写的大量著作对英国、美国、新西兰和澳大利亚的新保守主义和新自由主义工程进行了考察。但是，如果一个人脱离了那种有点盎格鲁核心的世界观，情况将会变得复杂得多。后现代性和后标准化概念仅仅在极其一般的层面上有意义。一个人既需要理解那项工程的参差不齐的发展，也需要理解不同社会的新自由主义和新保守主义工程的差别。我认为，新保守主义与新自由主义之间的关联在不同的场所完全不同，而且抓住全球化的论题是重要的，但不要相信我们只有全球和地方的关系。国家的关系依然非常重要，它不仅表现在对这些全球发展进行调和，而且表现在形成不同形式的新自由主义和新保守主义以及不同形式的抵制。我正试图在我的著作中抓住这一点，所采用的写作方法可以使我们所有面临着这些运动的人都能相互学习，而且承认我们正在特定的国家、地方和国际环境中经历这些发展并对它们做出反应。我们既要在全球范围内决定未来，也要在国家和地方范围内决定未来。

关于这个问题，我和我的同事安迪·格林（Andy Green）进行着不间断的争论，因为他认为新加坡、日本等国家和台湾、香港地区相对而言未受新自由主义的影响，而我认为那不符合实际情况。新自由主义的影响在那些环境中呈现出不同的形式；而且我认为，在那些国家和地区的不同形式现在完全可能被美国和欧洲重新占用,因为它们需要同太平洋地区诸国开展竞争。这种情况极其复杂,但一个人必须建立全球、国家、超国家和地方各个层面的接合。一条贯穿于我所谈论的一切话题的教训是:作为一名社会理论家和政治激进主义者,一个人要是忽略了任何那样的问题就是自冒风险。

问:您如何评价国家重点和角色的变化以及与新保守主义攻击福利国家相关联的团结概念的变化对于大学的意义呢?

答:因为我所涉及的种种理由,所以,这一点在不同的民族国家将是不同的。在英国和新西兰,特别清晰的趋势之一是,这一现象朝着安德鲁·甘伯尔(Andrew Gamble)所谓的"强大国家与自由社会"的方向发展。其中,你可以看到,新保守主义支配着国家其余的事务。当文明社会的许多方面正在走向市场化的时候,国家的其余方面将会变得更加独裁。在某种意义上,我们遭遇到两个世界的最糟糕的一幕,因为在社会民主时代,国家内部存在着民主政治行动的可能性,这在一定程度上限制了文明社会的集体联合。现在,我们所丢失的是福利国家的各个方面;在这些福利国家中,集体斗争得以继续下去;留下的文明社会在政治文化方面余地不大,它正在随着新自由主义思想占领了包括教育在内的社会生活的各个方面而走向市场化。我看到了在发明新的集体政治形式中遇到的实际困难,因为这种发明的空间何在并不清楚。它既不在强大的独裁国家内部,也不在市场化的文明社会内部。随着公立教育日益走向市场化和私有化,与正在行使的消费者权利相对立的公民权利的机会渐渐消失。国家将公立教育移交给原子化的个人来做出决定。然而,个人却不具备做出那些决定的相同资源。因此,可能出现的情况是,国家暂时显得很公正,而不平等现象却成倍增加。国家将危机运走,指责的政治被运送到个人层面。在社会民主时代,曾经有一些活动范围,其中在地位更加有利者和地位不太有利者之间存在着一些共同利益,如今这一切都在渐渐消失。左翼人士将需要通过斗争重建公共领域,使公民权利得以维护,首先通过政治运动和文化运动。最后就像在19世纪那样,这将成为实验不同管理形式的一条途径,也许它将导致民主生活可能性的进一步增加。因此,我将会把大学知识

261

195

分子的角色视为踊跃参加政治运动和重建公共领域——由于新保守主义和新自由主义对社会民主主义的联合攻击,这一公共领域一度被排挤出去。

262

　　问:虽然我完全同意您关于知识分子在公共领域中的角色的观点,但我们必须正视资本主义可以将一切东西变为商品的能力,包括左翼公共知识分子的角色。我们发现,一些人并不是面临易变的象征性个人,而是与此同时创设新的空间,当他们获得任何一个特定职位(包括左翼)的发言人的角色时,他们便成为媒体名流,并冒着这一角色的所有风险。

　　答:我认为,这种风险在英国的可能性不及在美国的可能性大,部分地因为媒体的不同本质。不过,知识分子与社会和政治运动的关系越疏远,他们就越有可能为自己说话,也越有可能在文化的原子化和商品化过程中找到自己的位置。在这一点上,我们需要承担一定的责任,这是目前所缺乏的。在这里,知识分子只为他们自己说话——尤其当他们声称他们在为自己说话的时候!

作者个人简历与学术论著[*]

卡洛斯·阿尔伯托·托里斯(Carlos Alberto Torres)

加利福尼亚大学洛杉矶分校教育系、教育与信息科学研究生院教授和拉丁美洲中心主任。巴西圣保罗市保罗·弗莱雷研究所主任。

个人简历：

教育经历

1986—1988	艾扎克·沃尔顿·基拉姆纪念博士后奖学金	加拿大阿尔伯塔大学(阿尔伯塔省,埃德蒙顿市)教育基金系—国际教育与发展中心(CIED)。
1980—1983	哲学博士(国际发展教育)	斯坦福大学教育学院(加利福尼亚州,斯坦福市),斯坦福国际发展教育委员会(SIDEC)。

---

* 由于这些学者的著作丰富,在本书有限的版面空间内不可能容纳一个全面的参考文献,因此,这里仅仅列举了每位学者的 20 条参考文献。在大多数情况下,我选用的差不多都是英文资料(CAT)。——编者注

"作者个人简历与学术论著"译自本书的"Bibliography","About the Contributions","Contributors' Resumes"(p. 263—305)。——译者注

1980—1982	文学硕士（国际发展教育）	斯坦福大学教育学院（加利福尼亚州，斯坦福市），斯坦福国际发展教育委员会（SIDEC）。
1976—1978	文学硕士（政治学）	拉丁美洲社会科学学院（FLACSO）（墨西哥，墨西哥市）。
1973—1974	社会学教师资格证书（科学教育与社会通信学院）	萨尔瓦多大学（阿根廷，布宜诺斯艾利斯市）。
1970—1974	社会科学学院社会学文学学士（荣誉文凭）	萨尔瓦多大学（阿根廷，布宜诺斯艾利斯市）。

职业经历

1995—现在　加利福尼亚大学洛杉矶分校，教育研究生院社会科学与比较教育学部，教授（三级）。

1995—现在　加利福尼亚大学洛杉矶分校，拉丁美洲中心，主任。

1992—1995　加利福尼亚大学洛杉矶分校，教育与信息科学研究生院，学生事务助理院长。

1994—1995　加利福尼亚大学洛杉矶分校，教育研究生院社会科学与比较教育学部，主任。

1991—1995　加利福尼亚大学洛杉矶分校，拉丁美洲中心比较与地方规划处主管。

1992—1994　加利福尼亚大学洛杉矶分校,教育研究生院社会科学与比较教育学部,副教授(二级)。

1990—1992　加利福尼亚大学洛杉矶分校,教育研究生院社会科学与比较教育学部,助理教授(四级)。

1989—1989　安大略教育研究院(安大略省,多伦多市),成人教育系,客座教授。

1988—1990　加拿大阿尔伯塔大学(阿尔伯塔省,埃德蒙顿市),教育基金系,助理教授。

1986—1988　加拿大阿尔伯塔大学(阿尔伯塔省,埃德蒙顿市),教育基金系,基拉姆博士后。

1986　　　西部世界学院(加利福尼亚州,佩塔卢马市),福布赖特奖学金学者。

1986　　　加利福尼亚大学洛杉矶分校,教育研究生院,客座教授。

1985　　　加拿大阿尔伯塔大学(阿尔伯塔省,埃德蒙顿市),教育学院教育基金系,杰出客座教授。

1985　　　瑞典斯德哥尔摩大学,国际教育研究院,客座研究员。

1984—1986　拉丁美洲社会科学学院(FLACSO)(墨西哥市),教授。

1982—1982　斯坦福大学教育学院,斯坦福国际发展教育委员会(SIDEC),教学成员。

1979—1980　墨西哥公共教育秘书处,成人教育局局长、教育研究部,主任。

1979　　　国立教育大学(墨西哥市),专职副教授。

学术论著：

著作

与皮拉尔·奥卡狄茨(Pilar O'Cadiz)和皮亚·林奎斯特·翁(Pia Linquist Wong)合著：《民主主义与教育》(Democracy and Edcuation)，科罗拉多州布尔德尔：韦斯特维沃出版公司，出版中。

与 R·A·莫罗(R. A. Morrow)合著：《社会理论与教育：社会与文化再生产理论评论》(Social Theory and Education：A Critique of Theories of Social and Cultural Reproduction)，纽约州阿尔巴尼：纽约州立大学出版社 1995 年版。

《拉丁美洲非正规教育政治学》(The Politics of Nonformal Education in Latin America)，纽约：普雷格出版公司 1990 年版。

与 D·莫拉尔斯—戈麦斯(D. Morales-Gomez)合著：《墨西哥国家、社团主义政治学与教育政策的形成》(The State, Corporatist Politics and Educational Policy Making in Mexico)，纽约：普雷格出版公司 1991 年版。

编著

与罗伯特·阿诺夫(Robert Arnove)合编：《比较教育：一本关于理论、方法论和研究的教科书》(Comparative Education：A Textbook on Theories, Methodologies and Reasearch)，马里兰州兰汉姆：罗曼与利特尔菲尔德出版公司，出版中。

与特德·米歇尔(Ted Mitchell)合编：《教育社会学：浮现的观点》(Socialogy of Education：Emerging Perspectives)，纽约州阿尔巴尼：纽约州立大学出版社 1997 年版。

与阿德利亚纳·普伊格罗斯(Adriana Puiggros)合编：《拉丁美洲教育：比较观点》(Education in Latin America：Comparative Perspectives)，科罗拉多州布尔德尔：韦斯特维沃出版公司 1997 年版。

《拉丁美洲的教育与社会变革》(Education and Social Change in Latin America)，澳大利亚墨尔本：詹姆斯·尼古拉斯出版公司 1994 年版。

书中章节

　　"关于批判理论与教育政治社会学之争"（Arguments about Critical Theory and Political Sociology of Education），托马斯·J·波普克维茨（Thomas J. Popekwitz）编：《教育话语中的批判理论》（Critical Theory in Educational Discource），南非德班：巴特沃斯出版公司，出版中。

　　"关于拉丁美洲教师、政治与权力的小说式对话"（Fictional Dialogues on Teachers，Politics，and Power in Latin America），马克·金斯伯格（Mark Ginsburg）编：《教育家工作与生活政治学》（The Politics of Educators'Work and Lives），纽约：加兰出版公司 1995 年版。

　　与 M·卡努瓦（M. Carnoy）合撰："教育变革与结构调整：哥斯达黎加个案研究"（Educational Change and Structural Adjustment：A Case Study in Costa Rica），乔尔·萨莫夫（Joel Samoff）编：《应对危机：紧缩、调整与人力资源》（Coping with Crisis：Austerity，Adjustment，and Human Resources），纽约、伦敦和巴黎：卡塞尔与联合国教科文组织，1994 年。

　　与 P·弗莱雷（P. Freire）合撰："学会阅览世界：弗莱雷与卡洛斯·阿尔伯特·托里斯的对话"（Learning to Read the World：Paulo Freire in Conversation with Carlos Albert Torres），C·A·托里斯（C. A. Torres）编：《拉丁美洲的教育与社会变革》（Education and Social Change in Latin America），澳大利亚墨尔本：詹姆斯·尼古拉斯出版公司 1994 年版。

　　与保罗·弗莱雷（Paulo Freire）合撰："《被压迫者的教育学》之后 20 年：弗莱雷与卡洛斯·阿尔伯特·托里斯的对话"（Twenty Years after Pegagogy of the Oppressed. Paulo Freire in Conversation with Carlos Alberto Torres），彼得·麦克拉伦（Peter McLaren）和科林·兰克希尔（Colin Lankshear）合编：《解放政治学：来自弗莱雷的途径》（The Politics of Liberation：Paths from Freire），伦敦：劳特里奇出版公司 1994 年版。

　　与 P·弗莱雷（P. Freire）合撰："一种迷人之挑战留下的教训"

(Lessons from a Fascinating Challenge),保罗·弗莱雷(Paulo Freire)著:《城市教育学》(Pedagogy of the City),纽约:统一体出版公司。

"从《被压迫者的教育学》到《为了继续的斗争》:保罗·弗莱雷的政治教育学"(From the "Pedagogy of the Oppressed" to "A Luta Continua":The Political Pedagogy of Paulo Freire),P·麦克拉伦(P. McLaren)和P·伦纳德(P. Leonard)合编:《保罗·弗莱雷:一种批判性相遇》(Paulo Freire:A Critical Encounter),伦敦:劳特里奇出版公司。作为一篇更新和拓展版本的文章发表于《教育与生产评论》(Education with Production Review)第2期(1982年春)。

期刊文章

《重温国家与教育,或教育研究者为何应当从政治角度思考教育》(The State and Education. or Why Educational Researchers Should Think Politically About Education),美国教育研究协会:《教育研究评论》(Review of Research in Education)第21卷(1995年)。

《教育与意识考古学:黑格尔与弗莱雷》(Education and the Archeology of Consciousness:Hegel and Freire),《教育理论》(Educational Theory)第44卷第1期(1994年秋)。

与R·A·莫罗(R. A. Morrow)合撰:《教育与阶级、性别和种族再生产:对后现代主义挑战的回应》(Education and the Reproduction of Class, Gender and Race:Rosponding to the Postmodernist Challenge),《教育理论》(Educational Theory)第44卷第1期(1994年冬)。

《作为圣保罗市政府教育局长的保罗·弗莱雷》(Paulo Freire as Secretary of Education in the Municipality of Sao Paulo),《比较教育评论》(Comparative Education Review)第38卷第2期(1994年5月)。

《古巴、尼加拉瓜与格林纳达的国家、非正规教育和社会主义》(The State,Nonformal Edcuation,and Socialism in Cuba, Nicaragua, and Grenada),《比较教育评论》(Comparative Education Review)第35卷第1期(1991年2月)。

迈克尔·W·阿普尔(Michael W. Apple)

巴斯科姆大学教授,威斯康星大学(麦迪逊)课程与教学及教育政策研究系。

个人简历:

教育经历

1967	文学学士(教育)	格拉斯堡罗州立学院。
1968	文学硕士(课程)	哥伦比亚大学。
1970	教育学博士(课程)	哥伦比亚大学。

职业经历

1991—现在　威斯康星大学(麦迪逊),教育学院课程和教学与教育政策研究系,约翰·巴斯科姆教授。

1976—1991　威斯康星大学(麦迪逊),教育学院课程和教学与教育政策研究系,教授。

1970—1976　威斯康星大学(麦迪逊),教育学院课程与教学系,助理教授。

1969—1970　哥伦比亚大学师范学院,课程与教学系,教师及研究助理。

1969—1970　哥伦比亚大学师范学院,哲学与社会科学系,教师。

1962—1966　新泽西州帕特森和皮特曼,中小学教师;教师联盟副主席和主席(1964—1966)。

学术论著:

著作

《文化权力与教育》(Cultural Power and Education),纽约:哥伦比

亚大学师范学院出版社 1996 年版。

《官方知识：保守时代的民主主义教育》(Official Knowledge：Democratic Education in a Conservation Age)，纽约：劳特里奇出版公司 1993 年版。

《教师与课文：教育中的阶级与性别关系政治经济学》(Teachers and Texts：A Political Economy of Class and Genter Relations in Eduacation)，纽约与伦敦：劳特里奇与基根·保罗出版公司 1986 年版。

《教育与权力》(Education and Power)，波士顿与伦敦：劳特里奇与基根·保罗出版公司 1982、1985 年版；纽约与伦敦：劳特里奇出版公司 1995 年二次修订版。

《意识形态与课程》(Ideology and Curriculum)，波士顿与纽约：劳特里奇与基根·保罗出版公司 1979 年版；纽约与伦敦：劳特里奇出版公司 1990 年修订版。

编著

与汉克·布罗姆利(Hank Bromley)合编：《教育·技术·权力》(Education/Technology/Power)，纽约奥尔巴尼：纽约州立大学出版社，出版中。

与丹尼斯·卡尔森(Dennis Carlson)合编：《动荡时代的批判教育理论》(Critical Educational Theory in Unsettling Times)，科罗拉多州布尔德尔：韦斯特维沃出版公司，出版中。

《教育研究评论》(Review of Research in Education)第 22 卷，华盛顿特区：美国教育研究协会，1997 年版。

《教育研究评论》(Review of Research in Education)第 21 卷，华盛顿特区：美国教育研究协会，1996 年版。

与詹姆斯·A. 比恩(James A. Beane)合编：《民主主义与教育》(Democracy and Education)，华盛顿特区：监督与课程开发协会，1995 年版。

与长尾彰夫(Akio Ngao)和杰夫·惠迪(Geoff Whitty)等人合编：《课程政治学》(Curriculum Politics)，东京：读习堂 1994 年版。

与长尾彰夫(Akio Ngao)和池田浩士(Hiroshi Ikada)合编：《对学

校文化的重新思考：批判教育研究的前沿》(Rethinking School Culture：Frontiers in Critical Studies)，东京：读习堂 1993 年版。

与琳达·克里斯琴—史密斯(Linda Christian-Smith)合编：《教材政治学》(The Politics of the Textbook)，纽约与伦敦：劳特利特出版公司 1991 年版。

与兰登·拜尔(Landon Beyer)合编：《课程：问题、政治与可能性》(The Curriculum：Problems，Politics and Possibilities)，纽约奥尔巴尼：纽约州立大学出版社 1988 年版。

与洛伊丝·韦斯(Lois Weis)合编：《学校教育中的意识形态与实践》(Ideology and Practice in Schooling)，费城：坦普尔大学出版社 1983 年版。

与 M·阿普尔(M. Apple)合编：《教育中的文化与经济再生产》(Culture and Economic Reproduction in Education)，波士顿与伦敦：劳特利特与基根·保罗出版公司，1982 年版。

与弗农·F·豪布里希(Vernon F. Haubrich)合编：《学校教育与儿童权利》(Schooling and Rights of Children)，加利福尼亚州伯克利：麦卡琴出版公司 1975 年版。

与詹姆斯·B·麦克唐纳(James B. MacDonald)等人合编：《探寻意义的学校》(Schools in Search of Meaning)，华盛顿特区：监督与课程开发协会，1975 年。

与迈克尔·S·苏布科菲亚克(Michael S. Subkoviak)和小亨利·S·鲁夫勒(Henry S. Lufler, Jr.)合编：《教育评价：分析与责任》(Educational Evalution：Analysis and Responsibility)，加利福尼亚州伯克利：麦卡琴出版公司 1974 年版。

与布鲁斯·乔伊斯(Bruce Joyce)等人合编：《教师教育制度模式的实施：提高可行性之策略》(Implementing System Models for Teacher Education：Strategies for Increasing Feasibility)，华盛顿特区：美国教育部，1971 年。

塞缪尔·鲍尔斯(Samuel Bowles)

马萨诸塞大学(阿姆赫斯特)经济学系教授。

个人简历:

教育经历

1960	文学学士(经济与经济学及政治制度)	耶鲁大学。
1965	哲学博士	哈佛大学。

职业经历

1974—现在　马萨诸塞大学(阿姆赫斯特),经济学系教授。

1971—1974　哈佛大学,经济学系副教授。

1965—1971　哈佛大学,经济学系助理教授。

学术论著:

著作

与理查德·C·爱德华(Richard C. Edwards)合著:《解读资本主义:美国经济中的竞争、掌控与变革》(Understanding Capitalism: Competition, Command, and Change in the U. S. Economy),纽约:哈珀·科林斯出版公司1993年第二版。

与托马斯·魏斯科普夫(Thomas Weisskopf)和大卫·戈登(David Gordon)合著:《荒漠之后:2000年的民主经济学》(After the Waste Land: A Democratic Economics for the Year 2000),纽约阿蒙克:M. E. 夏普出版公司1991年版。

与赫伯特·金蒂斯(Herbert Gintis)合著:《民主与资本主义:财产、社区及现代社会思潮的矛盾》(Democracy and Capitalism: Property, Community, and the Contradictions of Modern Social Thought),纽约:基础图书出版公司1986年版。

与赫伯特·金蒂斯(Herbert Gintis)合著:《资本主义美国的学校教育:教育改革及经济生活的矛盾》(Schooling in Capitalist America:Educational Reform and the Contradictions of Economic Life),纽约:基础图书出版公司 1976 年版。

《为了经济发展的教育制度计划》(Planning Educational Systems for Economic Growth),哈佛经济学丛书 133,波士顿:哈佛大学出版社 1969 年版。

书 中 章 节

与赫伯特·金蒂斯(Herbert Gintis)合撰:"对教育经济学的重新考虑:微观经济学理论与劳动力经济学视野下的学校教育和劳动力市场"(The Economics of Education Reconsidered:Schooling and Labor Markets in Light of New Developments in Microeconomic Theory and Labor Economics)。马丁·卡努瓦(Martin Carnoy)编:《教育经济学百科全书》(The Encyclopedia of Economics of Education),阿姆斯特丹:埃尔塞维亚出版公司 1995 年版。

与赫伯特·金蒂斯(Herbert Gintis)合撰:"对我们的批评者的回应"(Reply to Our Critics)。迈克尔·科尔(Michael Cole)编:《重访鲍尔斯与金蒂斯:十年后的资本主义美国的学校教育》(Bowles and Gintis Revisited:Schooling in Capitalist America Ten Years Later),伦敦:克鲁姆·海尔姆出版公司 1988 年版。

"朝着教育生产功能前进"(Towards an Educational Production Function),国家经济研究局教育与收入会议提交论文,1968 年 11 月。发表于 W·里·汉森(W. Lee Hansen)编:《教育、收入与人力资本》(Education,Income,and Human Capital),纽约:国家教育研究局,1970 年版。

期 刊 文 章

与赫伯特·金蒂斯(Herbert Gintis)合撰:《高效性重新分配:市场、国家与社区新规则》(Efficient Redistribution:New Rules for Markets,States and Communities),《政治与社会》(Politics and Society)第 24 卷第 4 期(1996 年冬)。

与赫伯特·金蒂斯(Herbert Gintis)合撰:《同类经济学之报复:后瓦尔拉斯经济学与政治经济学的复兴》(The Revenge of Homo-Economics: Post-Walrasian Economics and the Revival of Political Economy),《经济观杂志》(Journal of Economic Perspectives)第 7 卷第 1 期(1993 年冬)。

与赫伯特·金蒂斯(Herbert Gintis)合撰:《竞争性资本主义经济中的权力与财富》(Power and Wealth in a Competitive Capitalist Economy),《哲学与公共事务》(Philosophy and Public Affairs)第 21 卷第 4 期(1992 年秋)。

与赫伯特·金蒂斯(Herbert Gintis)合撰:《竞赛性交换:资本主义政治经济学的新型微观基础》(Contested Exchange: New Microfoundations for the Political Economy of Capitalism),《政治与社会》(Politics and Society)第 18 卷第 2 期(1990 年)。

《竞争性经济中的生产过程:瓦尔拉斯、马克思和新霍布斯模式》(The Production Process in A Competitive Economy: Walrasian, Marxian, and Neo-Hobbesian Models),《美国经济评论》(American Economic Review)第 76 卷第 1 期(1985 年 3 月)。

与赫伯特·金蒂斯(Herbert Gintis)合撰:《人力资本理论之困惑...》(The Trouble with Human Capital Theory...),《美国经济评论》(American Economic Review)(1975 年 5 月)。转载于《梅尔韦特-拜特拉格政治经济学评论》(Mehrwert-Beitrage Zur Kritik der Politischen Okonomie)第 24 期(1984 年 4 月)。

《资本主义发展与教育结构》(Capitalist Development and Educational Structure),《世界发展》(World Development)(1978 年 4 月)。

与赫伯特·金蒂斯(Herbert Gintis)合撰:《教育即资本劳动关系再生产中的矛盾场所》(Education as a Site of Contradiction in the Reproduction of the Capital Labor Relation),《经济与工业民主杂志》(Journal of Economic and Industrial)(1981 年)。

与瓦莱里·纳尔森(Valerie Nelson)合撰:《智商遗传与经济不平

等跨代再生产》(The Inheritance of IQ and the Intergenerational Reproduction of Economic Inequality),《经济学与统计学评论》(The Review of Economics and Statistics)第 56 卷第 1 期(1974 年 2 月)。

与赫伯特·金蒂斯(Herbert Gintis)合撰:《美国阶级结构中的智商:一种统计学分析》(IQ in U. S. Class Structure:A Statistical Analysis),《社会政策》(Social Policy)(1972 年 12 月)。

《教育资源的高效配置》(The Efficient Allocation of Resources in Education),《经济学杂志季刊》(Quarterly Journal of Economics)(1967 年 5 月)。又以《教育领域的线性编程模式》(A Linear Programming Model of the Educational Sector)转载于马克·布劳格(Mark Blaug)编:《教育经济学读物》(Readings in the Economics of Education)第 2 卷,哈蒙茨沃思:企鹅出版公司 1970 年版。

与亨利·M·莱文(Henry M. Levin)合撰:《学术成就的决定因素:对一些近期证据的评价》(The Determinants of Scholastic Achievement:An Appraisal of Some Recent Evidence),《人力资源学报》(The Journal of Human Resources)(1968 年冬)。

马丁·卡努瓦(Martin Carnoy)

斯坦福大学教育学院教授。

个人简历:

教育经历

1960	理学学士(电学工程)	加利福尼亚理工学院。
1961	文学硕士(经济发展)	芝加哥大学。
1964	哲学博士(经济发展)	芝加哥大学。

职业经历

1977—现在　斯坦福大学,教育与经济系,教授。

1971—1977　斯坦福大学,教育与经济系,副教授。

1968—1971　斯坦福大学,教育与经济系,助理教授。

1964—1968　布鲁克林研究院(华盛顿特区),外国政策部,经济研究
助理。

学术论著:

著作

《退色的梦:美国种族政治学与经济学》(Faded Dreams:The
Politics and Economics of Race in America),剑桥:剑桥大学出版社
1994年版。

与曼纽尔·卡斯特尔斯(Manuel Castells)、斯蒂芬·科恩(Stephen
Cohen)、费尔南多—恩里克·卡多索(Fernando-Henrique Cardoso)合
著:《信息时代的新全球经济》(The New Global Economy in the
Information Age),州立学院:宾夕法尼亚州立大学出版社1993年版。

与乔尔·萨莫夫(Joel Samoff)合著:《第三世界教育与社会转型》
(Education and Social Transformation in the Third World),普林斯顿:
普林斯顿大学出版社1989年版。

与亨利·莱文(Henry Levin)、雷金纳德·纽金特(Reginald

Nugent)、萨尔曼·萨姆雷(Suleman Sumra)、卡洛斯·托里斯(Carlos Torres)和杰夫·昂西克尔(Jeff Unsicker)合著:《金融教育的政治经济学》(Economica Politica de Financiamenta Educativo),墨西哥,D. F. :埃迪辛内斯·杰尼克出版公司 1986 年版。

与亨利·莱文(Henry Levin)合著:《民主主义国家的学校教育与工作》(Schooling and Work in a Democratic State),加利福尼亚州斯坦福:斯坦福大学出版社 1985 年版。

《国家与政治理论》(The State and Political Theory),普林斯顿:普林斯顿大学出版社 1984 年版。

与亨利·莱文(Henry Levin)和肯尼思·金(Kenneth King)合著:《教育、工作与就业—Ⅱ》(Education,Work,and Employment-Ⅱ),巴黎:国际教育计划研究院,1980 年。

与德里克·希勒(Derek Shearer)合著:《经济民主主义》(Economic Democracy),纽约州阿蒙克:M·E·夏普出版公司 1980 年版。

与乔斯·洛博(Jose Lobo)、亚历昂德罗·托莱多(Alejandro Toledo)和雅克·贝略索(Jacques Velloso)合著:《拉丁美洲的教育政策能使收入分配平衡吗?》(Can Educational Policy Equalize Income Distribution in Latin America ?),英国威斯特米德:撒克森出版公司与国际劳动局 1979 年版。

《作为文化帝国主义的教育》(Education as Cultural Imperialism),纽约:大卫·麦凯出版公司 1974 年版。

与汉斯·蒂亚斯(Hans Thias)合著:《教育的成本效益分析:肯尼亚个案研究》(Cost-Benefit Analysis in Education:A Case Study of Kenya),马里兰州巴尔的摩:约翰斯·霍普金斯大学出版社 1972 年版,为世界银行而出版。

《拉丁美洲共同市场的工业化》(Industrialization in a Latin American Common Market),华盛顿特区:布鲁金斯学术机构,1972 年。

书中章节

"美国社会的教育、国家和文化"(Education,State,and Culture in American Society),亨利·吉鲁(Henry Giroux)和彼得·麦克拉伦(Peter McLaren)合著:《学校教育与文化政治学》(Schooling and the

Politics of Culture），纽约州阿尔巴尼：纽约州立大学出版社1988年版。

"教育政治经济学"（The Political Economy of Education），托马斯·拉贝尔（Thomas LaBelle）编：《拉丁美洲与加勒比海地区的教育与发展》（Education and Development in Latin America and the Caribbean），加利福尼亚州洛杉矶：加利福尼亚大学洛杉矶分校拉丁美洲中心，1972年。

期刊文章

与罗素·拉姆伯格（Russell Rumberger）合撰：《美国劳动市场的分解：它对白人和黑人流动及收入的影响》（Segmentation in the U. S. Labor Market: Its Effects on the Mobility and Earnings of Whites and Blacks），《剑桥经济学杂志》（Cambridge Journal of Economics）第4卷（1980年6月）。

与迪特尔·马伦贝奇（Dieter Marenbach）合撰：《美国向学校教育的回归》（The Return to Schooling in the United States），《人力资源杂志》（Journal of Human Resources）第10卷第3期（1975年夏）。

《拉丁美洲统合的福利分析：六项工业研究》（A Welfare Analysis of Latin American Integration: Six Industry Studies），《政治经济学杂志》（Journal of Political Economy）第78卷第4期，第一部分（1970年7—8月）。1971年被华盛顿特区布鲁金斯学术机构转载。本论文的较早版本刊于罗纳德·希尔顿（Ronald Hilton）编写的《拉丁人团结运动》（The Movement for Latin Unity）（纽约：普雷格出版公司1970年版）。

《拉丁美洲学校教育的回报率》（Rates of Return in Schooling in Latin America），《人力资源杂志》（Journal of Human Resources）第2卷第3期（1967年夏）。

专著

《教师就业与工作条件的结构性调整的意义》（The Implications of Structural Adjustment for the Employment and Working Conditions of Teachers），日内瓦：国际劳动组织，1995年。

《大学、经济发展与革新制度》（Universities, Economic Development, and Innovation Systems），世界银行，1993年。

保罗・弗莱雷(Paulo Freire)

巴西累西腓大学荣誉退休教授。

个人简历：

生于 1921 年 9 月 19 日,巴西伯尔南布科州累西腓市。

卒于 1997 年 5 月 2 日,巴西圣保罗市。

教育经历

| 1947 | 法学文学学士 | 巴西累西腓大学法学院。 |

职业经历

1989—1991　巴西圣保罗市,教育秘书。

1984—1997　巴西圣保罗天主教大学,教授。

1980—1997　巴西圣保罗卡姆皮纳斯大学,教授。

1969—1970　世界教会代表大会(日内瓦),教育顾问。

1964—1969　智利农业发展研究所,成人识字训练与大众普通教育顾问。

1963　巴西教育与文化部(巴西利亚),全国成人识字计划协调员。

1963　巴西教育与文化部(巴西利亚),国家大众文化委员会,主席。

1963　巴西累西腓市政教育委员会,委员。

1961—1964　巴西累西腓大学文化发展系,首任系主任。

1964　巴西累西腓大学哲学学院,高等教育、历史和教育哲学学部,教授。在军事政变集团的逼迫下退职。

1956—1958　巴西伯南布哥州地方局,工业社会服务部,总组织主任。

弗莱雷被累西腓大学管理部门公认为一位杰出学者。他以一篇关于巴西教育的论文申请累西腓大学历史与教育哲学终身教授职位,获得第二名,因此没有得到正式任命,但获得了该大学的哲学博士学位,后来成为非正式大学讲师。

1954—1960　巴西累西腓大学(现伯南布哥联邦大学),历史与教育哲学教授、工术系设计教授职位。

1950—1960　巴西伯南布哥社会福利学院,教育与变革课程兼职大学教师。

1947—1956　巴西伯南布哥地方局,工业与社会服务部,主任。

1947　　　巴西伯南布哥地方局,工业与社会服务部,助理。

1941—1947　巴西累西腓市中学,葡萄牙语教师。

学术论著:

著作

《教育与政治》(Education and Politics),洛杉矶:加利福尼亚大学洛杉矶分校拉丁美洲研究中心,出版中。

《希望教育学》(A Pedagogy of Hope),纽约:统一体出版公司1995年版。

《作为文化工作者的教师:致敢于教学者的信》(Teachers as Cultural Workers: Letters to Those Who Dare Teach),唐纳德·马塞多(Donald Macedo)译,科罗拉多州博尔德:韦斯特维沃出版公司1995年版。

与莫阿瑟·加多蒂(Moacir Gadotti)、安娜·玛利亚·索尔(Ana Maria Saul)和卡洛斯·阿尔伯托·托里斯(Carlos Alberto Torres)合

著:《城市教育学》(Pedagogy of the City),纽约:统一体出版公司 1993 年版。

与迈尔斯·霍尔顿(Myles Horton)合著:《我们走出一条路:关于教育与社会变革的对话》(We Make the Road by Walking: Conversations on Education and Social Change),费城:坦普尔大学出版社 1990 年版。

与安东尼奥·方德茨(Antonio Faundez)合著:《学会质问:解放教育学》(Learning to Question: A Pedogogy of Liberation),纽约:统一体出版公司 1989 年版。

与唐纳德·马塞多(Donald Macedo)合著:《扫盲:解读文字与世界》(Literacy: Reading the Word and the World),马萨诸塞州南哈德利:伯金和加尔维出版公司 1987 年版。

与伊拉·肖尔(Ira Shor)合著:《解放教育学:关于教育变革的对话》(A Pedagogy for Liberation: Dialogues on Transforming Education),马萨诸塞州南哈德利:伯金和加尔维出版公司 1987 年版。

《教育政治学:文化、权力与解放》(The Politics of Education: Culture, Power and Liberation),唐纳德·马塞多(Donald Macedo)译,马萨诸塞州南哈德利:伯金和加尔维出版公司 1985 年版。

《正在进行的教育学:致吉尼—比索的信》(Pedagogy in Process: The Letters to Guinea-Bissau),卡曼·圣约翰·亨特(Carman St. John Hunter)译,纽约:统一体出版公司 1978 年版。

《教育:自由之实践》(Education: The Practice of Freedom),伦敦:作家与读者出版公司 1976 年版。

《为了批判意识的教育》(Education for Critical Consciousness),丹尼斯·古莱特(Denis Goulet)作序,麦拉·伯格曼·拉莫斯(Myra Bergman Ramos)编译,纽约:希伯里出版公司 1973 年版。

《扩展或交流》(Extension or Communication),雅克·琼乔尔(Jacques Chonchol)作序,路易斯·比格伍德(Louise Bigwood)与玛格丽特·马歇尔(Margaret Marshal)译,纽约:麦格劳—希尔出版公司 1973 年版。

《肯定式教育》(Affirmative Education),新泽西州恩格尔伍德克里夫斯:普林提斯·霍尔出版公司 1972 年版。

《被压迫者的教育学》(Pedagogy of the Oppressed),麦拉·伯格曼·拉莫斯(Myra Bergman Ramos)译,纽约:希伯里出版公司 1970 年版。

《为了自由的文化行动》(Cultural Action for Freedom),洛雷塔·斯洛弗(Loretta Slover)译,坎布里奇:哈佛教育评论,专著丛书第一部,1970 年。

期刊文章

与卡洛斯·阿尔伯托·托里斯(Carlos Alberto Torres)合撰:《保罗·弗莱雷评他的被压迫者的教育学》(Paulo Freire Reviews His Pedagogy of the Oppressed),保罗·贝朗热(Paul Belanger)译,《曙光》(Aurora)第 13 卷第 3 期(1990 年)。

与唐纳德·马塞多(Donald Macedo)和尼尔·布鲁斯(Neal Bruss)合撰:《朝着问题教育学前进:与弗莱雷的对话》(Toward a Pedagogy of the Question:Conversations with Paulo Freire),《教育杂志》(Journal of Education)第 167 卷第 2 期(1985 年)。

《人民讲述他们的工作:在圣多美和普林西比学习文化》(The People Speak Their Work:Learning to Read and Write in Sao Tome and Principe),《哈佛教育评论》(Harvard Education Review)第 51 卷第 1 期(1981 年)。

《扫盲与可能实现的梦想》(Literacy and the Possible Dream),《展望》(Prospects)第 6 卷第 1 期(1976 年)。

《教育:驯化或解放》(Education:Domestication or Liberation),《展望》(Prospects)第 2 卷第 2 期(1972 年)。

赫伯特·金蒂斯(Herbert Gintis)

马萨诸塞大学(阿姆赫斯特)经济学系教授。

个人简历：

教育经历

1961	文学学士(数学)	宾夕法尼亚大学。
1962	文学硕士(数学)	哈佛大学。
1969	哲学博士(经济学)	哈佛大学。

职业经历

1989—1993	锡耶纳大学,客座教授。
1985—1986	法国巴黎大学,客座教授。
1982—1983	哈佛大学,客座教授。
1977—1978	高级研究学院(新泽西州,普林斯顿)。
1976—现在	马萨诸塞大学,经济学系,教授。
1974—1976	马萨诸塞大学,经济学系,副教授。
1973—1974	哈佛大学,经济学系,助理教授。
1969—1974	哈佛大学,教育政策研究中心,副研究员。
1969—1974	哈佛大学,教育研究生院,教育讲师。
1969—1970	哈佛大学,突尼斯项目成人教育副研究员。
1969—1970	哈佛大学,经济学系,讲师。

学术论著：

著作

与塞缪尔·鲍尔斯(Samuel Bowles)和布·古斯塔夫松(Bo Gustaffson)合编：《民主主义与市场：参与、责任与效率》(Democracy and Markets：Participation，Accountability，and Efficiency），剑桥：剑桥大学出版社 1993 年版。

与塞缪尔·鲍尔斯（Samuel Bowles）合著：《民主主义与资本主义：财产、理论及现代社会理论的矛盾》（Democracy and Capitalism：Property，Theory，and the Contradictions of Modern Social Theory），纽约：基础图书出版公司 1986 年版。

与塞缪尔·鲍尔斯（Samuel Bowles）合著：《当代资本主义的社会阶层》（Classi Sociali e Capitalismo Contemporaneo），罗马：萨韦利出版公司 1984 年版。

与塞缪尔·鲍尔斯（Samuel Bowles）合著：《资本主义美国的学校教育：教育改革及经济生活的矛盾》（Schooling in Capitalist America：Educational Reform and the Contradictions of Economic Life），纽约：基础图书出版公司 1976 年版。

与克里斯托弗·詹克斯（Christopher Jencks）等人合著：《不平等性：对美国家庭与学校教育效果的重新评估》（Inequality：A Reassessment of the Effect of Family and Schooling in America），纽约：基础图书出版公司 1972 年版。

编著

与杰拉尔德·爱泼斯坦（Gerald Epstein）合编：《保守时代之后的宏观经济政策：关于投资、储蓄与财政的研究》（Macroeconomic Policy after the Conservative Era：Research on Investment，Savings，and Finance），剑桥：剑桥大学出版社 1995 年版。

书中章节

与杰拉尔德·爱泼斯坦（Gerald Epstein）合撰："国际资本市场与国家经济政策的局限性"（International Capital Markets and Limits of National Economic Policy），塔里克·巴纽利（Tariq Banuri）和朱丽叶·B·肖尔（Juliet B. Schor）合编：《金融开放与国家自治》（Financial Openness and National Autonomy），牛津：克拉伦登出版公司 1990 年版。

"变革的力量：消费者统治的政治经济学"（The Power to Switch：On the Political Economy of Consumer Sovereignty），塞缪尔·鲍尔斯

(Samuel Bowles)、理查德·C·爱德华(Richard C. Edwards)和威廉·G·谢泼德(William G. Shepherd)合著:《超常的智慧:约翰·肯尼思·加尔布雷斯颂文》(Unconventional Wisdom:Essays in Honor of John Kenneth Galbraith),纽约:霍顿-米夫林出版公司1989年版。

期刊文章

《择校:与赫伯特·金蒂斯的讨论》(School Choice:A Discussion with Herbert Gintis),《教育政策分析》(Education Policy Analysis)第2卷第6期(1994年2月)。

与塞缪尔·鲍尔斯(Samuel Bowles)合撰:《一个民主主义企业的政治与经济案例》(A Political and Economic Case for the Democratic Enterprise),《经济学与哲学》(Economics and Philosophy)第9卷(1993年)。

与塞缪尔·鲍尔斯(Samuel Bowles)合撰:《同类经济学之报复:后瓦尔拉斯经济学与政治经济学的复兴》(The Revenge of Homo Economics:Post-Walrasian Economics and the Revival of Political Economy),《经济观杂志》(Journal of Economic Perspectives)第7卷第1期(1993年冬)。

与塞缪尔·鲍尔斯(Samuel Bowles)合撰:《学习与选择:一种后自由民主主义》(Learning and Choosing:A Post-Liberal Democracy),《新教育》(New Education)第14卷第2期(1992年)。

《竞争性经济中的权力与财富》(Power and Wealth in a Competitive Economy),《哲学与公共事务》(Philosophy and Public Affairs)第21卷第4期(1992年秋)。转载于乔舒亚·科恩(Joshua Cohen)与阿尔琼·丰(Archon Fung)合编:《宪法、民主与国家权力:正义的制度》(Constitution, Democracy and State Power:The Institutions of Justice)(切尔顿罕:爱德华·埃尔加出版公司,待出版)。

与塞缪尔·鲍尔斯(Samuel Bowles)合撰:《竞赛性交换:资本主义政治经济学的新微观基础》(Contested Exchange:New Microfoundations of the Political Economy of Capitalism),《政治与社会》(Politics and Society)第18卷第2期(1990年)。转载于约翰·E·

罗梅特(John E. Roemet)编:《分析马克思主义之基础》(Foundations of Analytical Marxism)(伦敦:爱德华·埃尔加出版公司 1993 年版)。

与石川恒夫(Tsuneo Ishikawa)合撰:《工资、工作纪律与失业》(Wages, Work Discipline, and Unemployment),《日本与国际经济杂志》(Journal of Japanese and International Economies)第 1 卷(1987 年)。

《资本主义生产理论的劳动交换本质》(The Nature of the Labor Exchange of the Theory of Capitalist Producton),《激进政治经济学评论》(Review of Radical Political Economics)第 8 卷第 2 期(1976 年)。转载于塞缪尔·鲍尔斯(Samuel Bowles)与理查德·C·爱德华(Richard C. Edwards)合编:《激进经济学》(Radical Economics)以及马克·布劳格(Mark Blaug)编:《经济学思想流派》(Schools of Thought in Economics)丛书,伦敦:爱德华·埃尔加出版公司 1981 年版。

与塞缪尔·鲍尔斯(Samuel Bowles)合撰:《人力资本理论之问题》(The Problem with Human Capital Theory),《美国经济评论》(American Economic Review)第 65 卷第 2 期(1975 年 5 月)。

《内源偏好的福利标准:教育经济学》(Welfare Criteria with Endogenous Preferences: The Economics of Education),《国际经济评论》(International Economics Review)第 15 卷第 2 期(1974 年 6 月)。

《福利经济学与个体发展的激进分析》(A Radical Analysis of Welfare Economics and Individual Development),《经济学季刊杂志》(Quarterly Journal of Economics)第 86 卷(1972 年 11 月)。

《消费者行为与统治概念》(Consumer Behavior and the Concept of Sovereignty),《美国经济评论》(American Economic Review)第 62 卷第 2 期(1972 年 5 月)。转载于 E·L·威尔莱特(E. L. Wheelwright)与弗朗克·J·B·斯蒂尔韦尔(Frank J. B. Stilwell)合编:《政治经济学读物》(Readings in Political Economy)第 2 卷(悉尼:澳大利亚和新西兰图书出版公司 1976 年版)。W·F·费舍尔—温克尔曼(W. F. Fischer-Winkelmann)与 R·洛克(R. Rock)合编:《市场与消费:市场营销理论批判》(Mart und Konsumet: Zur Critik der Markt-und Marketing-Theorie),(慕尼黑:戈德曼韦拉格出版公司 1975 年版)。

亨利·A·吉鲁(Henry A. Giroux)

宾夕法尼亚州立大学教育学院中等教育沃特伯里讲座教授。

个人简历:

教育经历

1967	理学学士(中等教育与历史)	南缅因大学。
1968	文学硕士(历史)	阿巴拉契亚州立大学。
1977	哲学博士(课程论、教育社会学与历史)	卡内基-梅隆大学人文社科学院。

职业经历

1995	东北大学,阿萨·S·诺尔斯客座教授。
1994—1995	加拿大麦吉尔大学,教育学院宗教与教育哲学系,副教授。
1992—现在	宾夕法尼亚州立大学,教育学院,中等教育沃特伯里讲座教授。
1983—1992	迈阿密大学(俄亥俄州),教育与联合专业学院,教授、知名驻校学者。
1990	多伦多大学,安大略教育研究院,客座教授。
1983	塔夫茨大学,教育系,讲师。
1977—1983	波士顿大学,教育学院,助理教授。
1975—1976	卡内基-梅隆大学,现代语言学系,留学生教师。
1969—1975	罗得岛州巴灵顿公立学校,中学教师。

学术论著:

著作

《水渠冲浪:种族之谈与当今青年之毁灭》(Channel Surfing:Race Talk and the Destruction of Today's Youth),纽约:圣马丁出版公司 1997 年版。

《教育学与希望政治学》(Padagogy and the Politics of Hope),科罗拉多州布尔德尔:韦斯特维沃出版公司 1996 年版。

《易变的文化:种族、暴力与青年》(Fugitive Culture:Race, Violence, and Youth),纽约:劳特里奇出版公司 1996 年版。

《干扰性快乐:学习大众文化》(Disturbing Pleasures:Learning Popular Culture),纽约:劳特里奇出版公司 1994 年版。

与斯坦利·阿罗诺维茨(Stanley Aronowitz)合著:《教育仍处于被围状态》(Education Still Under Siege),马萨诸塞州南哈德利:伯金和加尔维出版公司 1994 年第二版。

《生活在危机之中:多元文化主义与文化政治学》(Living Dangerously:Multiculturalism and the Politics of Culture),纽约:彼得·朗出版公司 1993 年版。

《跨越边界:文化工作者与教育政治学》(Border Crossings:Cultural Workers and the Politics of Education),纽约:劳特里奇出版公司 1992 年版。

与斯坦利·阿罗诺维茨(Stanley Aronowitz)合著:《后现代教育:政治、文化与社会批判》(Postmodern Educatioin:Politics, Culture, and Social Criticism),明尼阿波利斯:明尼苏达大学出版社 1991 年版。

《论作为后现代主义批判实践的课程》(Curriculum Discourse as Postmodernist Critical Practice),杰隆:迪金大学出版社 1990 年版。

《学校教育与为了公共生活之斗争》(Schooling and the Struggle for Public Life),明尼阿波利斯:明尼阿波利斯大学出版社 1988 年版。1989 年被纽约劳特里奇出版公司转载。

《教师与知识分子:朝着批判性学习教育学前进》(Teachers and

Intellectuals：Toward a Critical Pedagogy of Learning），马萨诸塞州南哈德利：伯金和加尔维出版公司 1988 年版。

与斯坦利·阿罗诺维茨（Stanley Aronowitz）合著：《教育处于被围状态：关于学校教育的保守、自由和激进之争》（Education Under Siege：The Conservative，Liberal，and Radical Debate Over Schooling），马萨诸塞州南哈德利：伯金和加尔维出版公司 1985 年版。

《批判理论与教育实践》（Critical Theory and Educatioinal Practice），保罗·弗莱雷（Paulo Freire）作序，杰隆：迪金大学出版社 1983 年版。

《教育中的理论与抵抗》（Theory and Resistance in Education），马萨诸塞州南哈德利：伯金和加尔维出版公司 1983 年版。

《意识形态、文化与学校教育的过程》（Ideology，Culture and the Process of Schooling），费城：坦普尔大学出版社 1981 年版。

编著

与彼得·麦克拉伦（Peter McLaren）合编：《在边界之间：文化研究中的教育学与政治学》（Between Borders：Pedagogy and Politics in Cultural Studies），纽约：劳特里奇出版公司 1994 年版。

《后现代主义、女权主义与文化政治学：对教育界线的重新思考》（Postmodernism，Feminism and Cultural Politics：Rethinking Educational Boundaries），纽约州阿尔巴尼：纽约州立大学出版社 1991 年版。

与彼得·麦克拉伦（Peter McLaren）合编：《批判教育学、国家以及为了文化的斗争》（Critical Pedagogy，the State，and the Struggle for Culture），纽约州阿尔巴尼：纽约州立大学出版社 1989 年版。

与罗杰·西蒙（Roger Simon）合编：《大众文化、学校教育与日常生活》（Popular Culture，Schooling & Everyday Life），马萨诸塞州南哈德利：伯金和加尔维出版公司 1989 年版。

与戴维·普贝尔（David Purpel）合编：《隐性课程与道德教育》（The Hidden Curriculum and Moral Education），伯克利：麦卡琴出版公司 1983 年版。

玛克辛·格林(Maxine Greene)

哥伦比亚大学师范学院荣誉退休教授。

个人简历：

教育经历

1938	文学学士(历史)	哥伦比亚大学巴纳德学院。
1949	文学硕士(哲学与教育哲学)	纽约大学。
1955	哲学博士(哲学与教育哲学)	纽约大学。

职业经历

1973—现在	哥伦比亚大学师范学院,哲学与教育学教授。
1975	教育基金会,威廉·F·罗素讲座教授。
1966—1973	《哥伦比亚大学师范学院学报》编辑。
1962—1972 夏天	夏威夷大学、伊利诺斯大学、利哈伊大学、佛蒙特大学,客座教授。
1962—1965	纽约大学,布鲁克林城市学院,教育学副教授。
1959—1962	蒙特克莱州立学院,英语教育副教授。
1949—1956	纽约大学,哲学与教育学讲师。

学术论著：

著作

《自由的辩证法》(The Dialectic of Freedom),纽约:哥伦比亚大学师范学院出版社 1988 年版。

《学习风景线》(Landscapes of Learning),纽约:哥伦比亚大学师范学院出版社 1978 年版。

《作为陌生人的教师:现代教育哲学》(Teacher as Stranger: Educational Philosophy),贝尔蒙特:沃兹沃斯出版公司 1973 年版。

《教师的存在主义遭遇》(Existential Encounters for Teachers),纽约:兰登图书公司 1967 年版。

《公立学校与私人见解》(The Public School and Private Vision),纽约:兰登图书公司 1963 年版。

书中章节

"选择过去发明未来"(Choosing a Past and Inventing a Future),威廉·艾尔斯(William Ayers)编:《一个教师的成长过程》(The Becoming of a Teacher),纽约:哥伦比亚大学师范学院出版社 1995 年版。

"教育哲学的重要性何在"(What Counts as Philosophy of Education),温迪·科利(Wendy Kohli)编:《哲学与教育中的批判性对话》(Critical Conversation in Philosophy and Education),纽约:劳特里奇出版公司 1995 年版。

"经历的世界"(The Lived World),琳达·斯通(Lynda Stone)编:《教育的女权主义读者》(The Education Feminism Reader),纽约:劳特里奇出版公司 1994 年版。

"多样性与言论"(Multiplicity and Voice),萨利·K·比克伦(Sari K. Biklen)与迪安娜·波拉(Diane Polla)合编:《性别与教育》(Gender and Education),全国教育研究学会第 92 期年鉴,芝加哥:芝加哥大学出版社 1992 年版。

"教育见解"(Educational Visions),J·L·金奇洛(J. L. Kincheloe)与 S·R·斯滕伯格(S. R. Steinberg)合编:《13 个问题:重构教育对话》(Thirteen Questions: Reframing Education's Conversation),纽约:彼得·朗出版公司 1992 年版。

"视角与差异:朝着共同的基础前进"(Perspective and Diversity: Towards a Common Ground),F·皮格内特里(F. Pignatelli)与 S·普利奥姆(S. Pliaum)合编:《庆祝不同的言论:进步教育与平等》(Celebrating Diverse Voices: Progressive Education and Equity),加利福尼亚州纽伯里公园:科温出版公司 1992 年版。

"教育哲学家的探索"(The Educational Philosopher's Quest),德里

克·L·伯利森(Derek L. Burleson)编：《反思：著名教育家的个人随
笔》(Reflections：Personal Essays by Distinguished Educators)，印第安
纳州布鲁明顿：费德尔塔卡帕教育基金会，1991 年。

期刊文章

《后现代主义与代表的危机》(Postmodernism and the Crisis of
Representation)，《英国教育》(English Education)(1994 年 12 月)。

《认识论与教育研究》(Epistemology and Educational Research)，
《教育研究评论》(Review of Research in Education)(1994 年)。

《当今时代的价值观教育》(Values Education in the Contemporary
Moment)，《克里灵会社》(The Clearing House)第 64 卷第 5 期(1991 年
5—6 月)。

《识字争论与公立学校：超越功能主义》(The Literacy Debate and
the Public School：Going Beyond the Functional)，《教育视平线》
(Educational Horizons)(1991 年春)。

《课文与空白》(Texts and Margins)，《哈佛教育评论》(Harvard
Educational Review)第 61 卷第 1 期(1991 年 2 月)。

《多元主义的热情》(The Passions of Pluralism)，《教育研究者》
(Educational Researcher)(1993 年 2 月)。

《追忆同情语言》(Retrieving the Language of Compassion)，《哥伦
比亚大学师范学院学报》(Teachers College Record)(1991 年 2 月)。

格洛利亚·拉德森—比林斯(Gloria Ladson-Billings)

威斯康星大学(麦迪逊)教授。

个人简历:

教育经历

1968	理学学士(教育)	摩根州立大学。
1972	教育硕士(课程与教学论—社会科学教育)	华盛顿大学。
1984(1月)	哲学博士(课程与教师教育)	斯坦福大学。

职业经历

1996—现在	威斯康星大学(麦迪逊),教授。
1995—1996	威斯康星大学(麦迪逊),副教授。
1991—1995	威斯康星大学(麦迪逊),社会科学教育、多元文化教育、教师教育专业助理教授。
1993(7月)	华盛顿大学,多元文化教育中心,客座学者/教授。
1990	斯坦福大学,教育学院,客座学者/教授。
1989—1991	圣克拉拉大学,咨询心理学与教育学部,助理教授。
1984—1989	圣克拉拉大学,咨询心理学与教育学部,教师教育协调员与助理讲师。
1981—1982	旧金山远西教育研究实验室,研究实习教师。
1978—1982	斯坦福大学,教育学院,教学助理/教师。
1976—1978	宾夕法尼亚州费城能源教育顾问委员会,作家/顾问。
1968—1978	费城学区,社会科学/自然科学顾问与教师。

学术论著：

著作

与 C·A·格朗特（C. A. Grant）合编：《多元文化教育词典》（Dictionary of Multicultural Education），亚利桑那州菲尼克斯：奥里克斯出版公司，出版中。

《梦想保持者：美国黑人儿童的成功教师》（The Dreamkeepers：Successful Teachers of African American Children），旧金山：乔西·巴斯出版公司 1994 年版。

书中章节

"我知道这为什么不能感受到准许：一种批判教育学的批判种族分析"（I Know Why This Doesn't Feel Empowering：A Critical Race Analysis of Critical Pedagogy），J·弗雷泽（J. Fraser）、T·麦金农（T. McKinnon）与 D·马塞多（D. Macedo）合编：《聘用指导教师：关于变革的对话》（Engaging the Mentor：Dialogues for Change），纽约州阿尔巴尼：纽约州立大学出版社，出版中。

"关于在高等教育不足时就想自杀的黑人女孩：一位非洲裔美国女性学者的反思"（For Colored Girls Who Have Considered Suicide When the Academy Isn't Enough：Reflections of an African American Woman Scholar），P·彼得森（P. Peterson）和 A·诺伊曼（A. Neumann）合编：《研究与日常生活：教育调查的个人原始资料》（Research and Everyday Life：The Personal Sources of Educational Inquiry），纽约：哥伦比亚大学师范学院出版社，出版中。

"提升正当我们向上爬的时候：教育中的女性主义传统"（Lifting as We Climb：The Womanist Tradition in Multicultural Education），J·A·班克斯（J. A. Banks）编：《非洲裔美国人的多元文化教育基础》（African American Foundations of Multicultural Education），纽约：哥伦比亚大学师范学院出版社 1996 年版。

"使数学在文化环境中具有深刻意义"（Making Math Meaningful in Cultural Contexts），W·塞凯德（W. Secade）、E·芬尼马（E.

Fennema)与 L·伯德(L. Byrd)合编:《数学中公平的新方向》(New Directions in Equity in Mathematics),剑桥:剑桥大学出版社 1995 年版。"谁将教我们的儿童？准备成功地教非洲裔美国学生的教师"(Who Will Teach Our Children? Preparing Teachers to Successfully Teach African American Students),E·霍林斯(E. Hollins)、J·金(J. King)与 W·海曼(W. Hayman)合编:《对教各种人的知识基础的系统表述》(Formulating a Knowledge Base for Teaching Diverse Populations),纽约州阿尔巴尼:纽约州立大学出版社 1994 年版。

期刊文章

《沉默作为武器:黑人教师和白人学生之间的相互影响、对抗与和解》(Silences as Weapons：Interactions，Confrontations，and Compromises between a Black Teacher and White Students),《理论联系实际》(Theory into Practice)第 35 卷第 2 期(1996 年)。

与 W·F·泰特(W. F. Tate)合撰:《走向一种批判的种族教育理论》(Toward a Critical Race Theory of Education),《哥伦比亚大学师范学院学报》(Teachers College Record)第 97 期(1995 年)。

《走向一种具有文化意义的教育学理论》(Toward a Theory of Culturally Relevant Pedagogy),《美国教育研究杂志》(American Educational Research Journal)第 35 期(1995 年)。

《那恰恰是好的教学！具有文化意义的教学案例》(But That's Just Good Teaching! The Case for Culturally Relevant Teaching.),《理论联系实际》(Theory into Practice) 第 34 期(1995 年)。

《对一个赤裸裸皇帝的观察:一种对国家标准研究计划的批判》(Watching a Naked Emperor：A Critique of the National Standards Efforts),《教育评论》(Educational Forum)第 58 卷第 4 期(1994 年夏)。

《教师能从多元文化教育研究中学到什么》(What Teachers Can Learn from Multicultural Eduation Research),《教育领导》(Educational Leadership)第 51 期(1994 年)。

与 W·F·泰特(W. F. Tate)和 C·A·格兰特(C. A. Grant)合撰:《布朗决定的再查:正在精确化的社会问题》(The Brown Decision

Revisited：Mathematizing Social Problems)，《教育政策》(Educational Policy)第 7 期(1993 年)。

《扫盲的解放意义》(Liberatory Consequences of Literacy)，《黑人教育杂志》(The Journal of Negro Education)第 61 期(1992 年)。

《多元文化的使命：统一与多样性》(The Multicultural Mission：Unity and Diversity)，《社会教育》(Social Education)第 56 期(1992 年)。

《在字里行间寻找言外之意和超越字面：一种有文化意义的识字教学方法》(Reading between the Lines and beyond the Pages：A Culturally Relevant Approach to Literacy Teaching)，《理论联系实际》(Theory into Practice)第 31 期(1992 年)。

与 A·亨利(A. Henry)合撰:《国界正在模糊：非洲解放教育学的声音》(Blurring the Borders：Voices of African Liberatory Pedagogy)，《教育杂志》(Journal of Education)第 172 期(1990 年)。

《如同瓶中闪电：试图捕捉黑人学生成功教师的教育长处》(Like Lightning in a Bottle：Attempting to Capture the Pedagogical Excellence of Successful Teachers of Black Students)，《国际教育定性研究杂志》(International Journal of Qualitative Studies in Education)第 3 期(1990 年)。

亨利·莱文(Henry Levin)

斯坦福大学杰克·维塔教育教授。

个人简历:

教育经历

1960	理学学士	纽约大学。
1962	文学硕士(经济学)	拉特格斯大学。
1967	哲学博士(经济学)	拉特格斯大学。

职业经历

1992—现在	斯坦福大学,高等教育和经济学学部,杰克·维塔教授。
1989 春天	西班牙巴塞罗那大学,社会学与政治学系,富尔布赖特教授。
1988 夏天	中国北京大学,高等教育研究所,客座教授。
1986—现在	斯坦福大学,斯坦福教育研究中心,主任;全国速成学校项目主管。
1985 春天	特拉维夫大学,高级研究院,研究员。
1978—1984	斯坦福大学,教育财政与管理研究所,所长。
1976—1977	行为科学高级研究中心,研究员。
1975—现在	斯坦福大学,教育学院与附属经济学系,教授。
1969—1975	斯坦福大学,教育学院与附属经济学系,副教授。
1968—1969	斯坦福大学,教育学与经济学助理教授。
1966—1968	布鲁金斯学院,经济研究学部,社会经济学研究助理。

1965—1966　　纽约大学,公共管理研究生院,副研究员。

1964—1965　　拉特格斯大学,经济学系,教师。

1963—1964　　拉特格斯经济研究局和城市研究中心,研究助理(助理教师)。

1962—1963　　拉特格斯大学、经济研究局,研究助理。

学术论著:

著作

与 W·霍普芬伯格(W. Hopfenberg)合著:《对迅速改善学校的方法指导》(Resource Guide to Accelerated Schools),旧金山:乔西·巴斯出版公司 1993 年版。

与 M·卡努瓦(M. Carnoy)合著:《民主国家的学校教育与工作》(Schooling and Work in the Democratic State),加利福尼亚州斯坦福:斯坦福大学出版社 1985 年版。

与罗伯特·杰克尔(Robert Jackall)合编:《美国的工人合作性组织》(Worker Cooperatives in America),加利福尼亚州洛杉矶和伯克利:加利福尼亚大学出版社 1984 年版。

《成本效益分析:一个基本原则》(Cost Effectiveness Analysis：A Primer),加利福尼亚州伯克利希尔斯:塞奇出版公司 1983 年版。

与 M·卡努瓦(M. Carnoy)合著:《教育改革的范围》(The Limits of Educational Reform),纽约:戴维·麦凯出版公司 1976 年版。

《学校的社区控制》(Community Control of Schools),华盛顿特区:布鲁金斯学术机构,1970 年。

书中章节

"教育中的正义经济学"(The Economics of Justice in Education),德布拉·A·韦斯特根(Debroah A. Verstegen)与詹姆斯·G·瓦尔德(James G. Ward)合编:《美国学校的正义领域》(Spheres of Justice in American Schools),美国教育财政学会 1990 年年鉴,纽约:哈珀商业出版公司 1991 年版。

"应用于教育的选择理论"（The Theory of Choice Applied to Education），约翰·威特（John Witte）与威廉·克卢恩（William Clune）合编：《美国教育中的选择与控制：第一部分》（Choice and Control in American Education：Part I），费城：法尔默出版公司 1990 年版。

"实现教育公平的必要性与足够条件"（The Necessary and Sufficient Condition for Achieving Educational Equity），R·贝尔纳（R. Baerne）编：《教育的结果公平》（Outcome Equity in Education），加利福尼亚州纽伯里：科温出版公司 1994 年版。

"教育生产理论与教师输入"（Educational Production Theory and Teacher Inputs），C·比德韦尔（C. Bidwell）与 D·温德姆（D. Windham）合编：《教育生产力分析：宏观分析中的问题》（The Analysis of Educational Productivity：Issues in Macroanalysis），马萨诸塞州坎布里奇：巴林杰出版公司 1980 年版。

"改善低收入人口教育与培训政策发展的十年"（A Decade of Policy Developments in Improving Education and Training for Low-Income Populations），罗伯特·哈夫曼（Robert Haveman）编：《联邦反贫困政策十年：成就、失败与教训》（A Decade of Federal Anti-Poverty Policy：Achievements，Failures，and Lessons），纽约：学术出版公司 1977 年版。

"经济效益与教育生产之概念"（Concepts of Economic Efficiency and Educational Production），J·弗鲁姆金（J. Froomkin）、D·贾米森（D. Jamison）与 R·拉德纳（R. Radner）合编：《作为一种产业的教育》（Education as an Industry），国家经济研究局（National Bureau of Economic Research），马萨诸塞州坎布里奇：巴林杰出版公司 1976 年版。

期刊文章

与 C·凯利（C. Kelley）合撰：《教育能单独解决问题吗？》（Can Education Do It Alone?），《教育经济学评论》（Economics of Education Review）第 13 卷第 2 期（1994 年春）。

《教育选择经济学》（The Economics of Educational Choice），《教育

经济学评论》(Economics of Education Review)第 10 卷第 2 期(1991年)。

《关于向教育弱势群体投资的经济学》(Economics of Investing in the Educationally Disadvantaged),《美国经济评论》(American Economic Review)第 79 卷第 2 期(1989 年 5 月)。

《教育经济学规划》(Mapping the Economics of Education),《教育研究者》(Educational Researcher)第 18 卷第 4 期(1989 年 5 月)。

《资助有危险学生的教育》(Financing the Education of At-Risk Students),《教育评价与政策分析》(Educational Evaluation and Policy Analysis)第 11 卷第 1 期(1989 年春)。

与 G·格拉斯(G. Glass)和 G·迈斯特(G. Meister)合撰:《计算机辅助教学的成本效益分析》(Cost-Effectiveness Analysis of Computer-Assisted Instruction),《教育评论》(Education Review)第 11 卷第 1 期(1987 年 2 月)。

《高等教育投资与社会公平:对终身学习的重要意义》(Financing Higher Education and Social Equity:Implications for Lifelong Learning),《学校评论》(School Review)第 86 卷第 3 期(1978 年 5 月)。

《西欧的教育机会与社会不平等》(Educational Opportunity and Social Inequality in Western Europe),《社会问题》(Social Problems)第 24 卷(1976 年)。

珍妮·奥克斯(Jeannie Oakes)

加利福尼亚大学洛杉矶分校教育与信息研究系教授。

个人简历：

教育经历

1964	文学学士（英语）	圣地亚哥州立大学。
1969	文学硕士（美国研究）	加利福尼亚大学洛杉矶分校。
1980	哲学博士（教育）	加利福尼亚大学洛杉矶分校。

职业经历

1994—现在　加利福尼亚大学洛杉矶分校,教育研究生院,助理院长、教学计划部主任。

1991—现在　加利福尼亚大学洛杉矶分校,教育研究生院,教授。

1989—现在　兰德公司（加利福尼亚州,圣莫尼卡）,教育与人力资源计划部,顾问。

1990—1994　加利福尼亚大学洛杉矶分校,教育研究生院,教育系副主任。

1989—1991　加利福尼亚大学洛杉矶分校,教育研究生院,副教授。

1988—1989　兰德公司（加利福尼亚州,圣莫尼卡）,教育与人力资源计划部,高级社会科学家。

1985—1988　兰德公司（加利福尼亚州,圣莫尼卡）,教育与人力资源计划部,社会科学家。

1981—1985　加利福尼亚大学洛杉矶分校,教育研究生院,高级研究助理。

1981—1982　加利福尼亚大学洛杉矶分校,教育研究生院,讲师。

1978—1980　凯特林基金会民主与选举协助研究院(学校教育研究),研究助理。

1970—1977　加利福尼亚州格伦多拉市,中学英语教师。

学术论著:

著作

与 K・夸尔茨(K. Quartz)和 S・瑞安(S. Ryan)合著:《美国优秀学校的成长:中学改革中为了美德与自由的斗争》(Becoming Good American Schools：The Struggle for Virtue and Freedom in Middle School Reform),旧金山:乔西・巴斯出版公司,出版中。

与 M・N・利普顿(M. N. Lipton)合著:《对学校的充分利用:家长、教师与决策者手册》(Making the Best of Schools：A Handbook for Parents，Teachers，and Policymakers),康涅狄格州纽黑文:耶鲁大学出版社 1990 年版。

《保持按学生成绩或能力分班:学校如何构造不平等》(Keeping Track：How Schools Structure Inequality),康涅狄格州纽黑文:耶鲁大学出版社 1985 年版。

编著

与 K・夸尔茨(K. Quartz)合编:《新型教育共同体:让所有儿童成才的学校与课堂》(New Educational Communities：Schools and Classrooms Where All Children Can Be Smart),全国教育研究学会第 94 期年鉴,芝加哥:芝加哥大学出版社 1995 年版。

与 K・西罗特尼克(K. A. Sirotnik)合编:《关于组织和改进学校教育的批判性观点》(Critical Perspectives on the Organization and Improvement of Schooling),马萨诸塞州欣汉姆:克鲁沃尔—尼基豪夫出版公司 1986 年版。

书中章节与百科全书条目

"学生分组教学"(Grouping Students for Instruction),M・阿尔金

（M. Alkin）编：《教育研究百科全书》（Encyclopedia of Educational Research），纽约：麦克米伦出版公司1992年版。

与A·加莫伦（A. Gamoran）和R·佩奇（R. Page）合撰："课程差异：机会、后果及意义"（Curriculum Differentiation：Opportunities，Consequences，and Meanings），P·A·杰克森（P. A. Jackson）编：《课程研究手册》（Handbook of Research on Curriculum），纽约：麦克米伦出版公司1992年版。

期刊文章

与A·韦尔斯（A. Wells）、梅克巴·琼斯（Makeba Jones）和阿蒙达·达特诺（Amanda Datnow）合撰：《去分组制：社会的能力建构、文化政治学与学校改革》（Detracking：The Social Construction of Ability，Cultural Politics，and School Reform），《哥伦比亚大学师范学院学报》第98卷第3期（1997年）。

与A·韦尔斯（A. Wells）合撰：《制度改革的潜在危险：来自去分组制研究的早期训诫》（Potential Pitfalls of Systemic Reform：Early Lessons from Reaearch on Detracking），《教育社会学》（Sociology of Education）特刊（1996年夏）。

与K·韦尔纳（K. Welner）合撰：《能力分组：学校分组制对法律挑战的新敏感性》（Ability Grouping：The New Susceptibility of School Tracking Systems to Legal Challenges），《哈佛教育评论》（Harvard Educational Review）第66卷第33期（1996年）。

与G·吉顿（G. Guiton）合撰：《搭配：中学分组制决定的动态》（Matchmaking：The Dynamics of High School Tracking Decisions），《美国教育研究杂志》（American Educational Research Journal）第32卷第1期（1995年）。

与A·韦尔斯（A. Wells）、D·赫什伯格（D. Hirshberg）和M·利普顿（M. Lipton）合撰：《将案例置于其环境中加以界定：一种去分组制改革研究的建构主义方法》（Bounding the Case within its Context：A Constructivist Approach to Studying Detracking Reform），《教育研究者》（Educational Researcher）第24卷第5期（1995年）。

《两个城市：分组制与校内隔离现象》(Two Cities：Tracking and Within-school Segregation)，《哥伦比亚大学师范学院学报》(Teachers College Record)第 96 卷第 4 期(1995 年)。

与 K·夸尔茨（K. Quartz）、J·贡（J. Gong）、G·吉顿（G. Guiton)和 M·利普顿(M. Lipton)合编：《再造中学：技术性、规范性和政治性考虑》(Recreating Middle Schools：Technical，Normative，and Political Considerations)，《初等学校杂志》(Elementary School Journal)第 93 卷第 15 期(1993 年)。

《分组制研究能够影响实践吗?》(Can Tracking Research Inform Practice?)，《教育研究者》(Educational Researcher)第 21 卷第 4 期(1992 年)。

《机会、成就与选择：妇女和少数民族对科学的参与》(Opportunities，Achievement，and Choice：The Participation of Women and Minorities in Science)，《教育研究评论》(Review of Research in Education)第 16 卷(1990 年)。

专著

与 M·塞尔文(M. Selvin)、L·卡罗里（L. Karoly)和 G·吉顿（G. Guiton)合著：《教育搭配：综合中学的学术与职业分轨制》(Educational Matchmaking：Academic and Vocational Tracking in Comprehensive High Schools)，加利福尼亚州桑塔莫尼卡：兰德公司 1992 年版。

《失去的才能：少数民族、妇女和残疾人对科学的参与不足》(Lost Talent：The Under-participation of Minorities，Women，and Disabled Persons in Science)，加利福尼亚州桑塔莫尼卡：兰德公司 1992 年版。

《不平等的倍增：种族、社会阶层和分轨制对科学与数学学习机会的影响》(Multiplying Inequalities：The Effects of Race，Social Class，and Tracking on Opportunities to Learn Science and Mathematics)，加利福尼亚州桑塔莫尼卡：兰德公司 1992 年版。1991 年被《国家科学理事会科学与工程指标》(National Science Board Science and Engineering Indicators)摘录；J·贝兰卡（J. Bellanca)与 E·斯瓦茨（E. Swartz)合编，《分轨制的挑战：文集》(The Challenge of Detracking：A Collection)(伊利诺斯州帕莱提恩：天光出版公司 1993 年版)。

杰夫·惠迪(Geoff Whitty)

伦敦大学教育学院教育社会学卡尔·曼海姆讲座教授。

个人简历:

教育经历

1965—1968	本科生	剑桥大学圣约翰学院。
1968—1969	研究生	伦敦大学教育学院。
1970—1973	研究生	伦敦大学教育学院。

职业经历

1990—1992　伦敦大学,哥尔德斯密斯学院教育政策与管理学部,哥尔德斯密斯教授。

1985—1989　布里斯托尔多科技术学院,教育学教授、系主任。

1981—1984　伦敦大学,国王学院,教育学讲师和城市教育计划部,主任。

1979—1980　美国威斯康星大学(麦迪逊),客座教授。

1975—1982　英国开放大学,教育研究兼职导师。

1973—1980　巴思大学,英语讲师。

1970—1973　托马斯·贝内特学校(西苏塞克斯郡,克劳利市),助理教师。

1969—1970　兰普顿学校(米德尔塞克斯郡,豪恩斯洛市),助理教师。

1965　　　　贝尔蒙特小学(伦敦市),临时教师。

学术论著：

著作

与 D·哈尔平（D. Halpin）和 S·鲍尔（S. Power）合著：《教育中的权力下放与选择：学校、国家和市场》（Devolution and Choice in Education：The School, the State and the Market），白金汉：开放大学出版社 1997 年版。

与 A·爱德华兹（A. Edwards）和 S·格维尔茨（S. Gewirtz）合著：《城市教育的专门化和选择：城市工艺学院实验》（Specialization and Choice in Urban Education：The City Technology College Experiment），伦敦：劳特里奇出版公司 1993 年版。

与 A·爱德华兹（A. Edwards）和 J·菲茨（J. Fitz）合著：《国立与私立教育——资助学额评估》（The State and Private Education—An Evaluation of the Assisted Places），费城：法尔默出版公司 1989 年版。

《社会学与学校知识：课程理论、研究与政治学》（Sociology and School Knowledge：Curriculum Theory, Research and Politics），伦敦：梅休因图书出版公司 1985 年版。

与 D·格利森（D. Gleeson）合著：《社会学科教学的发展》（Developments in Social Studies Teaching），伦敦：开放大学出版社 1976 年版。

编著

与 P·阿格尔顿（P. Aggleton）、K·里弗斯（K. Rivers）和 I·沃里克（I. Warwick）合编：《艾滋病：科学与社会问题》（AIDS：Scientific and Social Issues），爱丁堡：丘吉尔·利文斯通出版公司 1994 年第 2 版，与卫生教育当局合作出版。

与 M·扬（M. Young）合编：《社会国家与学校教育》（Society State and Schooling），费城：法尔默出版公司 1977 年版。

与 M·扬（M. Young）合编：《学校知识政治学探索》（Explorations in the Politics of School Knowledge），伦敦：纳法尔顿图书出版公司 1976 年版。

书中章节

"市民还是消费者？当代教育政策的延续与变革"（Citizens or Consumers? Continuity and Change in Contemporary Education Policy），D·卡尔森（D. Carlson）与 M·阿普尔（M. Apple）合编：《动荡时代的批判教育理论》（Critical Educational Theory in Unsettling Times），科罗拉多州布尔德尔：韦斯特维沃出版公司，出版中。

与 T·爱德华兹（T. Edwards）合撰："营销质量：传统与现代不同的教育成就形式"（Marketing Quality：Traditional and Modern Versions of Educational Excellence），R·格拉特（R. Glatter）、P·A·伍兹（P. A. Woods）和 C·巴格利（C. Bagley）合编：《学校教育的选择与多样化：视角与前景》（Choice and Diversity in Schooling：Perspectives and Prospects），伦敦：劳特里奇出版公司 1997 年版。

"近期教育改革：它是一种后现代现象吗？"（Recent Education Reform：Is It a Post-Modern Phenomenon?），R·法内恩（R. Farnen）与 H·森克尔（H. Sunker）合编：《政治学、社会学与教育经济学：跨学科与比较观点》（Politics，Sociology and Economics of Educatioin：Interdisciplinary and Comparative Perspectives），伦敦：麦克米伦出版公司 1997 年版。

"国家市场化与教学职业的再生"（Marketing the State and the Re-formation of the Teaching Profession），A·H·哈尔西（A. H. Halsey）、H·劳德尔（H. Lauder）、P·布朗（P. Brown）与 A·S·威尔斯（A. S. Wells）合编：《教育、文化、经济与社会》（Education，Culture，and Economy and Society），牛津：牛津大学出版社 1997 年版。

与 T·爱德华兹（T. Edwards）合撰："撒切尔政府教育政策研究"（Researching Thatcherite Education Policy），G·沃尔福特（G. Walford）编：《教育中的权势研究》（Researching the Powerful in Education），伦敦：伦敦大学研究院出版社 1994 年版。

与 S·杰维茨（S. Gerwitz）和 T·爱德华兹（T. Edwards）合撰："新教育政治学解读"（Making Sence of the New Politics of Education），A·奥克利（A. Oakley）与 S·威廉姆斯（S. Williams）合编：《福利国家

政治学》(The Politics of the Welfare State),伦敦:伦敦大学研究院出版社 1994 年版。

与 P·马奥尼(P. Mahoney)合撰:"教师教育与教师能力"(Teacher Education and Teacher Competence),S·汤姆林森(S. Tomlinson)编:《教育改革及其后果》(Educational Reform and its Consequences),里弗斯·奥拉姆出版公司 1994 年版,为英国公共政策研究所出版。

期刊文章

《创造教育中的准市场:评三个国家关于家长择校和学校自治的近期研究》(Creating Quasi-Markets in Education:A Review of Recent Research on Parental Choice and School Automomy in Three Countries),《教育研究评论》(Review of Research in Education)第 22 卷(1997)。

《社会理论与教育政策:卡尔·曼海姆的遗产》(Social Theory and Educational Policy:The Legacy of Karl Mannheim),《英国教育社会学杂志》(British Journal of Sociology of Education)第 18 卷第 3 期(1997)。

与 S·鲍尔(S. Power)合撰:《准市场与课程控制:英格兰与威尔士近期教育改革的本质》(Quasi-Markets and Curriculum Control:The Nature of Recent Education Reform in England and Wales),《教育管理季刊》(Educational Administration Quarterly)第 33 卷第 2 期(1997)。

与 L·巴顿(L. Barton)、E·巴里特(E. Barrett)、S·迈尔斯(S. Miles)和 J·弗朗(J. Furlong)合撰:《英国教师教育与教师专业化:若干浮现的问题》(Teacher Education and Teacher Professionalism in England:Some Emerging Issues),《英国教育社会学杂志》(British Journal of Sociology of Education)第 15 卷第 4 期(1994)。

与 G·罗(G. Rowe)和 P·阿格尔顿(P. Aggleton)合撰:《论跨课程内容:授权的局限性》(Discource in Cross-curricular Contents:Limits to Empowerment),《国际教育社会学研究》(International Studies in Sociology of Education)第 4 卷第 1 期(1994)。

人名与主题索引

Academia/Academics, 4, 5, 8, 10, 14, 35, 62, 72, 84, 85, 89, 101, 124, 133, 155, 174, 196, 218—220, 229, 237, 253; academic interaction, 9, 50, 174; academic life, 5, 124, 149, 175, 235; careers, 6, 11—13, 15, 65, 113, 114, 134, 136, 203, 223, 230, 238; dignity, xvi; diversity, 9; dominant styles, xvi, 132; positions, 13, 20, 194; productivity, 14, 84, 220

Accelerated School Movement, 13

Accelerated Schools/Movement, 214—216

Accident, 180

Achievement scores, 72

Administrators/Administration, 15, 54, 72—74, 79, 231, 237, 239, 253, 254, 257—259; colonial, 81

Adorno, Theodor, 169

Adult Education, 256

Affirmative Action, 186, 199

Africa, 67, 187

African American, 22, 32, 130, 154, 175, 183—188, 191, 193, 195—197, 201; poor, 23; youth, 140, 185—187

Agents/Agency, 30, 81, 115, 128, 137, 139, 141, 153, 156, 157, 211, 212, 215; and ideology, 97, 137

Algerian War, 107

Alienation, 114; and domination, 93; process, 112; and society, 131

Althusser, Louis, 210, 255

tradition 2,132; and Freire,4,100,102; tradition,3,5,8,14,15,80,
102,131,138,236,237

Cuba,40,76,77

Cultural environment, xv, xvi,3,69,154

Cultural identity,92; analysis,39; criticism,151; competence,196,197;
conditions,152; diversity,181,257; elitism,257; history,90; policy,
46; politics,139,142,179; reproduction,15,136; workers,138,143,
149

Cultural Imperialism,72

Cultural Politics and Education,24,26,32

Cultural Studies,15,28,134,135,136,137,138,141,247

Culture, 39,103,104,116,139,141,152,155,156,181,190,196,200,
208,213,239,248,249

Curriculum,1,54,89,130,131,135,172,181,188,190,193,200,225,
242; studies,3,37; workers,5

Curriculum and Instruction,37,193

Dachau,29,30

deBeauvoir, Simone,169

DeLauretis, Teresa,137

DeLillo,Don,169

Democracy,2,15,16,30,32,37,42,43,78,83,104,112,118,138,140,
141,147,150—152,154,174,201,209,211—217,246,256,261; and
the business world, 4, 212; and capitalism, 12, 78, 124, 211;
Democratic Capitalist Societies, 85, 210, 211; Democratic Economic
Planning,40; Democratic firms,56,118; Democratic Party,46,68,
76,79; Democratic pedagogy,104,243; Democratic Public Life,138,
140; Democratic Schools,43,232; Democratic Socialist Traditions,
40,41; and education,44,102,104,120,130,136,153,255; Radical

The Structure of Scientific Revolutions,14

Theory and Resistance in Education,133,134,136

Theory/Theorists,xvi,5,10,13,14,27,28,30,41,44,56,74,77,78,83,
86,100,103,116,125,131,132,135,137,138,139,141,142,144,
145,147,148,151,153,156,172,175,199,208,210,211,216,218,
235, 242, 243, 245, 246, 248, 249, 250—253; and educational
practices,2;and practice,10,100,131,141,215,235;and resistance,
138;of agency,137;of class,5,22—26;of cultural action,98,211;of
cultural evolution,56; of ethnicity,5; of gender, 5; of knowledge,
102;of race, 5,142,190,197,199,247; of reform dynamics,77; of
schooling,137;of social control,30;of social/cultural reproduction,
136,210,227;of the state,77,78,80,82,220

Thias, Hans,67,71

Third World,26,46,50,82

Todd，Sharon,143

Tokenism,9,35,159,175

Tolerance,32

Tools of Discourse,116,117

Torres,Carlos,xvi,9,101,104,146,177,218

Trend，David,134

Tunisia,72

Twain，Mark,170

Tyack，David,112,170

Underclasses,12,15,23,32,33,76,77,85,118,119,124,154,185,208,
232,234,243,261

United States,3—5,10,14,16,24,36,40,41,47,50,59,60,69,78,82,
83,96,97,101,102,108,135,136,140,184,200,202,208,211,248,
249,252,259,260,262; capitalism,8,80; constitution,52,201; and